国家自然科学基金面上项目——
数字创意产品多业态联动开发机理及模式研究（71874142）

智慧城市文化创意产业集聚效应及关联性研究

项　勇　吴俊臻　冷　超　朱洪顺　著

机械工业出版社

本书介绍文化创意产业集聚效应及关联性，主要内容有：智慧城市与文化创意产业概述、国内外关于智慧城市与文化创意产业的研究现状、智慧城市对文化创意产业发展的影响、智慧城市背景下文化创意产业集聚形成及效应分析、文化创意产业集聚动因研究、智慧城市背景下文化创意产业链的关联性研究、四川省文化创意产业的集聚效应及关联性实证研究、智慧城市背景下文化创意产业集聚效应及关联性对策研究。

本书将文化创意产业置于智慧城市背景下，探讨文化创意产业的集群发展。着重介绍文化创意产业的集群状况及产生的效应，并以文化创意产业为中心，介绍产业之间的关联性。采用实证分析法，以四川省的数据为基础，介绍文化创意产业集群状况及关联性，进而提出相关对策和建议。

本书的读者对象为从事文化创意产业、数字创意产业研究的相关学者、博士研究生和硕士研究生，文化创意产业、区域经济发展相关部门的管理人员等。

图书在版编目（CIP）数据

智慧城市文化创意产业集聚效应及关联性研究/项勇等著. —北京：机械工业出版社，2020.4

ISBN 978-7-111-65114-7

Ⅰ.①智… Ⅱ.①项… Ⅲ.①现代化城市-文化产业-产业发展-研究-中国 Ⅳ.①G124

中国版本图书馆 CIP 数据核字（2020）第 044593 号

机械工业出版社（北京市百万庄大街 22 号　邮政编码 100037）
策划编辑：刘　涛　责任编辑：刘　涛　王　芳
责任校对：张　薇　封面设计：马精明
责任印制：常天培
北京虎彩文化传播有限公司印刷
2020 年 5 月第 1 版第 1 次印刷
184mm×260mm・11.75 印张・285 千字
标准书号：ISBN 978-7-111-65114-7
定价：69.80 元

电话服务　　　　　　　　　网络服务
客服电话：010-88361066　　机 工 官 网：www.cmpbook.com
　　　　　010-88379833　　机 工 官 博：weibo.com/cmp1952
　　　　　010-68326294　　金 书 网：www.golden-book.com
封底无防伪标均为盗版　　　机工教育服务网：www.cmpedu.com

前　言

文化创意产业是当前知识经济时代和经济全球化局势下的新兴产业，强调把一种主体文化和文化因素在个人或者团队的引导下，通过技术、创意、创造力和产业化的方式进行开发，营销知识产权。文化创意产业的出现改变了社会资本积累主要来源的构成，使传统的重工业产品不再是资本积累的重要形式，现在的产品越来越倾向非物质形态。文化创意产业的发展有助于促进社会经济协调发展，加速科技进步，催生文化创新的新形态，不仅可以丰富文化产品的生产要素，刺激公众对文化产品的消费需求，还能激活文化产品的原始创新。随着社会经济的发展，公众的文化消费观念有了从量到质的变化，更倾向于追求高质量，这决定了文化创意产业的作用和地位将越来越重要。文化创意产业的发展对产业经济结构转型升级具有重要的影响，能够形成新的产业链并带动相关产业的发展，调整整体产业结构，将现有的文化资源和创意资源转化为经济成果，提高产业经济的附加值，并通过对文化资源的利用和保护以及创意资源的激发作用优化地区经济的结构。

本书受国家自然科学基金面上项目——数字创意产品多业态联动开发机理及模式研究（71874142）的资助。基于课题中的研究内容，本书论述了在智慧城市背景下的文化创意产业，并以实证数据为基础，从产业集聚度和关联性两个角度分析了四川省文化创意产业对经济及产业结构的影响，构建了文化创意产业集聚效应和关联度指标体系，并运用产业集聚租金理论、波特竞争理论、产业关联理论、产业波及理论，结合相关理论模型，对四川省文化创意产业的集聚度和关联性进行阐释。本书内容在一定程度上能够为文化创意产业的集聚与融合发展提供对策和建议，可作为文化创意产业相关学习者、工作者的学习资料，对相关领域的学者也具有一定的参考价值。

本书由西华大学土木建筑与环境学院项勇、吴俊臻、冷超和朱洪顺共同完成，具体分工为：项勇提出选题方向、构建全书框架、构建理论模型、分析处理实证数据；吴俊臻、冷超和朱洪顺完成文献资料收集、问卷设计、市场调查、统计数据收集与分类整理等工作，并完成对应的书稿内容。

本书在撰写过程中，得到了西华大学土木建筑与环境学院舒波院长、舒志乐副院长的支持，得到了陈睿老师、周睿老师、卢立宇老师、郝利花老师、徐姣姣老师、谭璐薇老师的帮助并听取了他们的建议；魏瑶同学、陶思露同学和崔艳同学参与并完成了调研数据收集、调研资料整理、文献资料的归纳和分析、软件信息处理等大量基础性工作。本书参考了部分学者的研究成果和观点，使本书的内容得到了丰富和完善。在此，一并表示衷心的感谢。

作　者

目 录

前言

第一章 智慧城市与文化创意产业概述 ······················· 1
  第一节 智慧城市在我国的发展状况 ······················· 1
  第二节 文化创意产业在我国的发展状况 ····················· 8
  参考文献 ······························· 19

第二章 国内外关于智慧城市与文化创意产业的研究现状 ··············· 20
  第一节 国内外关于智慧城市的研究现状 ···················· 20
  第二节 国内外关于文化创意产业的研究现状 ·················· 25
  第三节 国内外研究现状评述 ························ 30
  参考文献 ······························· 33

第三章 智慧城市对文化创意产业发展的影响 ···················· 36
  第一节 智慧城市对文化创意产业的要求 ···················· 36
  第二节 智慧城市背景下文化创意产业的发展趋势 ················ 39
  第三节 智慧城市对文化创意产业的积极效应 ·················· 42
  参考文献 ······························· 44

第四章 文化创意产业集聚形成及效应分析 ····················· 46
  第一节 文化创意产业集聚综述 ······················· 46
  第二节 文化创意产业集聚度测算指标 ···················· 49
  第三节 文化创意产业集聚效应及对经济发展的影响力 ·············· 55
  参考文献 ······························· 58

第五章 文化创意产业集聚动因研究 ······················· 60
  第一节 文化创意产业集聚因素分析 ····················· 60
  第二节 文化创意产业集聚动因权重分析 ··················· 65
  参考文献 ······························· 69

第六章 文化创意产业链的提出及关联性相关理论 ·················· 71
  第一节 文化创意产业链分析 ························ 71
  第二节 产业关联理论 ··························· 76
  第三节 产业波及理论 ··························· 86

  参考文献 ········· 91

第七章 四川省文化创意产业集聚度分析实证研究 ········· 92
  第一节 四川省文化创意产业发展现状 ········· 92
  第二节 实证研究样本数据选择 ········· 93
  第三节 四川省文化产业集聚水平测量分析 ········· 97

第八章 四川省文化创意产业的关联性实证研究 ········· 120
  第一节 四川省文化创意产业数据来源 ········· 120
  第二节 四川省文化创意产业关联效益分析 ········· 121
  参考文献 ········· 155

第九章 四川省文化创意产业波及效应分析 ········· 156
  第一节 四川省文化创意产业的影响力分析 ········· 156
  第二节 四川省文化创意产业的感应度分析 ········· 165
  参考文献 ········· 173

第十章 智慧城市背景下文化创意产业集聚性及关联性对策研究 ········· 174
  第一节 文化创意产业集聚对策研究 ········· 174
  第二节 文化创意产业关联性对策研究 ········· 178
  参考文献 ········· 180

第一章
智慧城市与文化创意产业概述

第一节 智慧城市在我国的发展状况

一、智慧城市的提出及现状

自 2008 年全球金融危机后，美国 IBM 公司在《智慧地球：下一代领导人议程》的报告中第一次提出"智慧地球"，目的是把新一代信息技术充分应用于地球的可持续发展之中[1]。智慧城市理念起源于 IBM 公司提出的"智慧地球"。虽然不同国家对智慧城市的定义不同，但对其本质的理解达成了一定的共识——其发展核心是应用信息等科技技术提高人们的生活质量。欧洲国家理解的智慧城市是一个集聚高学历人才、知识型工作、创新性活动的城市，是一个集中了高科技技术的先进城市。美国认为智慧城市是把传感技术和信息传播技术使用到城市基础设施建设之中，从而达到优化电力、交通以及其他运输系统的目的，提升居民的生活质量。我国认为建设智慧城市是一种持续更新、可升级的发展过程和手段，不仅仅是部门和领域信息化的深入，更是依托和借助信息技术，促进城市社会、经济、环境、空间及管治等多方面、多尺度的互联互通。智慧城市建设是城镇信息化发展的高级阶段，其根本目的是促进城市的和谐、可持续成长。智慧城市的主要参与者是政府与企业，但二者的出发点不同，对智慧城市建设的侧重点也存在差异。对智慧城市的定义中较为正式的阐述见表 1-1。

表 1-1 智慧城市的定义

时间	发布单位	文件名称	"智慧城市"定义
2009 年	IBM	《智慧城市在中国》	运用信息技术和通信技术，感测、分析、整合城市核心系统运行的关键信息，对包括民生、环保、公共安全、城市服务、工商业活动在内的各种需求做出智能响应，为人类创造更美好的城市生活
2012 年	美国情报委员会	《全球趋势 2030：变换的世界》（Global Trends 2030: Alternative Worlds）	运用先进的信息技术，以最小的资源消耗和环境退化为代价，实现最大化城市效率和美好生活品质的城市环境
2012 年	中国：住房和城乡建设部	《国家智慧城市试点暂行管理办法》	智慧城市是通过综合运用科学技术、整合信息资源、统筹业务应用系统，以加强城市规划、建设和管理的新模式

(续)

时间	发布单位	文件名称	"智慧城市"定义
2014年	中国：发展改革委、科学技术部、工业和信息化部、公安部、财政部、国土资源部、住房和城乡建设部、交通运输部	《关于促进智慧城市健康发展的指导意见》	智慧城市是运用物联网、云计算、大数据、空间地理信息集成等新一代信息技术，促进城市规划、建设、管理和服务智慧化的新理念和新模式
2015年	中国：智能城市建设与推进战略研究项目组	—	科学统筹城市三元空间，巧妙汇聚城市市民、企业和政府智慧，深化调度城市综合资源，优化发展城市经济、建设和管理，持续提高城市发展与市民生活水平，更好地服务市民的当前与未来
2016年	中国：蚂蚁金融服务集团	《中国新型智慧城市·蚂蚁模式白皮书》	新型智慧城市是将网络信息技术基础设施化，通过云、网、端实现实时在线、智能集成、互联互通、交互融合、数据驱动，拓展新空间，优化新治理，获得新生活，从而重构人与服务、人与城市、人与社会、人与资源环境、人与未来关系的可持续化经济社会发展新形态

我国不断增加的城镇人口和城市化率，是我国加强智慧城市建设的根本原因。2011年我国城镇化率首次突破50%；截至2018年年底，我国城镇常住人口约83 137万人，相比2017年年底增加1790万人，城镇人口数量统计如图1-1所示。我国城镇人口比重持续增大，大量农村人口涌入到一、二线核心城市使城市的人口密度持续攀升，城市资源承载能力与快速增长的城市人口无法匹配。

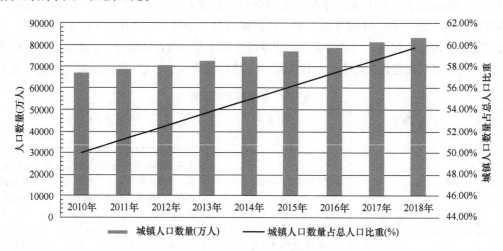

图1-1　2010—2018年中国城镇人口数量统计图
（数据来源：国家统计局）

在我国，现代化城市建设大部分都遵循着信息化建设、数字化建设、智慧化建设的路径，建设智慧城市是现代化城市不断发展的必选路径。一方面，自中国城镇化建设以来，截至2018年我国的城镇化率接近60%，虽然相对于西方发达国家的城镇化率还相差约20个百分点，但是城镇化建设促进了我国的人口转化，带动了经济发展。同时，相应的"城市病"也陆续变得严重（如资源浪费、就医困难、人口膨胀、能源短缺、交通拥堵、城市居民生活质量下降等）。另一方面，经济发展带动人民经济水平提升，群众更为追求宜居、便捷以及安全的城市生活，为解决城市居民的新需求，以人工智能、互联网、大数据和移动网络为代表的新一代信息技术蓬勃发展，城市需要和技术成熟双轮并驱，智慧城市成功驶入城市建设轨道，在政府引领和企业支持下快速发展。政府在引领智慧城市建设中，主要在顶层设计、政策支持、资金投入和项目规划等方面采取措施，企业对智慧城市建设的支持主要包含技术支持、产品服务、解决方案、信息服务等内容。

2009年，IBM公司提出了"智慧城市在中国"，且大力开发我国市场，正式将智慧城市的理念带入了我国。温家宝总理同年也发表了《让科技引领中国可持续发展》的讲话，提出我国需要重点突破物联网等关键科学技术，使得信息网络产业成为推进产业升级、迈向信息社会的"发动机"。2010年11月，我国成功举办了"2010中国智慧城市论坛大会"。2010年12月，北京市成功举办了智慧城市建设的高峰论坛。2011年，我国东部少数地区（包含广州市、上海市和宁波市）开始围绕医疗、卫生、教育、交通等公共领域规划建设智慧城市。2012年，北京市、湖南省、江苏省、天津市、湖北省、辽宁省也加入了智慧城市建设行列，并且在我国首创性地将智能化技术、数字化技术应用到金融领域。2013年1月，我国住房和城乡建设部公布了第一批智慧城市试点名单，其中包含地级市、区县、镇分别有37个、50个、3个，总计90个，覆盖我国大部分省市，建设智慧城市在全国范围中推广。2013年5月，住房和城乡建设部公布第二批国家智慧城市试点103个。2015年5月住建部公布新增的第三批国家智慧城市试点84个，河北省石家庄市正定县等13个城市（区、县）为扩大范围试点。2015年，我国80%以上地级城市落实了智慧城市理念与建设方案，部分县级城市甚至乡镇也开始规划建设本地区的智慧城市。2016年6月，我国76%的地级城市以及95%的副省级城市，超过500个城市明确提出了智慧城市建设的相关方案。2016年12月，我国智慧城市试点接近600个，其中提出了智慧城市规划的超过300个城市。同年我国制订了智慧城市评价指标，测度智慧产业发展水平及趋势，有效检测发展中的不足问题。随着信息技术的不断发展，以及知识社会环境下逐步孕育着开放城市的创新生态，技术因素与社会经济因素不断推动着智慧城市在我国形成。据《2019年中国智慧城市研究报告》，截至2017年3月，我国明确提出或正在建设智慧城市的城市中包含95%的副省级城市以及83%地级城市。2017年7月，我国338个地级以上城市中有249个城市启动了新型智慧城市指标数据的填报，220个城市完成填报，启动率达到73.67%，填报率达到65.09%。2019年，第五届中国智慧城市国际博览会在北京举办，标志着我国的智慧城市建设又将迈上一个台阶。

建设智慧城市在实现城市的可持续发展和提升城市综合竞争力方面具有重要意义。建设智慧城市所采用的各种技术，如射频传感技术、物联网技术、云计算技术、通信技术等，在不同方面能有效化解"城市病"问题，使城市更容易被感知，城市资源更易于被充分整合，城市运行效率得以有效提高。在此基础上，还可实现对城市的精细化管理和智能化管理，减少资源消耗，降低环境污染，解决交通拥堵，消除安全隐患，最终实现城市的可持续发展。如我国济南在334个路口安装智慧信号灯后，每天可节约3万多小时的通行时间，一年可节约1158万小时，全年可累计减少4.4万吨二氧化碳排放量，节能减排作用明显。

智慧城市在综合使用信息技术资源的基础上汇聚了人类智慧，将智能化赋予物，实现了城市各类资源的集约化利用，智慧城市的建设极大地带动着互联网、云计算以及战略性新兴产业的发展，带动着城市医疗、交通、金融、教育、能源等领域的发展，对中国扩大内需、调整经济结构、转变经济发展方式有显而易见的促进作用。

二、智慧城市在我国的特点及相关政策

智慧城市在我国经过这些年的发展，展现出了其自身的特点。

（一）国内智慧城市的主要特征

1. 由点带面的趋势增强

我国智慧城市建设从区域上看，从东部地区逐渐向中部地区扩展，由点带面的趋势增强。东部地区的大城市总体上经济基础较好，其规模相对较大，更具有包容性，结构更具灵活性，与其他地区相比，能够更早获得智慧城市建设理念，洞察智慧城市建设对未来城市经济发展、城市转型的意义[2]。此外，东部地区，大城市常住人口更多，经济更为发达，在其日常治理过程中"城市病"问题更为突出、紧迫，这也是东部城市率先开展智慧城市建设的主要原因。东部城市率先建设智慧城市，不仅因其拥有更好的经济技术基础，还因为存在一种远见性的内在动机：我国智慧城市建设从东部个别城市、地区扩大到整个东部地区，东部地区成功的智慧城市建设案例也被推广到中西部地区，形成了以点带面的建设发展趋势。目前我国智慧城市试点不断增加，呈现出东部沿海（环渤海、长三角、珠三角地区）集聚、中西部（武汉城市群、成渝经济区、关中-天水经济区）热点涌现的区域格局。目前全球已启动和在建的智慧城市有1000多个，其中我国在建的有500个，远超排名第二的欧洲（90个），我国已初步形成以北京市、天津市、大连市、青岛市、济南市为主的环渤海，以南京市、无锡市、上海市、合肥市、杭州市、宁波市为主的长三角，以广州市、佛山市、深圳市、厦门市为主的珠三角，以及以西安市、成都市、重庆市、武汉市为主的中西部四大智慧城市群，这极大地推进了我国物联网的发展和产业集群的快速形成。

2. 利益相关群体多元化

智慧城市建设的根本目的是促进城市和谐、可持续成长，给城镇居民创造宜居的生活环境[3]。一个城市共同体包含许多子共同体，每个子共同体因结构和组成要素不同，其产生的诉求也不相同。智慧城市相关利益群体是多元化的，按照年龄层次，可划分为老年群体、中年群体、青少年群体；按照收入水平，可分为高收入、中等收入、低收入群体等；按照文化程度，又可分为低文化群体和受过高等教育的群体。不管以何种标准划分，不同群体因诉求不同，对智慧城市建设的理解也存在差异。智慧城市理念和相应产品在不同群体中发挥的作用也不尽相同，比如老年群体和低收入、低文化群体由于受生理、认知等客观条件的限制，对新的信息技术接触少、适应缓慢，一定程度上影响他们对智慧城市的认识和接纳。因此，智慧城市在建设过程中不仅要关注大部分人的利益需求，也要关注其他小部分人的诉求。关注多元化利益群体的需求，切实提供更加方便快捷的产品和服务。

3. 法律规章制度逐渐完善

法律法规为智慧城市建设的有序开展提供了法律依据和制度保障。目前，我国智慧城市建设主要涉及交通、金融、医疗、卫生、政务、教育、物流、社区治理等领域。自2012年我国住房和城乡建设部出台了智慧城市建设纲领性文件后，交通运输部、卫生部、国家旅游

局等部门都相继出台了有关城市交通、医疗、旅游等各方面的政策制度，各部门联合制定、实施和监督法律法规，联合机制逐渐形成。同时，地方性相关法律也在逐渐完善，如在《桂林市信息化发展"十三五"规划》中提出，到2020年桂林信息化水平将迈进广西先进行列，智慧城市基本建成且成效显著，信息化成果惠及全市市民；在《武汉市国民经济和社会发展第十三个五年规划纲要》中提出，要打造面向未来的智慧城市，坚持推动信息技术与城市发展全面深入融合，加快构建高速、移动、安全的新一代信息基础设施。我国大部分城市都在政府工作报告或"十三五"规划中明确提出建设智慧城市。《智慧城市顶层设计指南》国家标准于2018年发布，在2019年1月1日正式实施。我国有关智慧城市建设方面的规范、标准都在不断完善中。

4. 建设模式逐步从单一向多元转变

在我国智慧城市建设中，参与主体主要包括政府、电信运营商、应用开发商、系统集成商、终端设备提供商等。根据各主体的参与程度，可以将智慧城市建设模式分为七种类型：①政府独立投资，负责基础设施或平台的投资、建设、维护和运营；②政府和电信运营商（私有资本）共同投资，由电信运营商建设和运营，即政府和电信运营商共同出资、共同拥有，但日常建设和运营管理由电信运营商独立进行；③政府独立投资，委托电信运营商或者第三方建设和运营；④政府牵头，电信运营商投资、建设、运营，在一定的时间后转让给政府，如BOT（建设-经营-移交）模式；⑤电信运营商或者第三方独立投资，并建设和运营（一般由综合实力较强的电信运营商或者第三方独立负责）；⑥联合建设和运营，电信运营商、应用开发商、系统集成商、终端设备提供商中的两家或者多家，联合开发智慧平台或者应用，并共同推广；⑦联合公司运营，电信运营商、应用开发商、系统集成商、终端设备提供商共同成立管理委员会及系列子公司进行投资、建设和运营。前四种建设模式由政府主导或参与，后三种建设模式由企业主导。我国智慧城市建设模式已经从政府主导的单一模式朝向社会共同参与、联合建设和运营的多元模式转变。

（二）国内智慧城市相关法律政策现状

自2012年以来，智慧城市建设过程中我国政府出台了相关规范、规划和评价体系等，大部分城市都做出了不同的规划以引领智慧城市建设。2012—2014年，出台的政策主要以政府长期规划、建设方案、指导意见、项目管理方法等为主；2015—2018年，出台的政策则以基础设施建设和具体细分产业为主，包含智慧旅游、智慧交通、智慧政务等。我国2012—2018年与智慧城市相关的重点政策文件如下：

2012年11月，住房和城乡建设部出台了《国家智慧城市试点暂行管理办法》，提出了国家智慧城市试点申报和实施管理等内容。同时出台的《国家智慧城市（区、镇）试点指标体系（试点）》则明确了智慧城市试点的指标体系。

2013年8月，国务院发布了《关于促进信息消费扩大内需的若干意见》，提出要加快智慧城市建设进程，在有条件的城市开展智慧城市试点示范建设；鼓励各类市场主体共同参与智慧城市建设。

2014年3月，国务院印发《国家新型城镇化规划（2014—2020年）》，其中第十八章第二节提出要将智慧城市作为建设重点。智慧技术在城市中的关键应用领域有宽带信息网络、城市规划管理信息化；具体包括政务信息共享，交通、电力、给排水、管网等基础设施智能化，公共服务便捷化，产业发展现代化，以及社会治理精细化。该规划明确提出要推进智慧城市建设，指明了智慧城市建设的方向。2014年8月，我国国家发展改革委、工业和信息化部、科学技术部、公安部、财政部、国土资源部、住房和城乡建设部、交通运输部八部委联合发布《关于促进智慧城市健康发展的指导意见》，明确了我国智慧城市建设的目标：到2020年，要建成一批特色鲜明的智慧城市，聚集和辐射带动作用大幅增强，综合竞争优势明显提高，在保障和改善民生服务、创新社会管理、维护网络安全等方面取得显著成效；该文件中强调，智慧城市建设必须以人为本、务实推进；因地制宜，以城市发展需求为导向；市场为主，同时杜绝不必要的行政干预。

2015年1月，国家旅游局印发的《关于促进智慧旅游发展的指导意见》提出，到2020年我国智慧旅游服务能力明显提升，智慧管理能力持续增强，大数据挖掘和智慧营销能力明显提高，移动电子商务、旅游大数据系统分析、人工智能技术等在旅游业应用更加广泛，培育若干实力雄厚的、以智慧旅游为主营业务的企业，形成系统化的智慧旅游价值链网络。2015年5月，国家测绘地理信息局印发《关于推进数字城市向智慧城市转型升级有关工作的通知》，为测绘地理信息部门在智慧城市建设中发挥基础性、先行性作用，推动智慧城市健康发展提出指导意见。2015年10月，我国国家标准委、中央网信办、国家发展改革委联合印发《关于开展智慧城市标准体系和评价指标体系建设及应用实施的指导意见》，明确智慧城市标准体系建设：到2020年累计共完成50项左右的智慧城市领域标准制订工作，同步推进现有智慧城市相关技术和应用标准的制修订工作；到2020年实现智慧城市评价指标体系的全面实施和应用。

2016年2月，《中共中央国务院关于进一步加强城市规划建设管理工作的若干意见》，指出到2020年要建成一批特色鲜明的智慧城市，通过智慧城市建设和其他一系列城市规划建设管理措施，不断提高城市运行效率。2016年8月，《新型智慧城市建设部际协调工作组2016—2018年任务分工》明确了部际协调工作组中25个成员部门的任务职责，共计26项。2016年11月，《关于组织开展新型智慧城市评价工作务实推动新型智慧城市健康快速发展的通知》研究制定了新型智慧城市评价指标、评价工作要求以及评价组织方式。2016年12月，《新型智慧城市评价指标（2016年）》指出：要按照"以人为本、惠民便民、绩效导向、客观量化"的原则制定评价指标，包括客观指标、主观指标、自选指标三部分。

2017年1月，我国交通运输部出台《推进智慧交通发展行动计划（2017—2020年）》，指出到2020年逐步实现基础设施智能化、生产组织智能化、运输服务智能化、决策监管智能化等四个方面的目标。2017年7月，《新一代人工智能发展规划》规划了构建城市智能化基础设施，发展智能建筑，推动地下管廊等市政基础设施智能化改造升级，建设城市大数据平台，构建多元异构数据融合的城市运行管理体系，实现对城市基础设施和城市绿地、湿地等重要生态要素的全面感知，以及对城市复杂系统运行的深度认知；研发构建社区公共服务信息系统，促进社区服务系统与居民智能家庭系统协同；推进城市规划、建设、管理、运营全生命周期智能化。2017年9月，《智慧城市时空大数据与云平台建设技术大纲》（2017版）在原有数字城市地理空间框架的基础上，依托城市云支撑环境，实现智慧城市时空基准、时空大数据和时空信息云平台的提升，建设城市时空基础设施，开发智慧专题应用系统，为智慧城市时空基础设施的全面应用积累经验。凝练智慧时空基础设施建设管理模式、技术体制、运行机制、应用服务模式、标准规范及政策法规，为推动全国数字城市向智慧城市的升级转型奠定基础。

2017年9月,《智慧交通让出行更便捷行动方案(2017—2020年)》出台,该方案要求加快城市交通出行智能化发展。建设完善城市公交智能化应用系统,到2020年在国家公交都市创建城市中全面建成城市公共交通智能系统;推动城市公交与移动互联网融合发展;鼓励规范互联网租赁自行车发展;鼓励规范城市停车新模式发展。2017年12月,《关于开展国家电子政务综合试点的通知》发布,提出到2019年,各试点地区电子政务统筹能力显著增强,基础设施集约化水平明显提高,政务信息资源基本实现按需、有序共享,政务服务便携化水平大幅提升,探索出一套符合本地实际的电子政务发展模式,形成一批可借鉴的电子政务发展成果,为统筹推进国家电子政务的发展积累经验。2017年12月,《促进新一代人工智能产业发展三年行动计划(2018—2020)》中,提出通过实施四项重点任务,力争到2020年一系列人工智能标志性产品取得重要突破,在若干重点领域形成国际竞争优势,人工智能和实体经济融合进一步深化,产业发展环境进一步优化。

2018年,《智慧城市顶层设计指南》国家标准已由国家标准化管理委员会在《中华人民共和国国家标准公告》(2018年第9号)中予以批准发布,并于2019年1月1日正式开始实施。2017—2018年智慧城市国家标准体系见表1-2。

表1-2 2017—2018年智慧城市国家标准体系

发布时间	归口单位	标准名称
2017年	全国信息技术标准化技术委员会	GB/T 34680.1—2017《智慧城市评价模型及基础评价指标体系 第1部分:总体框架及分项评价指标制定的要求》
	全国信息技术标准化技术委员会	GB/T 34680.3—2017《智慧城市评价模型及基础评价指标体系 第3部分:信息资源》
	全国信息技术标准化技术委员会、全国通信标准化技术委员会	GB/T 34678—2017《智慧城市 技术参考模型》
2018年	全国智能建筑及居住区数字化标准化技术委员会	GB/T 34680.4—2018《智慧城市评价模型及基础评价指标体系 第4部分:建设管理》
	全国信息技术标准化技术委员会	GB/T 36445—2018《智慧城市 SOA标准应用指南》
	全国信息技术标准化技术委员会	GB/T 36333—2018《智慧城市 顶层设计指南》

三、当前国内智慧城市发展存在的主要问题

目前我国智慧城市发展较好的城市有深圳、上海、杭州、北京、无锡、广州、宁波、佛山、厦门、苏州。不同城市的经济基础和社会结构不同,经过几年发展后,我国智慧城市建设存在以下问题:

1. 信息的集成与共享不充分,加深了"数字鸿沟"

我国智慧城市在规划和建设过程中,不同区域、不同群体对智慧城市理念的认知和接纳程度存在偏差。资源获取不平衡,导致信息交流与共享渠道不通畅,造成不同群体对同一智慧城市项目的认知存在较大偏差。在不同行业之间,信息化水平参差不齐,跨行业信息交流与共享也存在同样的问题[4]。公共服务与公共诉求之间、同一领域的各个主体之间,均未形成有效的统一信息系统,信息整合和共享的不充分加速了信息孤岛现象的发生,导致了

"数字鸿沟"现象的产生。

2. 建设主体单一，阻碍了智慧城市建设流程的完善

由于我国智慧城市建设处于试点探索阶段，缺乏全域性的统筹规划，各地对智慧城市建设的理解也存在差异，没有充分理解智慧城市建设的流程环节和构成要素。许多城市在智慧城市建设专项规划的结构、建设思路以及实施方案上存在趋同现象，缺乏体现地域经济文化特色的元素。急于跟风，导致不同地区同质化严重，未根据当地实际情况进行优化调整，一定程度上阻碍了智慧城市建设流程的完善和优化。而且，政府作为智慧城市建设的引领者，单方面推动智慧城市建设发展的力量有限。因此，在智慧城市建设过程中，筹资、投资以及建设的主体单一造成了建设过程中缺少多元化监控和评价的主体。

3. 缺乏市场导向的单一化管理机制，使政府定位不准

经济问题贯穿智慧城市建设的整个过程。我国智慧城市起步不久，难以准确评估各领域的建设前景，大部分市场主体持观望态度，在智慧城市建设的规划、监督和评价过程中参与度低，造成了政府主导过于单一化[5]。缺乏市场导向的智慧城市建设和管理模式，在一定程度上表明多元市场主体力量培育不充分，智慧城市建设主体力量不均衡。各级政府部门及其领导干部由于考虑绩效问题，过度重视工程建设，缺乏对项目实际应用效果和市场导向的深入思考与研究，导致政府在智慧城市建设中的职能定位不清[6]。

第二节 文化创意产业在我国的发展状况

一、文化创意产业的提出

文化创意产业（CCI）英文全称为 Cultural and Creative Industries，它是一种在当前知识经济时代和经济全球化背景下产生的新兴产业，其核心是创造力和创新性；强调将一种主体文化和文化因素，在个人或者团队的引导下，用技术、创意、创造力和产业化的方式进行开发，并营销知识产权[7]。它是由英国最先提出，之后其他国家和地区也阐述了相关概念，表现形式主要包括文化产业、版权产业、休闲产业等。文化创意产业的出现改变了社会资本积累的主要来源，传统的重工业产品不再是资本积累的重要形式，资本积累越来越倾向非物质形态。在这一背景下，社会的核心资源由信息发展所扮演，当信息发展成为社会资本积累的源泉时，文化就具备了产业的性质，能够激发新的经济增长模式，也就成为社会资本积累主要来源的重要部分。在新的经济环境下，文化就代表资本，创意代表着先进、独特的生产过程，产业意味着文化产生巨大经济效益这一生产结果。

创意产业这一创新理念的提出推动了当代文化创意产业的兴起。现阶段，在全球化消费的社会背景下，创意产业和创意经济逐渐发展，其重视个人创造力、创新，以文化艺术对经济的支持和推动的新兴理念、思潮与经济实践为核心点。18世纪，欧洲工业革命成为世界工业化的起点，欧美等一些发达国家抓住这一历史机遇开启了工业化的历史进程。在工业化完成后，开始向高附加值的制造业、服务行业转型。一方面，发达国家把本国的部分粗加工工业和重工业生产转移到了低成本的发展中国家；另一方面，发达国家一些城市中，许多传统产业出现了衰落等问题，传统的产业结构已经满足不了经济高速发展的需要。20世纪60

年代，欧美等发达国家盛行流行文化、亚文化、社会思潮等，出现了一系列大规模的社会运动，这些社会运动对传统的工业社会结构产生了很大的冲击。人们更加重视不同文化的差异性，能够接受不同文化对自身的影响，反对主流文化对自身思想的冲击，解放思想、张扬自我个性。逐渐开始认可此前普遍被认为怪异的多元文化，社会文化出现了多元化和多样化，形成了发挥个人创造力的氛围。到了20世纪80年代，世界经济形势发生了较大变化，特别是撒切尔夫人、里根等主要发达国家领导人上台以后的经济政策更加鼓励私有化和自由竞争，同时要求企业和个人创新。有差异化才能有市场，进而推进了创意产业的发展。在当今的时代背景下，西方发达国家的创意产业不断涌现和发展。就全球而言，现阶段美国是文化产业最发达的国家之一，文化产业产值占其国内生产总值的很大比例，美国文化产业的发展状况也影响了其他国家的经济转型。

20世纪80年代，在经济增长研究方面有杰出贡献的保罗·罗默（Paul M. Romer）的研究论文指出，新创意会发展出新产品和无穷的新市场并能够创造财富，这充分体现了新创意对推动一个国家经济发展的重要性。近年来，美国、英国、法国和澳大利亚等国家的研究成果和报告，进一步丰富和推进了创意产业的新观点；涉及的范围包括音像、传媒、视觉艺术、表演艺术、广播影视、动漫、工艺与设计、雕塑、服装设计、软件和计算机服务、环境艺术、广告装潢等方面。部分经济学家通过深入研究和分析创意产业后，提出并建立了一门关于创意产业的新的文化经济学。文化经济学理论家凯夫斯（Richard E. Caves）指出，创意产业为大众提供与文化价值、艺术价值或是娱乐价值相联系的产品和服务；并力图描述和总结当代文化创意产业的特征，提出创意产业是在新的全球经济、技术与文化背景下，为了适应新的发展格局，把握新的核心要素，为构建新产业而形成的通道[8]。

在全球创意经济飞速发展的背景下，文化创意产业受到世界各国的高度关注，成为各国重点扶持的新兴产业。文化创意产业的发展有助于促进社会经济协调发展，加速科技进步，催生文化创新的新形态。不仅可以丰富文化产品的生产要素，刺激大众对文化产品消费的需求，还能激活文化产品的原始创新，使大众感受到文化产品的体验过程[9]。传统文化艺术形式在科技进步过程中发生了巨大的变化，电影的出现已经证实了这一观点：它把观众的注意力由传统的戏剧舞台转移到银幕前，这不是新兴传媒改变了传统艺术演绎的平台，而是科学技术与艺术的融合创造出演艺行业的新业态。文化创意产业与科学技术是不可分离的，科学技术的进步会不断伴随着文化的创新，科技发展会促进大众对文化创意产品的传播，提高大众对文化理念和内涵的接受程度，从而扩大文化消费，促进大众对文化的需求。

文化创意产业能够形成新的产业链，带动相关产业的发展，调整整体产业结构。它能够将现有的文化资源和创意资源转化为经济成果，提高产业经济的附加值，通过对文化资源的利用和保护作用以及对创意资源的激发作用来优化地区经济结构。主要表现在：第一，创意产业通过产业渗透的方式对传统产业进行升级改造，通过延长产品的生命周期拉长产业的生命周期，从而延伸产业的价值链；第二，文化创意的发展将带动一系列相关产业的发展，形成经济快速增长的新驱动力；第三，文化创意产业的发展使产业结构经济发展方式出现了多样化。过去文化产品不被看作人们的消费品，人们对其需求程度不大。近年来，随着创意产业的兴起，人们逐渐意识到文化创意能够作为资本进行运作，可以将其看作能够生产出高附加值的生产要素。通过文化创意体验设计让消费者体验其消费过程。这些创新转变了传统文化经济的发展方式、实现了文化产业创新的新路径。另一方面，文化创意产业能够促进社会文化制度创新，在激发和提高文化消费者创造性的同时，也能提升经济效益、创新和转变传统文化经济的发展方式。

目前，我国各产业也面临转型和升级的压力，整体产业结构急需调整，向第三产业转型成为发展的必要趋势，文化创意产业的发展符合我国产业转型的需要[10]。2000年10月11日，中国共产党第十五届中央委员会第五次全体会议通过了《中共中央关于制定国民经济和社会发展第十个五年计划的建议》，建议中首次明确提出了"推动有关文化产业发展"。随后，文化产业被我国第一部文化产业蓝皮书定义为"为向消费者提供精神产品或服务的行业"；2003年，文化部《关于支持和促进文化产业发展的若干意见》界定文化产业为"从事文化产品生产和提供文化服务的经营性行业"；2004年，国家统计局发布了《文化及相关产业分类》，认为文化及相关产业就是"为社会公众提供文化、娱乐产品和服务的活动，以及与这些活动有关联的活动的集合"，初步将文化创意产业内涵局限于相关文化娱乐服务活动范畴；随后文化创意产业的内涵逐渐明确和清晰化，我国2009年制定的《文化产业振兴规划》，将文化产业划分为文化创意、影演艺娱乐、动漫、视制作、出版发行、印刷复制、广告、文化会展、数字内容等类别，第一次区分了文化创意与文化产业；国家统计局2012年修订的《文化及相关产业分类》，认为文化及相关产业是"为社会公众提供文化产品和文化相关产品的生产活动的集合"，并且新增了"文化创意与设计服务"大类，其中文化新业态是指"数字内容服务中的数字动漫制作和游戏设计制作，以及其他电信服务中的增值电信服务"，文化创意是指"建筑设计服务和专业设计服务"，软件设计服务代表"多媒体软件和动漫游戏软件开发"；2013年，《国务院关于推进文化创意和设计服务与相关产业融合发展的若干意见》，进一步强调了文化创意与设计服务，文化创意与设计服务的含义没有发生变化，包含"文化软件服务、建筑设计服务、专业设计服务、广告服务"。近年来，北京、上海、深圳、杭州、苏州等城市均形成了符合本城市特点的文化创意产业分类目录，界定了文化创意产业的内涵，统一改变了之前文化产业增加值的统计方式，统计了更加宽泛的文化创意产业增加值。由此可见，我国对文化创意产业内涵的提出经历了从行业、产业到集合的一系列变化过程。

二、文化创意产业在我国的实施状况

全球文化创意产业空间分布格局极不均衡（见图1-2），主要集中在以美国为核心的北美地区，以英国为核心的欧洲地区和以中国、日本、韩国为核心的亚洲地区。在《2017—2022年中国文化创意市场发展前景预测及投资战略研究报告》中，美国占文化创意产业市场总额的43%，欧洲占34%，亚洲和南太平洋国家共占19%（日本占10%、韩国占5%，中国占4%），其他国家和地区占4%。

图1-2表明，现阶段我国文化创意产业的实施相对于北美和欧洲地区还有很大差距；仍在日本之后，与韩国相差不大。

《中国文化创意产业园区域发展模式与产业整体规划研究报告》数据显示：我国从20世纪90年代开始文化创意产业园区的建设，初期发展较为缓慢；2002年一年内建成了48个园区；21世纪后，文化创意产业进入飞速发展阶段，2007年后园区数量陡增，2012年上升到1457个，并在2014年时达到最大，园区数量达到2570个。2015年较2014年园区数量

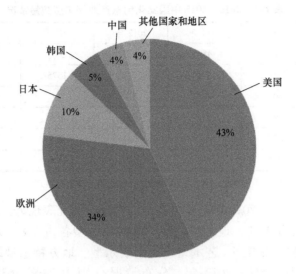

图1-2 全球文化创意产业空间分布格局情况

有所下降,全国范围内正常运作的园区共2506个,如图1-3所示。

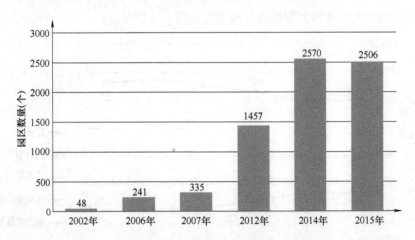

图1-3 2002—2015年中国文化创意产业园区数量
(数据来源:2016—2021年文化创意产业园区域发展模式与产业整体规划研究报告)

  2002年至2015年期间,其中由国家命名的文化创意产业各类相关基地、园区就已超过350个。在政府的积极引导下,我国文化产业已经初步形成了以国家级文化产业示范园区和基地为龙头,以省市级文化产业园区和基地为骨干,以各地特色文化产业群为支点,共同推动文化产业快速发展的格局[11]。

  产业园的类型包括产业型、混合型、艺术型、休闲娱乐型、地方特色型。2010年,全国文化创意产业园中,产业型数量为331个,2015年末其数量上升至535个。混合型在这五年期间增长值为921个。艺术型、休闲娱乐型、地方特色型的数量也有所增加。2010—2015年产业园的各类型总量分别为1234个、1671个、2179个、2406个、2570个、2506个。2015年略有回落,后期数量基本保持稳定,详见表1-3。

表 1-3　2010—2015 中国文化创意产业园类型数量情况　　　　（单位：个）

类型结构	2010 年	2011 年	2012 年	2013 年	2014 年	2015 年
产业型	331	453	518	532	534	535
混合型	740	992	1378	1575	1733	1661
艺术型	40	61	77	79	80	82
休闲娱乐型	58	80	100	107	110	110
地方特色型	65	85	106	113	113	118
合计	1234	1671	2179	2406	2570	2506

注：数据来源：2016—2021 年中国文化创意产业园区域发展模式与产业整体规划。

根据表 1-3 所示数据，2010 年产业园类型结构分布情况表现为：混合型比例最为突出占 60%，产业型次之占 27%，地方特色型与休闲娱乐型各占 5%，艺术型分布最少仅有 3%。2011 年，产业型、混合型、艺术型、休闲娱乐型、地方特色型结构分布情况分别为 27%、59%、4%、5%、5%；2012 年，分布情况分别为 24%、63%、4%、5%、5%；2013 年，分布情况分别为 22%、65%、3%、4%、5%；2014 年，分布情况分别为 21%、67%、3%、4%、4%；2015 年，分布情况分别为 21%、66%、3%、4%、5%。2010—2015 年中国文化创意产业园类型结构分布情况如图 1-4 所示。

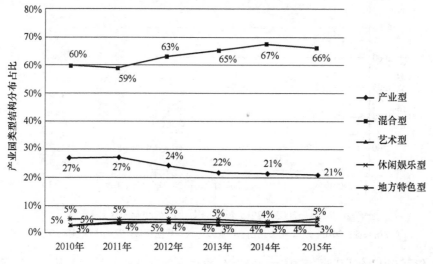

图 1-4　2010—2015 年中国文化创意产业园类型结构分布情况

从图 1-4 中可以发现，在 2010—2015 年这一时期产业型结构分布波动大小在 6% 以内，总体呈现下降趋势，同一时期混合型结构分布变化与产业型呈相反的趋势，总体比例在上升。艺术型、休闲娱乐型、地方特色型分布情况变化不大。可见，我国文化创意产业结构分布主要集中在产业型和混合型两大类，并且混合型结构分布比例有增长的趋势；各个产业类型结构分布情况较为平稳，波动性不大，进一步反映出分布的合理性和科学性。

根据国家统计局数据分析，自 2012 年以来我国政府积极出台促进文化创意产业发展的各项政策，随着文化改革发展的深入推进，社会力量投资文化创意产业热情高涨。文化创意产品和服务逐渐呈现多样化状态。文化产业发展速度稳步增长，势头较好。整体规模实力，特别是文化核心领域的竞争力和影响力进一步提升。通过分析我国文化及相关产业的增加值,得到图 1-5～图 1-11。

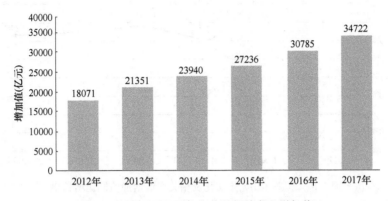

图 1-5　2012—2017 年文化及相关产业增加值

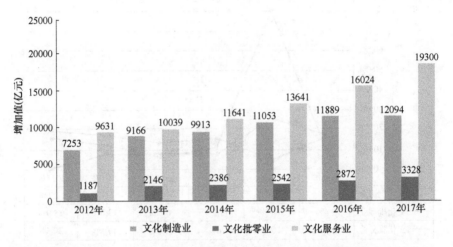

图 1-6　2012—2017 年文化及相关产业中各行业增加值

图 1-7　2013—2017 年不同领域增加值

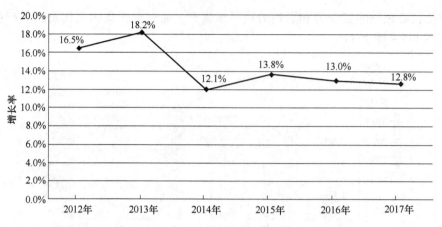

图 1-8 2012—2017 年文化及相关产业增加值同比增长率

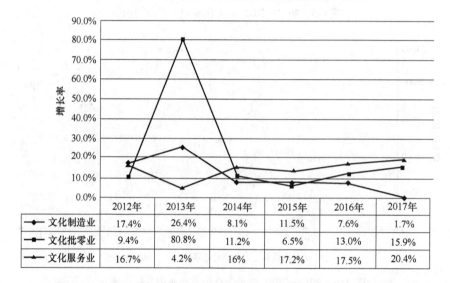

图 1-9 2012—2017 年文化及相关产业中各行业增加值同比增长率

图 1-10 2013—2017 年文化产业不同领域增加值同比增长率

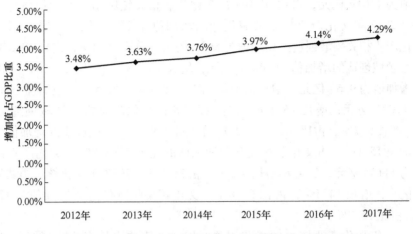

图1-11　2012—2017年文化及相关产业增加值占GDP比重

如图1-5所示，2012—2017年我国文化及相关产业增加值从18071亿元持续稳定增长到34722亿元。结合图1-8对这6年产业增加值分析可以看出，2012—2013年全国文化及相关产业增加值的增长率最大。2013—2014年、2015—2017年全国文化及相关产业增加值的增长率有所回落，其中2013—2014年增长率大幅下降，2015—2017年降幅变化不大。

从全国文化及相关产业各行业增加值的角度分析，由图1-6和图1-9可以得出：①2012年文化制造业实现增加值7253亿元，文化批零业实现增加值1187亿元，文化服务业实现增加值9631亿元。文化制造业、文化批零业、文化服务业同比增长率分别为17.4%、9.4%、16.7%，占总的增加值的比重分别为40.1%、6.6%和53.3%。②2013年，文化制造业增加值9166亿元，占比42.9%，增长26.4%；文化服务业增加值10039亿元，占比47.0%，增长4.2%；文化批零业增加值2146亿元，占10.1%，增长80.8%。③2014年文化制造业增加值9913亿元，比上年增长8.1%，占文化及相关产业增加值的比重为41.4%；文化服务业增加值11641亿元，增长16%，占比48.6%；文化批发零售业增加值2386亿元，增长11.2%，占比10.0%。④2015年文化制造业增加值11053亿元，比上年增长11.5%，占文化及相关产业增加值的比重为40.6%；文化批发零售业增加值2542亿元，增长6.5%，占比9.3%；文化服务业增加值13640亿元，增长17.2%，占比50.1%。⑤2016年文化制造业增加值为11889亿元，比上年增长7.6%，占文化及相关产业增加值的比重为38.6%；文化服务业增加值为16024亿元，增长17.5%，占比52.1%；文化批发零售业增加值为2872亿元，增长13.0%，占比9.3%。可见文化服务业占整个文化及相关产业增加值最大，其次是文化制造业，比例最小的是文化批零业。

根据图1-9进一步可以分析，2014—2015年文化制造业增加值的增长率处于增加趋势，其余年份之间增加值同比增长率有所下降，其中2013—2014年下降速度较快。文化批零业在2014年迅速下降到11.2%，2015—2017年其产业增加值保持持续增长。2013—2017文化服务业增加值的增长率整体趋势处于上升状态，其中增加最快的为2013—2014年。从整体分析来看文化制造业、文化批零业、文化服务业在2013—2014年文化及相关产业增加值的增长率波动较大，2014年过后能够保持相对平稳。

按文化及相关产业活动性质分析，如图1-7和1-10所示。2012年，文化产业核心领域创造的增加值为11019亿元,占比61.0%;文化产业相关领域创造的增加值为7052亿元,占比39.0%。2013年文化产业核心领域创造的增加值为12695亿元,增长22.7%,占比59.5%;文化产业相关领域创造的增加值为8656亿元,增长15.2%,占比40.5%。2014年文化产业核心领域创造的增加值为14671亿元,增长15.6%,占比61.3%;文化产业相关领域创造的增加值为9269亿元,增长7.1%,占比38.7%。2015年文化产业核心领域创造的增加值为17071亿元,增长16.4%,占比62.7%;文化产业相关领域创造的增加值为10165亿元,增长9.7%,占比37.3%。2016年文化产业核心领域创造的增加值为19655亿元,比上年增长15.1%,占文化及相关产业增加值的比重为63.8%;文化产业相关领域创造的增加值为11130亿元,比上年增长9.5%,占36.2%。2017年文化核心领域创造的增加值为22500亿元,增长14.5%,占比64.8%;文化相关领域创造的增加值为12222亿元,增长9.8%,占比35.2%。

2014—2017年文化产业核心领域和相关领域增加值的增长率波动幅度分别为1.9%、15.6%,变化幅度不大,其增加值的增长速度基本上保持平稳。

2012—2017年文化及相关产业增加值占国民生产总值分为3.48%、3.63%、3.76%、3.97%、4.14%、4.29%,如图1-11所示。6年期间,产业增加值占GDP比重保持稳步上升,呈现出正比例关系,在2016年首次突破4%。

通过对2012—2017年我国文化及相关产业的增加值变化做对比分析发现,文化及相关产业在我国的实施规模持续增大,其增加值逐年增加。其中,文化服务业和文化制造业起主导地位,发展趋势较好;文化核心领域增加值及其增长率大于相关产业领域,表现出合理性。产业增加值占GDP比值持续增长,符合我国要加快新旧动能转换,推动产业结构升级的大环境。

三、我国文化创意产业的相关政策及特点

(一)我国近年文化创意产业相关政策归纳

近年来的政府工作报告中明确指出,要做大、做强新兴产业,培育新兴文化业态,健全现代文化创意产业体系,推动文化创意产业融合化、集约化、高端化、国际化发展机构改革和职能转变,进一步加强文化创意产业的推进工作。《推动共建丝绸之路经济带和21世纪海上丝绸之路的愿景与行动》《长江经济带发展规划纲要》《"十三五"国家战略性新兴产业发展规划》等政策文件都与文化产业密切相关,形成了区域文化产业发展的新格局,国内文化创意产业迎来了前所未有的政策机遇。近几年,我国颁布的文化创意产业相关政策归纳见表1-4。

表1-4 目前文化创意产业相关政策归纳

发文单位	发文时间	文件名称
国务院办公厅	2018年12月	关于印发文化体制改革中经营性文化事业单位转制为企业和进一步支持文化企业发展两个规定的通知
国务院办公厅	2018年03月	关于促进全域旅游发展的指导意见
文化部	2017年04月	文化部"十三五"时期文化科技创新规划
文化部	2017年04月	文化部"十三五"时期文化产业发展规划
文化部	2016年12月	文化部"一带一路"文化发展行动计划(2016—2020年)

(续)

发文单位	发文时间	文 件 名 称
国务院	2016年12月	"十三五"旅游业发展规划
国务院	2016年12月	"十三五"国家战略性新兴产业发展规划
中国共产党第十八届中央委员会第五次全体会议	2015年10月	中共中央关于制定国民经济和社会发展第十三个五年规划的建议

(二)我国近年文化创意产业的相关政策性分析

2015年10月29日,中国共产党第十八届中央委员会第五次全体会议通过的《中共中央关于制定国民经济和社会发展第十三个五年规划的建议》,建议中强调:要发展骨干文化企业和创意文化产业,推动文化产业结构优化升级,扩大和引导文化消费,培育新型文化业态。

文化部在2016年和2017年分别出台了《文化部"一带一路"文化发展行动计划(2016—2020年)》《文化部"十三五"时期文化产业发展规划》《文化部"十三五"时期文化科技创新规划》等文件。强调以文化旅游、演艺娱乐、工艺美术、创意设计、数字文化为重点领域,支持"一带一路"沿线地区根据地域特色和民族特点实施特色文化产业;以文化创意、科技创新为引领,提升文化内容原创能力,推动文化产业产品、技术、业态、模式、管理的创新,推动文化产业与"大众创业、万众创新"紧密结合,充分激发全社会文化创造活力;要全面支持文化创意融入实体经济;发挥文化科技引擎作用,促进文化创意与消费品工业、装备制造业、建筑业、信息业、旅游业、体育业和特色农业等行业融合发展,赋予实体经济更丰富的文化内涵,有效提升经济发展质量。

2018年年初和年底,国务院办公厅印发了《关于促进全域旅游发展的指导意见》和《关于印发文化体制改革中经营性文化事业单位转制为企业和进一步支持文化企业发展两个规定的通知》,强调要把促进全域旅游发展作为推动经济社会发展的重要抓手;统一规划,整合资源,从区域发展全局出发,凝聚全域旅游发展、形成新合力;大力推进"旅游+"发展战略,促进产业融合与产城融合;全面增强旅游发展新功能,使发展成果惠及各方,构建全域旅游共建、共享的新格局。中央财政和地方财政应通过文化产业发展专项资金等现有资金渠道,优化创新资金投入方式,完善政策扶持体系。同时支持文化企业发展,对于兴办文化企业的投资,有关行政主管部门应当减少相关手续审批程序,提高行政审批效率,一律不得收取国家规定之外的任何附加费用。

(三)文化创意产业的特征

文化创意产业作为一个产业门类,具有一般产业的共同属性;但是作为文化、创意以及经济的集合,具有多重属性,因此文化创意产业具有一定的特殊性,具有自己的特点。文化创意产业的特殊性主要包含两个方面:一是文化创意产业与一般文化产业的差异性,二是文化创意产业与一般产业的差异性。按照这两个方面的特殊性,对文化创意产业的特点进行归纳总结后,得出以下五个特征:

第一,文化创意产业的发展是技术与文化内容的结合。文化创意产业以文化为根源,网络信息技术为文化创意产业的发展提供技术支持和发展空间,文化资源为文化创意产业发展提供坚实根基,促进文化创意产业更为繁荣[12]。文化创意产业在文化内部加入了知识的原创性和变化性，融合了经济，并且发挥了产业的功能。在产品或者服务上，将文化内容转化成创意，在体现文化价值的同时也赋予产品或服务创意，提高了产品或服务的价值。文化创意产业的本质特征和无穷魅力包含着文化的多样性和独特性。推动文化创意产业的发展过程中，科学技术扮演着重要的角色：首先，促进了文化创意产业传播形式的拓展，如在线广播、电子书传播模式等；其次跨媒体公司可以最大限度地获取不同媒体之间的协同效应，对同样的内容重复利用以满足不同消费者需求，从而进行多次创意。

第二，文化创意产业是复合型产业。文化创意产业成本的重要部分是创意投入，在产品的整个生产过程中占据核心地位的是内容创意。因为文化创意产业的复合性，知识和创意成为推动文化产业发展的关键性因素。其中，投入的重点，有的以无形的智力投入为主，有的以劳动投入为主，也存在以有形的资本投入为主的情况。文化创意产业可以划分为资本密集型产业、劳动密集型产业和知识密集型产业、技术和知识密集型产业，以及劳动、知识、资本和技术并重的产业。

第三，文化创意产业具有差异性。文化创意产业的原材料是创意人才的思想、人类的精神资源以及技术和灵感，具有想象力、创造力和判断力的创意人才是创意过程的主体，每个人的心智模式不同，因此其创造过程具有异质性。创意决定文化创意产品的差异性，对创造高附加值的贡献远远超过对产品质量的贡献。

第四，文化创意产业具有较高的关联性。文化创意产业是在传统文化产业基础上发展而来，但又不同于传统文化产业的新形态，文化创意产业与社会经济活动联系更为紧密，与其他产业的关联性更强[13]。创意产业把大城市作为据点，具有强大的横向影响力和竖向影响力。如电影的拍摄涉及许多行业，包含道具投入、基础拍摄工具、后期制作等需求，这些需求能够带动相关产业的发展。文化创意产业可以对不同行业和领域，通过"越界"的方式进行合作与重组，通过制造业提升和融合产生新的增长点，开拓心理型、休闲型、艺术型、精神型、知识型、体验型、娱乐型等新的产业增长模态，培养新一代创意消费群体，培育新的文化消费市场，推动文化发展与经济发展，并且在全社会推动创造性发展。

第五，文化创意产业需要特殊的组织模式。在现代文化创意产业的生产和交易过程中，组织模式的作用极其重要。在新的经济、技术背景下，现代文化创意产业的组织模式与传统文化生产有着较大的区别，创意主体和创意过程的特殊性决定了其组织模式不同于其他产业。当今社会，创意产业倾向于知识和社会文化传播构成、产业发展形态及社会运作方式的创新，不再依靠个体设计师或艺术家的灵感迸发。个体化、小型化、扁平化和灵活化成为文化创意产业企业的特点。

本章小结

2009年，IBM公司提出"智慧城市在中国"。到2017年，我国总计超过500个城市明确提出建设智慧城市。2019年第五届中国智慧城市国际博览会的举行，标志我国智慧城市又前进了一步。我国也出台了许多政策，指导智慧城市建设发展。2018年，我国颁布了国家标准《智慧城市顶层设计指南》。本章首先阐述了在智慧城市建设过程中的一些问题，比如信息集成共享不充分、建设主体单一、市场管理机制不够完善等；其次论述了在智慧城市建设的背景下，我国文化创意产业的提出、实施情况和相关政策。

参考文献

[1] 王波,甄峰,卢佩莹.美国《科技与未来城市报告》对中国智慧城市建设的启示[J].科技导报,2018,36(18):30-38.
[2] 毛明,符媛柯,李佳熙,等.智慧城市发展现状及趋势浅析[J].物联网技术,2015,5(9):85-87.
[3] 赵大鹏.中国智慧城市建设问题研究[D].长春:吉林大学,2013.
[4] 焦黎帆.我国智慧城市建设与政府管理问题研究[D].西安:西安建筑科技大学,2015.
[5] 胡丽,陈友福.智慧城市建设不同阶段风险表现及防范对策[J].中国人口·资源与环境,2013,23(11):130-136.
[6] 刘闻佳.我国"智慧城市"建设现状、问题及对策研究[J].科技展望,2016,26(27):251-252.
[7] 闫珊珊.文化创意产业的发展对地区经济增长的影响研究[D].大连:东北财经大学,2016.
[8] 邬玉蓉.创意产业对上海第三产业结构优化的影响研究[D].上海:上海师范大学,2011.
[9] 蔡承彬,蔡雪雄.我国的文化创意产业发展现状及对策研究[J].经济问题,2011(12):48-51.
[10] 张叶露.我国文化创意产业的现状分析及对策[J].河南社会科学,2015,23(8):103-106.
[11] 崔文蕊.秦皇岛海滨民俗文化在文化创意产品设计中的应用研究[D].秦皇岛:燕山大学,2017.
[12] 张赟.文化创意产业集群组织模式及价值增值机制研究[D].哈尔滨:哈尔滨工程大学,2012.
[13] 刘瑞祺,黄彬斌."互联网+"传统文化产业的创新发展分析[J].现代商业,2018(27):22-23.

第二章
国内外关于智慧城市与文化创意产业的研究现状

第一节 国内外关于智慧城市的研究现状

一、国外关于智慧城市的研究现状

国外学者对智慧城市的研究相对比较早，正形成较为完善的研究体系。从1992年新加坡首次提出"智慧岛"计划，到21世纪初期美国、英国、德国、法国、荷兰、韩国、新加坡等国开展智慧城市的实践和研究，全球掀起智慧城市的热潮。这期间涌现出大量智慧城市国有部门和社会组织机构，以及从事实践探索和理论研究的学者，从不同方面对智慧城市开展了深入的研究。涉及内容包括智慧城市的基本理论、基本构架、技术体系，智慧城市与经济发展的关系，智慧城市对产业的影响等。尽管智慧城市发展时间不长，但是许多研究者已经发现，现代信息技术应用、经济转型升级、产业结构转型、城市发展模式等与智慧城市有着紧密的关联性，并对这种关联性进行了众多定性的分析和探讨。随着理论研究的深入，严密的数学模型得以产生和发展，同时各国和地区对智慧城市的建设实践逐步增多，对智慧城市的研究成果也越来越丰富。

国外大多数学者认为 Graham 和 Marvin 是智慧城市理论基础研究的发起者，20世纪90年代两位学者曾经在 *Telecommunications and the City* 中提出城市在人们生活中占据的重要地位，并指出当代城市不是由密集的高楼大厦、立体的交通网络堆积而成的，而是作为经济、社会和文化中心其组织构成包含交通、人文、建筑等。城市管理者在规划城市时，要考虑城市是一个以信息通信技术网络为中心的集合体，所有系统和模块都是通过信息技术手段连接，城市发展越好其对信息技术的需求就会越迫切[1]。在同一时期，麻省理工学院 Mitchell 教授认为，在全新的基础设施条件下将产生新的社会关系，全球兴起的数字化网络能够进一步改变城市基础设施面貌，将创建一种更加智慧化的新型城市。其在著作 *City of Bits*、*I++：Electronic Self and Interconnected City* 中系统地阐述了以信息通信技术为依托的新型城市对经济、社会和文化等的影响，分析了数字网络对未来城市生活的影响。Allwinkle 等对 Marvin、Graham 和 Mitchell 的研究成果做了比较分析，指出 Mitchell 的侧重点在于强调利用信息通信技术使城市的基础设施变得更智慧，Graham 和 Marvin 认为信息通信技术是城市必不可少的基础设施。要深入思考城市作为信息通信技术网络中心的功能，而电子信息将遍布在城市之间和城市内建筑物之间，为城市生活提供各方面的便利。Graham、Marvin 和 Mitchell 的研究为信息通信技术在城市快速发展中的应用提供了理论基础。信息通信技术和智慧城市发展关系的研究受到了更多的学者关注。Steventon，A.（2006）重点强调了信息环境的建设对智慧城市发展的重要性，他主张将物理世界和信息化联系起来，形成物联网，即智慧城市建设中物理空间的有机联系是依靠信息化技术建立起来的，使日常生活中充分运用信息化技术[2]。D. Menniti、N. Sorrention、A. Pinnarelli（2014）等人对未来智慧城市中的虚拟能源区微型智能电网的协调问题进行了研究，研究结果发现，在未来的智慧城市中通信技术和新的信息将使现有资源得到更加有效的管理[3]。I. A. T Hashem、V. Chang 和 N. B Anuar（2016）等人分析了将大数据应用于智慧城市建设的可行性，研究结果发现，大数据相关技术可以为城市从大量不同数据源中获得潜在的、有价值的线索，并为制订决策而服务[4]。智慧城市建设就是充分发挥信息技术的作用，整合城市信息与资源，从而使规划者的决策更合适。

20 世纪 90 年代起，伴随着对智慧城市建设和理论的基础研究，出现了关于智慧城市与经济之间关系的研究成果。通过对研究成果文献的整理发现，智慧城市的发展不仅可以带来短期的城市经济效益，同时还可以推进社会整体进步与经济全方位发展。在智慧城市推动经济发展方面的研究，国外学者首先对智慧城市和经济增长相关理论进行辨析，从城市化和信息技术等角度分别进行了研究。Fujita Krugman（1999）等人从空间性和数量化的角度分析了城市化对经济的促进效果，认为城市化可以提高经济的可持续性、降低发展的成本，而这种推动作用是通过技术外溢、劳动力积聚、需求刺激和成本下降的累积效应得以实现的[5]。Dewan 和 Kraemer（2000）二人曾在 *Information Technology and Productivity* 中实证分析了信息化投资与经济增长的关联度，两位学者以 36 个国家 9 年的数据为研究对象，以西方经济学生产函数作为分析模型，研究结果表明信息化技术的发展对不同国家经济增长的推动作用存在明显差异，并详细分析与阐述了差异产生的原因[6]。同时 Christopher Gust（2004）等学者以大规模数据计量分析为基础，分析了美国信息技术发展与经济增长的相关性。研究表明信息技术的发展能够推动经济增长，而且这种作用效果是十分明显的[7]。

部分学者的研究与 Dewan（2000）、Kraemer（2000）和 Christopher Gust（2004）的研究结论持有不同的观点，他们认为经济增长在一定程度上会受到技术革新的遏制。Robert J. Gordon（2000）通过分析 1990—1998 年美国的信息技术革新和经济发展数据，得出结论：并非所有产业都能因信息技术的应用而提升生产效率，信息技术的应用对非耐用品制造企业几乎不产生影响[8]。与 Robert J. Gordon（2000）的主张一致，Nicholas. Oulton（2001）对英国的信息技术发展和经济产出进行了相关性研究，研究结果表明自 1994 年起英国信息技术进步与生产效率下降的关联性较大[9]。

对人力资本和社会资本在城市发展中的作用方面，Caragliu（2009）等学者重视对人力资本和社会资本的投资，认为智慧城市建设的核心要素包含人力资本和社会资本的投资，以及传统交通和现代信息通信技术基础设施的投资，经济可持续增长和高质量生活依靠这些要素都能够更加有活力地发展[10]。Lombardi（2012）等对此做了更加深入的研究，认为信息通信技术是支撑人力资本和社会资本的核心，同时也可作为投资对象。而且他们把智慧城市看成人力和社会资本投资在现代信息通信技术发展上，并认为智慧城市的投资能够搭建财富创造平台，支撑城市经济增长，进而提高生活质量[11]。

智慧城市的建设特征在于科技和创新，科技和创新影响着全球城市竞争力，对其有着重要的作用。一直以来，信息和知识都是促进经济增长的必要成分，信息技术对生产能力的改变、社会生活水平的发展和经济的组成形式有着重要的影响力。伴随着智慧城市的发展，网络信息技术也突飞猛进，不但促进社会发展的转型，同时为城市产业结构的转型升级创造了条件。在智慧城市推进过程中，国外一些学者已经注意到智慧城市对产业的影响越来越大，为此他们从多个角度进行了深入研究。众多学者在研究中发现，智慧城市发展能够带动产业转型，形成产业集聚和关联性发展，信息技术在推动智慧城市发展过程中，能够促使产业优化升级。Ago Luberg（2011）等人主要从智慧旅游推动旅游业发展的角度进行了相关研究，认为智慧旅游可以帮助旅游服务提高效率、提升服务和增加经济收入[12]。世界电信港协会（World Teleport Association）常务董事 Bell（1997）从产业集聚视角指出，先进的信息通信基础设施是吸引成长性企业落户当地，从而产生"知识性工作岗位"所必须的条件[13]。Dewan. K（2000）站在产业关联的角度指出，完善庞大产业关联体系的基础是信息技术研发，通过发展以信息技术为主的自主创新发展模式，国家在工业化后期掌握了大量核心技术和关键技术，本国信息基础设施建设和信息服务业快速发展，达到全球领先水平，产业调整过后对经济的促进作用更加明显。Dosi（2007）认为，随着信息技术在各个产业中的推广与普及，它改变了传统产业的组织形式，提高了传统产业的劳动生产率，并且使其竞争力也得到了提升。Gerum（2009）通过分析移动通信业的产业演变发展进程，结合对多种产业融合类型以及对移动通信业的影响作用进行探讨，研究结果发现，移动通信产业与不同产业的相互融合，使产业创新体系发生转变，产业也呈现不断演化发展的现象。

在国外的智慧城市研究中，各学者重点分析了智慧城市的理论基础、智慧城市与经济发展的关系，以及智慧城市对产业的影响。由此可知，西方发达国家对智慧城市的研究和实施，从内容和深度上都有了重要成果，对我国研究智慧城市的发展具有十分重要的借鉴意义。

二、国内关于智慧城市的研究现状

相对于国外的研究状况，我国对智慧城市的研究起步较晚。2008 年全球金融危机的爆发和蔓延，为智慧城市的发展带来机遇。IBM 率先提出运用先进信息技术建构新的世界运行模式，智能项目应该被看作应对国际金融危机和振兴经济的重点领域。2009 年 2 月在北京召开的 IBM 论坛会上，IBM 提出"建设智慧中国"的理念，并建议优先建设智慧的城市、智慧的交通、智慧的电力、智慧的医疗、智慧的供应链、智慧的银行六大行业。由此，中国对相关智慧行业越来越重视，随后国内 10 余个省市与 IBM 公司签署了智慧城市共建协议。2009 年 8 月，国务院提出"加快建立中国的'感知中国'中心"，政府工作报告中将物联网正式列为国家五大新兴战略性产业，进一步促进了智慧城市在我国的发展。为加快智慧城市建设，我国将智慧城市建设和智慧产业培育结合起来，充分发挥智慧城市的引领作用。随着智慧城市在中国的深入推进，国内众多学者开始了关于智慧城市以及智慧城市在我国发展的研究。截至 2019 年 3 月 19 日，以"智慧城市"为关键词在中国学术期刊网总库检索，发现论文共计 7520 篇，以"智慧城市建设"为关键词检索到的论文有 2499 篇。涉及范围包括智慧城市理论研究，智慧城市与经济、政治、文化、产业的关联性研究等。研究工作的推进加快了我国智慧城市的建设进度，为我国智慧城市的发展提供了理论支撑。

（一）关于智慧城市建设、发展理论方面的研究

辜胜阻、王敏（2012）两位学者通过对智慧城市的理论思考与学术探究，分析智慧城

市建设的现实需求与战略意义，研究智慧城市建设的基本条件与现实基础。研究结果表明：智慧城市是城市经济转型发展的转换器，能够将信息化、工业化与城镇化深度融合，运用信息技术对城市资源要素、公共事务等进行动态性和标准化的探索，实现城市规划与管理的智慧化，成为城市治理的新模式。但在此过程中，需要依托技术创新和高技术产业支撑智慧城市的建设；智慧城市的发展是提高城市化质量、推进内涵型城市化建设的重要举措，能够创造新的经济增长点，有利于推动经济发展方式转型和生活方式变革，抢占未来科技制高点，提升城市核心竞争力。两位学者在研究中发现，我国现阶段城市信息化升级已经具备基础条件，智慧技术链和产业链已经初步形成，并且从中央到地方对智慧城市建设的政策支持体系也在不断完善。在加快发展智慧城市的战略思考中提到处理好信息基础设施建设与信息集成共享的关系，坚持金融创新与技术创新"两轮驱动"，处理好信息基础设施建设与信息集成共享的关系。其研究对智慧城市建设的理论思考与战略选择具有一定的现实意义[14]。

王广斌、张雷（2013）等通过分析近年来国内外学者关于智慧城市理论研究与实践的相关成果，对ICT（信息和通信技术）、学科交叉与战略意义的研究成果重新进行了梳理，同时在智慧城市建设意愿、建设模式和评价体系、战略规划、政府治理与协同、基础设施方面进行了对比[15]。其研究结果表明：①现阶段，我国智慧城市建设的重点应该以公众需求为导向，做好基础设施建设。具体表现为国家政府部门应根据公众实际需求，采取多种融资方式，结合城市特征进行统筹规划，并且要做好ICT基础设施建设。②智慧城市建设要突出城市特色，制订分阶段实施行动计划。具体表现为智慧城市应根据城市规划、城市定位、城市管理与运营步骤，明确发展愿景，进一步突出城市特色。在完善战略规划的基础上，制订智慧城市分阶段行动计划并实施。从研究数据分析得出，我国武汉、宁波已投入资金制订了较为完备的智慧城市建设战略规划，并出台了较为详细的行动方案。而我国大多数智慧城市建设仍处于起步阶段，进入规划阶段时间较短，而且规划建设项目较多，虽然具有协调优势，但多个项目同时规划可能导致操作性不强。③要以政府为主导，建立参与方协同机制。在智慧城市的建设过程中，政府发挥着重要的作用，政府要重视流程重构和应用整合，以政府门户网站整合资源、搭建一站式服务平台，实现业务功能集成化管理。同时强调智慧城市建设应与多方面结合，包括多专业、多学科。协同机制应是智慧的集成与集成的智慧，需要各方共同努力。

邹凯、包明林（2015）运用灰色关联理论和BP（Back Propagation）神经网络算法，构建灰色关联-神经网络算法模型。结合智慧城市发展特点，构建了智慧城市发展潜力一级评价指标，包括经济发展潜力、社会发展潜力、公共服务潜力、科技创新潜力、信息基础设施，又根据一级指标设定多个二级指标，运用构建模型对各类指标进行测评。选取北京、上海、宁波、深圳、广州、烟台、贵阳、合肥、兰州、成都、佛山、武汉、昆明、无锡和南京15个城市作为研究样本，导入模型中进行仿真训练[16]。研究结果表明：北京、上海和广州等城市，信息基础设施相对比较完善，公共服务水平和社会管理能力相对较高，在创新能力和科技发展方面在全国名列前茅，智慧城市建设有较高的水平且质量较好，发展潜力较大；而昆明、兰州和贵阳等城市，经济发展速度比较缓慢，信息化水平不高，科技与教育水平也相对落后，智慧城市建设步伐缓慢而且建设能力不强，智慧城市发展潜力较小。

（二）关于智慧城市建设对经济影响的研究

刘兰娟、徐鑫（2014）主要研究了智慧城市建设中财政支出对经济转型的影响。通过构建智慧城市影响经济转型的 CGE（Computable General Equilibrium，可计算的一般均衡）模型，模拟智慧城市建设的财政投入资金，包括投入到具有示范效应的智慧城市建设项目和促进社会信息化投资的引导资金，以及提升智慧政务、智慧医疗等公共信息化的直接财政支出。以上海为例剖析智慧城市建设财政支出对劳动报酬、资源利用效率等经济转型因素的变化影响。模拟结果表明：智慧城市建设引导资金和直接财政支出对经济的贡献分别为 0.2079%、-0.0031%，说明智慧城市建设引导资金对经济增长有促进作用，而智慧城市直接财政支出对经济增长有负面作用；智慧城市建设引导资金和直接财政支出对劳动报酬增长率分别为 0.0035%、0%，智慧城市建设引导资金对全社会劳动报酬增长有一定的促进作用，智慧城市建设直接财政支出几乎没有发挥作用；在资源利用效率方面，智慧城市建设引导资金消耗增长率比产出增长率低 0.0435%，比直接财政支出低 0.0024%，财政支出的这两种方式对资源利用效率都有积极贡献，引导资金的贡献作用更大。从总体分析来看，智慧城市建设引导资金对经济转型产生积极的贡献，而直接财政支出则对经济转型有一定的负面作用[17]。

胡军燕、纪超逸（2015）针对智慧城市建设背景下经济增长的因素进行了研究，利用我国 14 个拟开展智慧城市建设的城市的 2002—2011 年相关统计数据，以内生增长模型为基础，运用面板数据模型，实证分析了城市经济增长与环境污染、科技实力、经济基础及城市开放度的关系，从中探寻智慧城市经济增长的关键影响因素[18]。研究结果表明：环境污染因素中工业固体废物排放与人均 GDP 正相关，这说明研究样本城市的现状与智慧城市的发展要求之间还存在一定差距；由于当前我国专利转化水平还较低，科技产出转化为现实生产力的水平还较弱，反映出我国的信息技术水平不够高，使科技实力因素中人均专利授权数量对人均 GDP 的影响不是非常明显。固定资产投资中的人均固定资本投资与人均 GDP 正相关，而第二产业占比与人均 GDP 负相关，资本投资对经济增长起着积极推动作用，但作用效果不明显；人均外资额和人均对外贸易额对人均 GDP 具有显著的正向影响，这说明城市开放度对经济增长起着重要作用。

杨振华（2018）主要研究了智慧城市建设对经济效率的作用，通过构造 2006—2015 年 90 个地、县级试点智慧城市和其他城市的一级面板数据，利用双重差分法估计智慧城市对城市经济效率的影响[19]。研究结果显示：试点智慧城市相对于其他城市，经济效率提高 1%左右，智慧城市建设在促进经济效率的同时，在统计上和经济上也具有显著性。另外，智慧城市的对外开放程度、金融发展水平、人力资本、政府行为、资本水平、劳动水平等因素均可以显著提高城市的经济效率。

（三）关于智慧城市建设对产业影响的研究

郝斌、俞珊（2013）等主要研究了智慧城市与产业之间的依赖关系及其带动效果，将智慧城市的产业经济带动效应分为直接效应、关联效应和衍生效应，同时分析了智慧产业的直接消耗、直接分配、影响力和感应度等相关系数[20]。结合 2007 年上海市投入产出表，将智慧产业与第二产业和第三产业分别进行前向关联分析、后向关联分析，以及进行各类产业的影响力系数与感应度系数分析。研究结果表明：智慧产业对第二产业中的通信设备、计算机及其他电子设备制造业直接消耗系数最大，达到了 0.4732，对金属矿采选业、非金属矿采选业、煤炭开采和洗选业直接消耗系数最小，只有 0.0026。这说明智慧产业对硬件设备的依赖或需求较强，而对金属矿采选业、非金属矿采选业等直接带动效应有限。第三产业中，对信息传输、计算机服务和软件业的直接消耗系数最高，为 0.0510，说明智慧产业的发展较多地依赖信息服务与软件方面的投入。前向关联分析中，直接分配系数最高的是通信设备、计算机及其他电子设备制造业（第二产业），以及租赁业、商务服务业（第三产业），说明这些产业对智慧产业具有比较强的依赖性，智慧产业的内部关联性较高；在上海市各类产业的影响力系数与感应度系数分析中，智慧产业的影响力系数和感应度系数均位居首位，进一步说明智慧城市建设对整个国民经济的带动效应非常明显，并且远远超过其他传统产业。

刘璐（2013）以唐山市为研究对象，采用偏离-份额分析法，研究了智慧城市建设对产业结构优化方面的影响。将一定时期内研究区域的产业发展状况、竞争力等与参考区域进行比较，进而确定研究区域未来经济发展和产业结构调整的方向[21]。刘璐重点分析了唐山市与北京市、天津市产业结构的差异性，找出唐山市在产业结构上存在的不足。以 2007 年唐山市产业结构偏离量为基数，对比分析 2007—2012 年的产业结构偏离量，并比较 2008—2012 年间北京、天津的平均总产值以及三次产业产值的平均值。分析结果表明：北京和天津的平均产值比唐山市总体产值高，创造的生产总值也远远高于唐山市。2008—2012 年唐山市的平均产业结构分量为负值且较大，产业结构效应严重不足；平均产业竞争力分量虽然为正但是值很小，产业竞争力优势不明显；进一步分析后发现，唐山市第一产业发展基础比较薄弱，第二产业分布不合理，第三产业起步晚且重视度不够，这说明唐山市产业发展现状及产业结构优化已经非常迫切。

第二节　国内外关于文化创意产业的研究现状

一、国外关于文化创意产业的研究现状

文化创意产业是在当前知识经济时代和经济全球化局势下新兴的一种产业，以创造力和创新性为核心，处于文化产业链的核心层次，涵盖版权产业、文化产业、休闲产业、体验经济等。对推动社会文化制度创新、全球经济发展、社会经济协调发展、产业结构优化以及科技进步具有重要作用。国外学者对文化创意产业的探索可追溯到 20 世纪 50 年代，法兰克福学派代表人 Max Horkhemier 和 Theodor Adono 在合著作品《启蒙辩证法》中首次提出文化工业（culture industry）的概念，并指出文化工业具有欺骗性。与他们的观点不同，Walter Benjamin 在《机械复制时代的艺术作品》中指出文化产业具有积极的价值意义。此后，国外学者对文化创意产业进行了深入的探究，其范围包括文化创意产业的概念、特点、理论、实践发展，文化创意产业与其他产业发展的关系、与经济发展的关系，以及文化创意产业集聚等方面。研究范围较广，研究层次较深，已经形成了系统的研究体系，研究成果丰富，对推进文化创意产业发展具有深远的现实意义。

1997 年，英国首相布莱尔根据英国经济发展要求，英国经济持续稳步增长以及适应现阶段工业时代发展经济形势的要求，提出了"创意产业"概念，至此文化创意产业才真正引起了世界的关注。Howkins（2001）在《创意经济》一书中，从知识产权角度出发，把创意产业的含义阐述为：创意产业等同于一个经济部门，其产品在知识产权法的保护范围之内。知识产权包含版权、专利、商标和设计四大类。他认为知识产权法的每一种形式都有对

应的庞大的工业与创意产业，而从四种知识产权衍生的四种工业能够组成创造性经济和创造性产业[22]。

Hesmon dhalgh（2002）从文本的角度对文化产业进行定义，他认为文化产业的核心是文本的生产，其中生产类别含有语言文本和形象文本两部分。在法兰克福学派流行的年代，手工生产的文化产品逐步被大众生产所替代，因此 Hesmon dhalgh 认为区分核心文化产业和边缘文化产业是非常有必要的[23]。著名文化经济学者 Caves（2002）从经济学理念与文化相结合的角度，将创意产业狭义地定义为：一种艺术和观艺文化的结合，专门提供娱乐价值的产品和服务性的产业[24]。该定义把书刊出版、表演艺术（戏剧、歌剧、音乐会、舞蹈）、录音制品、电影电视、视觉艺术，以及时尚、玩具和游戏都包含在创意产业所定义的范围之内。Oakley（2006）认为当文化领域的范围变得更加宽泛时，"文化创意产业"与"创意产业"具有相同含义，差别不大[25]。联合国贸易和发展会议（UNCTAD）（2008）对文化创意产业的定义是：文化创意产业是创意的循环机制，创意和智力是作为产品与服务的初始投入资本，通过贸易和知识产权获得利润[26]。Boggs（2009）在分析前面学者研究成果的基础上，围绕产出过程是否是大众生产、产出结果是否为文本、产品是否要在特定地点消费，以及是否包含创新四个维度进一步研究。提出了"文化内容—创新"模式，把是否包含创新、是否是文化产品作为衡量维度，区分了创意文化产业、非创意文化产业、非文化创意产业以及非创意非文化产业四种模式[27]。Robert Hassink、Su-Hyun Berg（2013）通过对欧洲和东亚地区创意产业的研究，指出两个区域对创意产业的定义存在差异，欧洲把创意产业分为核心创意产业和边缘创意产业，而东亚地区对创意产业的定义更加广泛[28]。

在对文化创意产业实践发展的研究过程中，国外学者发现伴随经济全球化的高速发展，世界产业结构的总体趋势从传统的工业型转向服务型，衍生出消费性服务业和文化创意产业。文化创意产业形成了自身的集聚性及与其他产业结合的发展模式。Scott（1997）通过分析解释了文化创意产业产生集聚性的原因，研究发现，地方劳动力市场的形成和企业间的交往能够提高地理环境和生产制度的聚合度，且高回报的效应使聚合度变得更加明显。两种特性共同推进了产业的创造性和生产制度的效率。在文化创意产业集聚性的测度方面，国外学者主要分析文化创意产业地理空间分布上直观的集聚[29]。Henderson（1996）通过分析地理分布发现，选址倾向是文化产业聚合的一大特点[30]。Sassen（2005）通过可视化方法研究发现，在城市内部边缘地带文化创意产业存在集聚的特征。Markusen 和 King（2003）通过分析废弃厂房低廉的房屋优势和文化创意工作者的实践，加之传统第二产业的衰落等因素，解释了文化创意产业的集聚区域通常位于大城市的废弃、破旧工厂或工业集聚区的现象[31]。Scott（2005）认为，经济集聚、劳动力市场的多样性以及创造性领域的发展是文化创意产业集聚发展的重要条件[32]。

从影响因素角度分析文化创意产业集聚的国外学者大多集中在英国和美国两个国家。Florida（2002）对美国的 124 个城市数据进行分析，实证研究了人才、科技和环境三个影响文化创意产业集聚发展的因素，并对三个影响因素的作用进行排序，最终发现影响作用最大的因素为人才。Norcliffe（2003）等人通过研究漫画业在北美地区的空间布局，得到空间布局对科技的依赖程度[33]。John（2004）等学者选取英国部分城市并结合国家政策要求，探讨国家政策环境对文化产业集聚的作用大小[34]。Scott（2006）、Hall（2000）和 Hawkins（2001）通过对城市内部的研究，一致认为人才对文化创意产业集聚促进作用较大[35-37]。

Sassen（2005）通过对城市内部区域研究，结果发现文化创意产业集聚点容易出现在旧仓库和城市边缘地带。

　　文化创意产业的价值溢出效应较为突出，具有可持续再开发性，同时与其他产业的关联性很强，融合度较好。在传统旅游业和文化创意产业关联性方面，Landry 和 Gnedovsky（1997）在分析了制造业和传统工业后，发现两种产业会持续出现衰落的状况，这意味着现阶段的经济形式需要新的源泉以获得经济增长。文化创意产业与旅游业的融合，使文化创意旅游产业得以诞生，并成为全球关注的焦点。这一新的源泉能够产生颇丰的收入来缓解这种衰落的状况，通过旅游基础设施建设、现代化管理、城市推广来促进文化创意旅游产业的发展[38]。Pine 和 Gilmore（1999）在《体验经济》中提到：在体验消费这一新观念流行的时代，文化产业和旅游产业的结合，会引发两产业之间的供应商产生激烈竞争，使他们会根据消费者的观念对供应产品进行升级并提高到体验消费的新观念阶段。经营者会采用文化创意和旅游产业结合的方式，引导游客体验这种消费，同时在这一过程中不断完善自己，以此创造一种新型的经济价值[39]。Russo（2002）通过对文化创意旅游产业的实证研究发现，在文化创意旅游产业实践过程中，遗迹开发给历史悠久的城市带来了负面效应。他指出，在威尼斯的创意旅游产业中，由于各类宣传导致游客数量大幅上升，达到可接纳的极限，使旅游环境遭到破坏，游客的体验大大降低以及导致名胜古迹被破坏等一系列负面影响[40]。

　　国外学者对文化创意产业和手工业结合的发展模式进行了大量研究，Christopherson（2008）通过手工业对文化创意产业的发展进行了深入研究后发现，手工艺者是文化创意产业一个重要的产业要素，而且与生产和制定相关政策有着紧密的联系。手工业的就业增长与文化创意产业所带来的就业增长呈现正相关关系，在影视、剧院、音乐及设计等行业这种关系更加突出[41]。Higgs（2008）等人提出：当未来政府与企业雇主完全接受手工业者的培训与监督时，手工业劳动者和当时的流行技能与创意就会统一，实现共同进步，这也能保证手工业满足文化创意经济的需求[42]。英国负责数字、文化媒体的部门——DCMS（2008），从英国近年来的文化创意产业政策的角度进行研究分析，发现文化创意产业培养的重心已经转移到培养手工业者与相关技术人员，而不再是培养艺术家[43]。

　　文化创意产业与经济发展相关性的研究中，英国最先提出文化创意产业可以作为一种新的动力促进国民经济增长，可以通过产业产出、增加值和就业等指标衡量文化创意产业的经济贡献程度。Yusuf 和 Nabeshima（2005）通过研究文化创意产业在东亚地区的发展情况，发现创新活动影响着整个东亚地区的经济增长过程和增长动力，使经济增长对其产生越来越强的依赖。研究数据显示，2000 年新加坡和中国的香港、台湾地区的文化创意产业，对当地的 GDP 的贡献分别是 3.0%、3.8% 和 5.9%，贡献比例处于逐年上升状态。CIE（2009）在《创意产业经济分析报告》中对澳大利亚文化创意产业及其相关联行业的经济作用进行了分析，研究发现：2005—2007 年这三年期间澳大利亚文化创意产业年均增长率是 3.4%，高于国民经济增长率；文化创意产业中不同的子产业之间增长率差异较大，其中电影、电视和广播业的年均增长率是 7.3%，而音乐和表演艺术业的增长率仅为 1.7%。对文化创意产业从业人员的平均收入进行分析，其收入高于全国劳动力平均收入水平。

　　Jason Potts 和 Stuart Cunningham 等（2008）利用数理模型对创意产业与城市经济发展之间的关系进行研究，将几种基本数理模型放在创意产业与城市经济之间运行，通过模型描述创意产业对城市经济产生的影响，并用实际发展数据进行模拟，再与设定的数理模型对比分析。研究结果表明：创意产业对城市经济和社会具有正向的外部性[44]。

在对文化创意产业对经济发展影响的研究过程中，很多学者利用历史数据进行实证分析。Collins 和 Bosworth（1996）将亚洲国家和地区作为研究对象，分析了研究对象的人均文化投资与人均产出之间的关系，研究结果表明大力发展文化产业对经济发展具有重要的推动作用。Beyers（2002）从文化产业与经济发展关系相关性的角度，分析世界经济合作与发展组织成员国的历史数据，发现文化产业的发展是推动经济增长的重要来源。Miller（2008）通过实地调查，收集了上千份创意企业的相关资料，通过回归分析法研究创意企业相关行为对整个区域的影响。研究结果发现，创意产业能够作为新的经济增长点促进经济发展，同时其创新程度也是最高的，创意产业发展会带来相关产业的创新活力，进而提高整个区域的创新水平。Piergiovannietal（2009）通过对意大利 100 多个省的历史发展数据进行实证研究，结果表明创意产业发展对经济发展有正向促进作用。

二、国内关于文化创意产业的研究现状

（一）关于文化创意产业对经济影响的研究

文化创意产业作为当今经济全球化背景下一个新的经济增长点，在国民经济发展过程中发挥着重要的作用，对整个国民经济的贡献也越来越大。李连友、李宾（2012）以 2002 年和 2007 年北京市各产业的投入产出表为依据，利用投入产出分析法分析北京市文化创意产业的影响力和影响力系数、感应度与感应度系数，以影响力系数和感应度系数为基础的产业类型，以及生产诱发系数[45]。由此反映北京市文化创意产业对经济的影响。研究结果为：北京市 2002 年与 2007 年文化创意产业的影响力分别为 2.55 和 2.89，影响力系数分别为 0.93 和 0.94；北京市文化创意产业的感应度分别为 1.17 和 1.24，感应度系数 2002 年和 2007 年分别为 0.43 和 0.40；2007 年最终消费、资本形成、调出与出口对文化创意产业的诱发系数分别为 0.10、0.18、0.08，2002 年分别为 0.09、0.07、0.08。从结果可以看出，现阶段文化创意产业对北京市经济的影响未达到理想效果，但是发展趋势在往好的方向转变，对经济的拉动作用在不断增强，文化创意产业的资本投资对带动相关产业的发展进而拉动北京市经济增长的作用也表现的非常明显。

张炜、姚海棠（2014）以 2004—2012 年我国东部、中部、西部 31 个省（市、自治区）的面板数据为样本，借鉴研究长三角地区文化产业与区域经济增长之间关系时所设立的模型，建立计量经济模型进行数据分析，验证全国文化创意产业发展与经济增长之间的关系[46]。实证结果表明：各个数据并不显著，但是随着添加交互项，系数逐渐在增大，说明文化创意产业的发展促进了各地区经济的增长；①模型中 R_2 都低于 0.3，反映了文化创意产业在我国经济发展中依然没有发挥应有的作用，文化创意产业的发展依然处于初级阶段；②固定资产投资、人力资本对经济增长的解释作用不显著，但是人力资本与文化创意产业因素的交互项通过了显著性检验，表明我国的经济增长不再单纯地依靠物质资本的投入和低廉的人力成本，而是逐渐向知识密集型产业发展；③利用外资规模在所有模型中均通过了显著性检验，这充分验证了改革开放以来中国持续的经济增长与鼓励招商引资战略之间的密切关系。

马俊（2014）以 1991—2011 年文化创意产业增加值和人均 GDP 的相关数据为依据，利用协整检验、格兰杰因果关系检验、VAR（风险价值）模型分析及脉冲响应函数分析，研

究我国文化创意产业对经济增长的影响[47]。结果表明：1991—2011 年期间，随着经济的快速发展，我国文化创意产业增加值显著提高。1992 年文化创意产业对经济增长的贡献度为 3.23%，到 2011 年增长至 8.13%，提升 4.9 个百分点，说明文化创意产业的发展大大超过了其他行业，文化创意产业已经成为我国经济增长的重要支撑点之一。协整回归分析得出非平稳序列 Ln（CCI）、Ln（PGDP）在经过一阶差分后表现平稳，Ln（CCI）与 Ln（PGDP）之间的线性组合平稳，文化创意产业与人均 GDP 存在长期的均衡关系，对经济增长具有正向的促进作用；从格兰杰因果关系检验结果可知，我国文化创意产业的发展持续且长远地影响着人均 GDP 的增长。从短期看，文化创意产业与人均 GDP 之间存在着单向因果关系；对风险价值模型的脉冲响应函数分析结果表明，我国文化创意产业对人均 GDP 呈显著的正响应，短期表现不明显。但从长期看，呈现逐渐减弱的交互响应收敛趋势。而文化创意产业发展对自身的脉冲响应表现为文化创意产业发展对自身增加值的增长影响时效较长。

李建军、万翠琳（2018）通过耦合理论和结构模型分析等研究方法，分析文化创意产业与城市经济发展的互动运行路径、要素集聚在互动演进中的作用机理、文化创意产业与城市经济发展的互动机理以及这两者之间的动态耦合关系，研究文化创意产业与城市经济发展的互动机制[48]。分析结果表明：①文化创意产业与城市经济发展互动运行并不直接交互影响作用，而是两大系统通过影响要素集聚存在形态和运行方式实现互动运行。②文化创意产业与城市经济发展的互动不是无序运行，而是立足两大系统的发展基础和实际状态，遵循特有的逻辑路径展开。③文化创意产业与城市经济发展的互动关系要经历一个否定之否定的曲折动态的，由初级到高级的动态耦合过程。④在文化创意产业与城市经济发展的动态耦合过程中，两大系统的互动演进会经历交互胁迫关系阶段，此阶段是两大系统向良性互动发展的瓶颈阶段。

（二）关于文化创意产业集聚的研究

朱慧、王垚鑫（2010）选取了 2003—2007 年北京和上海的文化产业产值情况，运用区位熵指数（LQ）测定地区产业的集聚程度[49]；同时，选取了北京、上海、广州、杭州和重庆五个城市作为研究对象，以城市面板数据为基础，分析需求、人才、政策和文化这四个因素对文化创意产业集聚产生的重要影响。研究结果表明，每一个集聚弹性数据都大于 1，且产值变动对于产业集聚程度的变动极其敏感，说明传统产业集聚理论也适用于文化创意产业研究，文化创意产业整体存在着集聚效应；产业集聚程度越高，对自身以及整个城市经济发展的推动力就越强；文化、人才、政策和需求等四个因素对文化创意产业集聚有着正向相关影响，且相关性较大。

为进一步研究文化创意产业集聚的影响，定性分析文化创意产业集聚区的效益。钟韵、刘东东（2012）以广州为研究对象，分析了由于城市更新而发展起来的文化创意产业集聚区的用地特征，从经济效益和社会效益两个角度评估产业集聚区产生的效益[50]。结果表明：广州文化创意产业集聚区的用地现状反映出文化创意产业集聚区集中于中心城区；文化创意产业集聚区的经济效益主要表现为创造财富效益、产业结构软化效益等直接效益，对城市旅游业的带动效益，对周边房地产的增值效益、产业链效益、对生产要素的聚合效益等；社会效益表现为提升城市品牌、重塑城市空间、延续城市文脉、改善城市环境等。相比于经济效益，社会效益则比较容易实现，也较为显著。

方永恒、祝欣悦（2018）以杭州为研究对象，通过 CES 生产函数模型分析杭州市文化创意产业 2007—2016 年的利润总额、文化创意产业增加值以及固定资产净值等指标，对文化创意产业集聚区产生的效应影响进行测度，以反映产业集聚与产业经济、地区经济的关系[51]。分析结果表明：①产业聚集值的估计系数为 1204.530，其显著性检验值为 0.011，小于 0.05，因此杭州市文化创意产业集聚效应对其文化创意产业增加值有显著促进作用。②GDP 与产业聚集值的 Pearson 相关系数为 0.914，二者存在正相关关系。以 GDP 为因变量，产业聚集值估计系数为 3063.515，其显著性检验值为 0.011，小于 0.05，说明产业聚集值对 GDP 存在显著的正向影响，因此杭州市文化创意产业集聚效应对杭州市 GDP 也有显著的促进作用。

（三）关于文化创意产业与其他产业相关性的研究

文化创意产业与相关产业融合发展，能够提升国家文化软实力，促进文化产业与实体经济深度融合，培育国民经济新的增长点。花建（2014）探索文化创意产业与相关行业形成"越界、渗透、提升、融合"的多种路径，从把创新作为驱动力的中国产业和城市双转型过程中，分析出文化创意产业与相关产业融合发展的四大路径[52]。具体表现为：从文化创意与工业融合中，提出推动文化创意与工业的横向服务链融合，以及推动文化创意产业的纵向产业链延伸，以核心的创意设计带动后端的产品制造、配套服务、衍生产品、品牌服务、专卖商店等，通过联动来激发产业升级的动力；文化创意与旅游业融合，打造旅游魅力的智核；文化创意与建筑业融合，探索精益增长的模式；文化创意与农业融合，打造休闲农业的沃土。

张胜冰、王璠（2014）通过分析台湾制造业现阶段的发展状况和未来发展前景，根据微笑曲线理论提出台湾制造业必然面临转型——将知识、智慧、创新等文化创意要素注入制造产业中，让文化创意和技术创新提升产品的附加值，从而在根本上改变产品的性质和功能；要重视创意产品知识产权的保护，挖掘传统文化的文化创意开发潜力，注重研发指导以促进产业跨界融合，加快培育文化创意人才，实践文化创意产业，推动台湾制造业转型升级[53]。

沈晓平、张京成（2017）根据 2012 年北京市 139 个部门投入产出表，运用投入产出模型分析北京市文化创意产业的关联效应[54]。研究结果表明：后向完全关联系数大于 0.01 的产业部门有 34 个，这些部门在文化创意产业完全消耗总量中的比例达到 89.84%，完全消耗系数大于直接消耗系数，其中两系数比值在 1 以上的部门有 14 个，文化创意产业影响力系数为 0.7647，排在第 100 位，除 4 个部门的两个系数均为 0 外，其余 122 个部门的完全分配系数均大于直接分配系数。数据结果表明：北京市文化创意产业总体影响力系数相比于其他部门处于较低水平，对地区经济的总体拉动能力低于社会平均水平，与北京地区经济中其他部门的融合程度不高。此外，文化创意产业对地区经济系统的关联效应还有较大的发挥空间，推动文化创意产业与实体经济的深度融合，能够进一步增强其与地区经济关联效应、巩固产业地位，同时也是其经济转型升级的必需性。

第三节　国内外研究现状评述

一、国外研究现状评述

（一）国外智慧城市研究现状评述

通过对国外研究现状的总结可知，国外学者关于智慧城市的研究主要包含理论基础、信息技术和城市发展与智慧城市之间的相关性、智慧城市对经济和产业的影响等方面。

大多数学者主要以智慧城市理论研究为基础,对其发展历程进行深入的剖析,逐步阐述了信息技术对城市发展和转型的重要作用。他们指出现代信息技术对于智慧城市发展的影响,认为智慧城市的建设就是充分发挥信息技术的作用,整合城市信息与资源,从而使管理规划者的决策都更具体、更合适。在未来的智慧城市,新的信息和通信技术将使现有资源得到更加有效的管理,信息通信技术能够作为城市的一项关键基础设施,利用信息通信技术使城市的基础设施变得更加智慧。关于智慧城市对经济影响的研究,Dewan、Fujita Krugman、Kraemer 和 Christopher Gust 等学者以西方经济学生产函数、信息技术与经济增长相关性理论等方法分析得到智慧城市发展过程中,信息技术的应用对经济增长具有推动作用的结论。关于智慧城市对产业的影响,国外学者认为智慧城市的发展能够带动产业转型、促进产业结构优化和产业集聚的形成,改变了传统产业的组织形式,提高了传统产业的劳动生产率,并且使自身竞争力也得到了提升。

(二) 国外文化创意产业研究现状评述

国外对于文化创意产业的研究,其范围包括文化创意产业的概念、特点、理论、实践发展,文化创意产业与其他产业发展和经济发展的关系,以及文化创意产业集聚等方面。研究发现,伴随经济全球化的高速发展,世界产业结构的总体趋势从传统的工业型转向服务型行业,衍生出消费性服务业和融合传统文化等文化创意产业,文化创意产业形成了自身的集聚性,同时价值溢出效应非常突出,具有可持续再开发性,与其他产业的关联性很强,融合度较好。众多经济学家提出,文化创意产业可以作为一种新的动力,促进国民经济增长,可以通过产业产出、增加值和就业等指标衡量文化创意产业的经济贡献程度。

综上,国外对于文化创意产业的研究涉及范围较广,研究层次较为深入,形成了较为完善的研究体系,研究成果丰富,对我国文化创意产业的发展及研究具有深远的现实意义。

二、国内研究现状评述

(一) 国内智慧城市研究现状评述

国内智慧城市的相关研究主要集中在智慧城市建设、发展理论以及智慧城市对经济产业的影响。运用灰色关联理论和 BP 神经网络算法,构建灰色关联-神经网络算法模型,结合智慧城市发展特点,对我国不同地区的城市进行模型仿真,分析不同地区智慧城市的建设水平和发展潜力;构建智慧城市影响经济转型的 CGE 模型,模拟智慧城市建设财政投入资金,分析引导资金和直接财政支出对经济转型的贡献;通过偏离-份额分析法,对一定时期内参考区域的发展与研究区域的经济发展状况进行分析,将研究区域的产业发展状况、竞争力等与参考区域比较,进而确定区域未来经济发展和产业结构调整的方向;通过分析智慧产业的直接消耗、直接分配、影响力和感应度等相关系数,以及将智慧产业与第二产业和第三产业分别进行前向关联分析、后向关联分析,各类产业的影响力系数与感应度系数分析,详细阐述智慧城市与产业之间的依赖关系及其带动效果。

通过对智慧城市的研究,研究人员主要发现了智慧城市的发展对经济转型和产业结构的优化具有极大的促进作用，并能使相关产业融合发展。

（二）国内文化创意产业研究现状评述

我国研究人员对国内关于文化创意产业的研究主要是基于协整检验、格兰杰因果关系检验、VAR 模型分析及脉冲响应函数，研究我国文化创意产业对经济增长的影响；通过耦合理论和结构模型分析等研究方法，分析城市经济发展与文化创意产业的互动运行路径、文化创意产业与城市经济发展的互动机理、要素集聚在互动演进中的作用机理，以及城市经济发展与文化创意产业之间的动态耦合关系，研究文化创意产业与城市经济发展互动机制；运用区位熵 LQ 指数测定地区产业的集聚程度；通过 CES 模型分析文化创意产业利润总额、文化创意产业增加值以及固定资产净值等指标，对文化创意产业集聚区产生的效应影响进行测度来反映产业集聚与产业经济、地区经济的关系；运用投入产出模型分析北京市文化创意产业的关联效应。

综上所述，国内关于文化创意产业集聚效应与关联性研究较少且研究点相对集中。首先，文化创意产业集聚式发展的经济效应、对产业整体生产效率的促进作用，以及文化创意产业对区域经济发展影响作用的实证研究还比较少。其次，对文化创意产业的研究更多围绕创意经济对创新、就业、产业结构和经济增长的影响，对于文化创意产业的关联性研究相对较少。

本章小结

本章主要阐述了国内外智慧城市与文化创意产业的研究现状。首先，对于智慧城市的研究，国内外学者分别从智慧城市建设与发展理论、信息技术和城市发展与智慧城市之间的相关性、智慧城市对经济和产业的影响等多个领域进行研究，形成了比较完善的研究体系。大多数学者主要以智慧城市理论研究为基础，对其发展历程进行深入剖析，逐步阐述了智慧城市对城市发展和转型的重要作用，通过经济学生产函数（CES）、信息技术与经济增长相关性理论、灰色关联理论和 BP 神经网络算法等研究方法，分析得到智慧城市发展对经济增长具有较强的推动作用，能够加快产业转型、促进产业结构优化和产业集聚的形成的结论。其次，国内外学者对文化创意产业的研究集中于文化创意产业的概念、特点、理论、实践发展，文化创意产业与其他产业发展和经济发展的关系，以及文化创意产业集聚等多个方面，运用协整检验、耦合理论和结构模型等，研究文化创意产业对经济增长的影响、文化创意产业与城市经济发展互动机制等，研究发现：伴随经济全球化的高速发展，现阶段产业结构的总体趋势从传统的工业型转向服务型行业，衍生出消费性服务业、消费性服务业和传统文化融合等文化创意产业，文化创意产业形成了自身的集聚性，同时价值溢出效应非常突出，具有可持续再开发性，与其他产业的关联性很强，融合度较好。

通过对智慧城市与文化创意产业的研究现状分析发现，我国文化创意产业集聚效应与关联性研究较少且相对较为集中，这使得对于我国文化创意产业集聚效应与关联性的研究具有了现实意义。同时对通过国内外智慧城市与文化创意产业研究现状进行分析，能够为本书后续章节提供理论基础以及研究思路。

参考文献

[1] 宋伟华. 大连市智慧城市建设中地方政府职能研究 [D]. 大连：东北财经大学，2017.

[2] STEVENTONA, WRIGHT S. Intelligent spaces：The Applicationof Pervasive ICT [M]. London：Springer，2006.

[3] HASHEM IAT, CHANG V, ANUAR N B, et al. The Role of Big Data in Smart City [J]. International Journal of Information Management，2016，36（5）：748-758.

[4] FUJITA M, KRUGMAN P R, VENABLES A J. The Spatial Economy：Cities，Regions，and International Trade [M]. London：The MIT Press，1999.

[5] DEWAN S, KRAEMER K L. Information Technology and Productivity：Evidence from Country-Level Data [J]. Management Science，2000，46（4）：548-562.

[6] GUST C, MARQUEZ J. International Comparisons of Productivity Growth：The Role of Information Technology and Regulatory Practices [J]. Labour Economics，2004，11（1）：33-58.

[7] ROBERT J. GORDON. Dose the "New Economy" Measure Up to the Great Inventions of the Past [J]. Journal of Economic perspectives，2000（29）：49-74.

[8] OULTON M. TCT and Productivity Growth in the United Kingdom [J]. Canseminar，2001，21：16.

[9] LOMBARDI P, GIORDANO S, CARAGLIU A, et al. An Advanced Triple-Helix Network Model for Smart Cities Performance [A] // Ozge Y. Green and Ecological Technologies for Urban Planning：Creating Smart Cities [M]. PA：IGI Global，2012.

[10] LUBERG A, TAMMET T, JARV P. Smart City：A Rule-based Tourist Recommendation System [R] Information and Communication Technologies in Tourism 2011.

[11] BELL R. Industrial Cities in Turnaround. Remarks Presented at the Smart Communities Conference [C]. Santa Monica California. September 22-23，1997.

[12] 辜胜阻，王敏. 智慧城市建设的理论思考与战略选择 [J]. 中国人口·资源与环境，2012，22（5）：74-80.

[13] 王广斌，张雷，刘洪磊. 国内外智慧城市理论研究与实践思考 [J]. 科技进步与对策，2013，30（19）：153-160.

[14] 邹凯，包明林. 基于灰色关联理论和BP神经网络的智慧城市发展潜力评价 [J]. 科技进步与对策，2015，32（17）：123-128.

[15] 刘兰娟，徐鑫. 智慧城市建设财政支出影响经济转型的CGE模拟分析：以上海为例 [J]. 上海经济研究，2014（1）：104-110.

[16] 胡军燕，纪超逸. 智慧城市建设背景下经济增长的多因素分析 [J]. 统计与决策，2015（5）：119-123.

[17] 杨振华. 智慧城市能否提高经济效率：基于智慧城市建设的准自然实验 [J]. 科技管理研究，2018，38（10）：263-266.

[18] 郝斌，俞珊，吴昀桥. 中国智慧城市建设的产业关联分析：以上海市为例 [J]. 华东理工大学学报（社会科学版），2013，28（6）：29-37.

[19] 刘璐，徐静珍. 唐山市产业优化的思考与建议：基于智慧城市建设的视角 [J]. 河北联合大学学报（社会科学版），2013，13（5）：29-32.

[20] HOWKINS J. The Creative Economy：How People Make Money From Ideas [M]. London, UK：Allen Lane/Penguin Press，2001.

[21] HESMONDHALGHD. The Cultural Industries [M]. CA: Sage Publications, 2013.

[22] CAVES R. Creative Industries: Contracts Between Art and Commerce [M]. MA: Harvard University Press, 2002.

[23] OAKLEY K. Include Us Out: Economic Development and Social Policy in the Creative Industries [J]. Cultural Trends, 2006, 15 (4): 255-273.

[24] UNCTAD. Creative Economy Report 2008 [R]. Geneva: UNCTAD, 2008.

[25] BOGGS J. Cultural Industries and the Creative Economy: Vague But Useful Concepts [J]. Geography Compass, 2009, 3 (4): 1483-1498.

[26] BERT S Y, HASSINK. Creative Industries From an Evolutionary Perspective: A Critical Literature Review [J]. Geography Compass, 2013, 8 (9): 653-664.

[27] SCOTT A J, STORPER M. High Technology Industry and Regional Development: A Theoretical Critique and Reconstruction [J]. International Social Science Journal, 1997, 39: 215-32.

[28] HENDERSON J V. Ways to Think About Urban Concentration: Neoclassical Urban Systems Versus the New Economic Geography [J]. International Regional Science Review, 1996 (19): 421-425.

[29] MARKUSEN A, KING D. The Artistic Dividend: The Arts' Hidden Contributions to Regional Development [J]. Teaching Artist Journal, 2004 (1): 54.

[30] ENRIGHT M J, SCOTT E E, Chang K. Regional powerhouse: the greater Pearl River Delta and the rise of China [M]. Chichester: Wiley, 2005.

[31] GLEN N, OLIVERO R. New Geographies of Comic Book Production in North American: The New Artisan, Distancing and the Periodic Social [J]. Economy. Economic Geography, 2003, 79 (3): 241-263.

[32] JOHN M. Cultural Quarters as Mechanisms for Urban Regeneration. Part 2: A Review of FourCultural Quarters in the UK, Ireland and Australia [J]. Planning, Practice Research, 2004, 19 (1): 3-31.

[33] HALL P. Creative Cities and Economic Development [J]. Urban studies, 2000, 37 (4): 639-649.

[34] HAWKINS J. The Creative Economy, How People Make Money From Ideas [M]. London: The Penguin Press. 2001.

[35] SCOTT A J. Entrepreneurship, Innovation and Industrial Development: Geography and the Creative Field Revisited [J]. Small business economics, 2006, 26 (1): 1-24.

[36] LANDRY C, GNEDOVSKY M. Strategy for Survival: Can Culture be an Engine for St Petersburg's Revitalisation [M]. Unpublished Discussion Paper, 1997.

[37] PINE B J, GILMORE J H. The Experience Economy [M]. MA: Harvard University Press, 1999.

[38] RUSSO A P. The "Vicious Circle" of Tourism Development in Heritage Cities [J]. Annals of Tourism Research, 2002 (1): 165-182.

[39] CHRISTOPHERSON S. Beyond the Self-expressive Creative Worker: An Industry Perspective on Entertainment Media [J]. Theory, Culture and Society, 2008, 25: 73-95.

[40] HIGGS P, CUNINGHAM S, BAKHSHI H. Beyond the Creative : The Creative Economy in the United Kingdom [M]. London: NESTA, 2008.

[41] DCMS. Creative Britain: New Talents for the New Economy [R]. London: Department of Culture, Media and Sport, 2008.

[42] POTTS J, CUNINGHAM S. Four Models of the Creative Industries [J]. International Journal of Cultural Policy, 2008, 14 (3): 233-247..

[43] 李连友, 李宾. 基于投入产出方法的北京市文化创意产业对经济贡献分析 [J]. 中央财经大学学报, 2012 (6): 86-91.

[44] 张炜, 姚海棠. 文化创意产业对经济增长的影响: 基于省域尺度数据 [J]. 福建论坛 (人文社会科

学版),2014(2):71-76.

[45] 马骏. 文化创意产业发展对经济增长影响研究[J]. 统计与决策,2014(20):149-152.

[46] 李建军,万翠琳. 文化创意产业与城市经济发展互动机制研究[J]. 上海经济研究,2018(1):44-52.

[47] 朱慧,王垚鑫. 基于城市面板数据的文化创意产业集聚效应研究[J]. 商业时代,2010(18):121-123.

[48] 钟韵,刘东东. 文化创意产业集聚区效益的定性分析:以广州市为例[J]. 城市问题,2012(9):95-100.

[49] 方永恒,祝欣悦. 基于CES模型的文化创意产业集聚效应测度研究——以杭州市为例[J]. 实验室研究与探索,2018,37(9):305-310.

[50] 花建. 文化创意产业与相关产业融合发展的四大路径[J]. 上海财经大学学报,2014,16(4):26-35.

[51] 张胜冰,王璠. 试论文化创意产业对台湾制造业转型的推动作用[J]. 中国海洋大学学报(社会科学版),2014(6):87-92.

[52] 沈晓平,张京成. 北京市文化创意产业的关联效应研究[J]. 中国科技论坛,2017(7):105-110.

第三章
智慧城市对文化创意产业发展的影响

第一节　智慧城市对文化创意产业的要求

一、基于以人为本理念的要求

2014年国家发展改革委、工业和信息化部等八部委联合发布的《关于促进智慧城市健康发展的指导意见》中强调：建设智慧城市要以人为本、务实推进。智慧城市的发展以人为核心，围绕人构建智慧城市生态。以人为本是我国科学发展观的重要核心，将以人为本作为万事万物的开端。改革开放以来，我国始终强调发展生产力，但是归根结底，生产力和经济的发展是为了满足广大人民群众的物质文化需求。文化创意产业是一种以文化资源为基础、以创造力为核心的新兴产业。随着经济的不断发展，人民群众生活水平日益提高，消费者不仅仅满足于商品的使用价值，更在乎商品的文化价值、观念价值，这给文化创意产业带来了机遇。在我国大力建设智慧城市的过程中，文化创意产业建设以人为本的内涵包括如下方面：

1. 文化创意产业建设要以贴近群众、反映人民群众的真实情感为本[1]

文艺工作者想要有所成就，就理应与人民共命运、同呼吸。对于文化创意产业来说，群众就是其寻找创造力的最宝贵资源，应贴近群众的真实生活，反映其最真实的感情。文化创意产品或者服务，从确定创意理念开始到创造出产品或服务，都应考虑群众的需要、情感，切实站在群众的立场，将以人为本的理念融入文化创意产品或服务中。因为，能够满足消费者真正需要、得到消费者文化认同的产品才可以引起共鸣，才能拓宽产品市场，找到启动内需的切入点。

根据上述要求，可从重视人才培养、加强版权保护等方面采取措施，建设以人为本的文化创意产业。我国文化创意产业起步相对于发达国家来说比较晚，创意人才比较稀缺，为加快文化创意产业发展，首要任务就是培养一批富有创新精神的创意人才[3]。知识产权是文化创意产业的重要核心，文化创意产业相对于传统文化产业来说风险更高，要形成一种尊重知识产权和创新成果的社会文化氛围[4]。

2. 文化创意产业要以带动群众，为其提供健康内容为本

成功的文化创意产品应把社会效益放在首位。目前在我国文化创意市场中，各类产品质量参差不齐，存在大量以经济利益为重的低俗文化创意产品，企业为追求商业化而存在低俗发展倾向。以道德文明缺失甚至是毫无道德底线的文化创意产品取悦群众，最终会导致文化创意产业失去发展根本而不能继续生存发展。文化创意产业的产品以及服务都应把正确的价值观融入其中，引领群众的思想，倡导群众享受健康的创意生活[2]。

3. 文化创意产业发展应以继承传统文化、创造文化为本

中华优秀的传统文化是我国民族精神的命脉，继承发扬我国传统文化是公民应有的责任。任何一种文化创意活动都是在一定文化背景下进行的，创意是依靠人的灵感与想象力，借助科技对传统文化的再提升。如美国人利用我国的传统文化生产出了《花木兰》《功夫熊猫》等影视作品；日本利用我国《西游记》《花木兰》拍摄动画，开发游戏。国外都在借助中国文化发展经济，这也提醒我们需要把握好自有传统文化的资源。文化产品借助文化提升其价值，文化创意产业也成为推动传统文化发展的动力。文化创意产业是继承发扬传统文化的重要渠道，提取出中国元素融合进文化创意产品之中，锻造出既有本土文化特色，又能得到消费者认同的产品。此种模式不仅能促进文化创意产业的发展，同时也使传统文化得到继承和升华。

二、基于可持续发展理念的要求

可持续性发展的广泛性定义指既满足当代人的需求，又不对后代满足其需求的能力构成危害的发展，包括经济、生态、社会三方面可持续发展[5]。从英国首先兴起并完成工业革命开始，手工生产开始大量过渡到机器生产，一味追逐利润导致了环境污染问题，并影响到经济的可持续发展，这是不可持续发展问题的产生阶段。到20世纪初，是不可持续发展问题的积累阶段，蒸汽时代进入电气时代，各主要资本主义国家生产规模越来越大，破坏也越来越严重，牵扯到的人口、资源、环境问题都越来越多。20世纪初以后是经济不可持续发展问题最为突出的时期，人们逐渐意识到要将经济、社会、环境结合起来考虑才能谋求人类社会的可持续发展。随着经济不断发展，无论是在国家宏观层面，还是在个人思想意识层面，可持续意识在不断增强。在我国，自从中国共产党十三届四中全会以来，我国把实施可持续发展战略提升到了现代化建设全局的战略地位上，制定了一系列重大政策措施并且取得了成效。2003年，我国提出要牢固树立协调发展、全面发展、可持续发展的科学发展观。同年，我国制定了《中国21世纪初可持续发展行动纲要》，提出了推进可持续发展的具体措施，按照"在发展中调整、在调整中发展"的动态调整原则全方位推动经济调整，初步形成资源消耗低、环境污染小的可持续发展国民经济体系。党的十七大把科学发展观写入党章，党的十八大将科学发展观确定为指导思想。可持续发展战略在我国"九五"计划、"十五"计划、"十一五"规划、"十二五"规划、"十三五"规划中都得到了体现。

我国文化创意产业虽然取得了较快的发展，但是相对于发达国家起步较晚，因经济基础薄弱、市场机制不够完善等原因影响了我国文化创意产业自身的可持续发展。从我国文化创意产业发展现状来看，主要有两方面的原因引发了文化创意产业可持续发展的问题：

第一方面，站在文化生态角度，文化资源的破坏引发了文化创意产业的可持续发展问题。文化资源是文化创意产业可持续发展的基础，但随着城市化进程加快，原有的文化生态、标志性建筑物以及文化遗存在城市建设和交通建设中逐渐消失。我国文化创意产业发展初期，存在对文化资源轻保护、重开发的错误倾向，对文化资源也造成了一定程度的破坏。在经济发展的同时，当地文化资源也在不断被破坏，影响了文化创意产业的发展，导致能留给后代的文化资源越来越少。近代，资本主义国家发动的侵华战争，不仅掠夺了我国大量经济财富，还使我国历史文化资源部分流失。另外，西方文化也对我国传统文化造成了影响，我国一些民族文化因此处于停滞不前的状态。人民群众的生活水平提高也使原有的传统文化生活方式受到冲击，导致一些独具特色的文化传统逐渐消失[6]。目前，国际文化秩序主要由西方主导，文化产品主要输出地都是发达资本主义国家，众多发展中国家在文化贸易中相对处于不利地位，受到了发达国家贸易输出的文化观念影响。各类因素导致的文化资源破坏，都在不同程度上引发了文化创意产业可持续发展问题，处理好文化产业发展与文化资源之间的关系已经成为文化创意产业可持续发展的首要问题。

另一方面，从全球化与文化安全角度来看，美国文化创意产业的发展影响了全球文化创意产业的可持续发展[7]。美国经济优越，其文化产业相对于其他国家来说发展更快，早在1935年美国好莱坞电影就已经占领了全美市场，成为全球最大的电影生产基地。不仅是美国的影视业，美国的报纸、杂志和音像业都发展较快并向其他国渗透，美国的电影产品在世界市场占有率曾高达80%，其音乐唱片销售量也曾占世界销售总量的60%以上。1991—2001年，美国版权产业出口额年均增长9.41%，占美国各行业之首；2001年，美国的核心版权行业出口额在889.7亿美元以上，远超其化工、汽车、飞机、计算机等产业的出口额。

美国的文化创意产业发展如此快速有多方面原因：

第一，在文化产业发展的理论层面，本雅明（Walt Benjamin）等人的文化产业理论对美国文化产业起到了重要的指导作用，本雅明认为文化产业的兴起是艺术历史上的一次革命，现代科学技术促进了文化载体和文化传播手段的发展，使艺术品进入批量生产的复制时代[8]。传统文化艺术因大量的复制生产而失去了本有的传统韵味，在这种对原作唯一性的消解过程中诞生了全新的大众文化产业。他们还提出了金融经济和文化经济的概念，详细阐述了大众文化的创造过程，并且认为大众文化主要与消费者的收入、教育水平等因素相关，并且由此形成了不同的消费群。同时他们还概括了后工业社会大众文化差异消失的现象，他们的理论对美国文化产业发展发挥了重要的指导作用。

第二，在法律方面，美国有许多与文化创意产业相关的法律，例如美国《宪法》明确了对专利和版权的鼓励和保护，其第一条第八款明文规定，美国国会有权保障著作家、发明人对各自的著作和发明在限定期间内的专有权利，以促进科学技术和实用技艺的进步。1965年，美国制定了第一部支持文化艺术事业发展的法律——《国家艺术及人文事业基金法》，此法律界定了政府在文化产业发展中的职责、定位，明确了政府对文化产业负有引导、资金扶持、政策推动的责任。美国是全球实行知识产权制度最早也是最严格的国家之一，其将知识产权细分为商标、专利、版权和商业秘密四类。美国将知识产权视为文化产业的核心价值，1790年便颁布了第一部《专利法》，随后又多次对《专利法》进行修订。1976年对《版权法》进行了全面修改，截至2000年一共修订了46次。美国不仅加强制订、修订国内的文化产业相关法律，在国际版权保护体系之中也十分积极：1988年加入实施《伯尔尼公约实施法》，1994年与乌拉圭签订《与贸易有关的知识产权协议》，美国还联合欧洲、日本倡导建立全球专利制度。这一系列法律机制的制定和执行都大大提高了美国文化产品的国际知识产权保护的整体水平，对于提升美国文化产业国际竞争力大有裨益。

第三，在经济危机时期，美国部分文化产业创意人才的创意思想十分符合当时人们的消费心理，充分体现了文化的作用，形成了强大的竞争力。在1929年的经济危机中，美国罗斯福新政采取让民众保持乐观的重要措施，以米老鼠为形象代表的电影创意兴起，恰好符合了当时人们的心理需求，使人们得到了心理上的安抚，从而促使美国文化产业的快速发展。

第四，美国的文化产业发展资金包括文化部门资金、非文化部门资金、外来资金三种资金投入，融资体系较完善。美国还通过其他手段获取了大量资金，为文化创意产业发展积累了经济基础。除此之外，美国本土不曾遭受过战争的破坏，其文化资源保存较好，吸引了大量优秀文化创意人才，具备了促进文化产业发展的技术条件、经济条件和人才条件。

美国文化创意产业的对外文化扩张影响了许多国家文化产业的发展，美国输出了大量文化产品，赚取了巨额利润，使许多国家在与美国的文化贸易中出现了巨额逆差。并且，美国文化在全球化进程中起着主导性作用，形成了以美国文化为主的、不合理的国际文化秩序。美国除了大量输出其文化产品外，还随着文化产品输出了美国的特色文化和价值观，对其他国家的消费者起到了一种思想引领的作用，因此其他国家文化产业的发展空间受到挤压。美国文化的大量输出不仅破坏了别国当地的传统文化资源，还威胁到了其他国家的文化安全。

鉴于这些原因，要求用可持续发展的理念推动文化产业的发展，应该保护好文化资源，必须考虑后代的需要。文化产业必须与政治、经济、文化、社会、生态等方面协调发展，坚持公平、可持续、系统、和谐、创新以及对外开放的原则。完善我国文化创意产业相关法律体系，为文化创意产业发展提供保障。并且，要培育多元投资主体，大力支持文化创意产业发展，提高我国的文化贸易竞争力，在国际市场中输出品质足够高、数量足够多的文化产品，以此保证我国自身的民族文化发展不受别国影响、可持续的向前发展。

第二节 智慧城市背景下文化创意产业的发展趋势

一、文化创意产业集聚发展

智慧城市建设可以为文化创意产业的发展创造良好的外部环境，有利于资源整合，可以促进文化创意产业的集聚发展，形成文化创意产业集群[9]。文化产业集群是指在文化创意产业及相关领域中，由许多相互独立又相互联系的企业依靠专业分工或者相互协作，在一定区域内积聚而成的产业组织。文化产业集群包括产业链上的所有上下游企业。从全球范围看，由于各国地理位置、发展条件、文化背景的不同，政府在文化创意产业发展中的引领方式不同，因而文化创意产业集群的集聚方式有所差异，形成了不同类型的文化创意集群。

（一）按照文化创意产业集群形成的原因，可以分为文化式集群和区位式集群两类

1. 文化式集群

文化式集群是指文化创意产业集聚发展的动力来源于相同的文化背景、发展理念或环境制度。此类文化创意产业集群的优点在于集群内参与主体归属感强，参与主体之间更容易产生信任，从而更利于信息集聚、共享，更利于文化创意产品的创作和交易。据学者张敏的研究，文化趋于相同或者类似是产业集聚发展的动力条件之一，也是集群稳定发展的黏合剂，对于文化创意产业来说更是如此。从全世界主要的文化创意产业集群来看，美国 SOHO 艺术创意集群便是文化式创意集群。在 20 世纪 60 年代，SOHO 集群的原址还是破败不堪的闲置厂房，因房租十分便宜而成为一些艺术家的创作工作室。艺术趣味和美学审视相似的艺术家逐渐集聚起来，呈现出群落发展趋势，艺术集群逐渐形成，诞生出了许多美国当代的艺术大师。在美国 SOHO 创意集群发展的巅峰时期，在面积及人口不足纽约 1% 的地方居住着纽约

当代30%的艺术家,集群优势不言而喻。

2. 区位式集群

区位式集群是指文化创意产业集聚发展的动力源于特定的地理位置,或者是靠近某个特殊的创意群体,或者是靠近目标消费群体和交易市场[10]。从此类集群的发展趋势看,因为是偶然的集中于某个特定的地理区位,促进了相关文化创意产业集群的形成和发展。从全世界的文化创意集群来看,美国百老汇戏剧创意集群就是区位式集群,百老汇创意集群位于曼哈顿岛中心地带,有38个营利性剧场主要集中在纽约第五大道至第七大道以及第四十二街至四十七街的繁华商业区内,在这些营利性剧场周边还分布着上百家非营利性剧场。集聚于此地的戏剧创意集群,受到纽约最繁华的闹市区域影响,市场前景好、发展空间大。百老汇创意集群集聚较多的剧作家和艺术家,同时也集聚了上千家的各类专业公司为其提供配套服务。此集群的参与主体分工明确、结构紧密、竞争与合作并存。据不完全统计,每年前往百老汇看演出的人数高达500万,由此带动的衣食住行等各类消费金额超过18亿美元。

(二) 按照文化创意集群的结构,可划分成轮轴式集群和大饼式集群两类

1. 轮轴式集群

轮轴式集群是指在多层次文化创意产业集群中,上下游企业之间存在着材料供应、产品生产、成品销售的投入产出联系的产业群体。上下游企业之间相互依存,像车轮与车轴一样相互咬合、共同前行,此类文化创意产业集群在影视行业中尤为常见。在我国,中央电视台与北京电视台进驻CBD,带动了上千家与影视制作相关的上下游企业涌入,如电视制作公司、广告代理公司、印刷厂、出版社、动漫公司等相关文化产业公司不断迁入北京CBD功能区和其周边地带,使CBD功能区形成了以影视、传媒服务为特色的庞大创意产业链条,形成轮轴式文化创意产业集群。

2. 大饼式集群

大饼式集群是指大量生产相同或类似产品的企业集聚在一起。与轮轴式集群的不同之处在于:大饼式文化创意集群中的各个企业之间是替代关系,而轮轴式文化创意产业集群中的各个企业之间是互补关系。由此可见,大饼式文化创意集群的最大特点是各企业生产或经营的产品类型大致是相同的[11],面对的消费群体也重叠,各个企业需要提供差异化的产品和服务以避免出现同质化竞争。从产业集群的内部结构来看,百老汇产业集群属于大饼式集群,大大小小有100多家戏剧院分布于此,很多艺术家、剧作家聚集在此地,在相互探讨艺术创作的同时也存在竞争关系。日本东京动漫产业集群也属于大饼式文化创意集群。2011年,公司总部设立在日本东京的动画制作公司有105家,占日本动画制作公司总数的92.1%。

综合各类型文化创意产业集群来看,文化创意产业集群具有鲜明的地域特征,其发展源泉具有区位性和根植性,发展过程具有关联性和科技性,创造的结果具有创新性和风险性[11]。

二、文化创意产业关联发展

在所有经济活动过程中,每个产业都需要其他的产业的协作,以其他产业的产出作为自己的要素供给[12];同时又把自己的产出提供给其他产业,作为其他产业的要素供给。这种产业之间的投入产出关系保证了各个企业的生存,产业关联实际上就是各个产业之间的供给、需求关系。产业关联理论即里昂惕夫（Leontief）创立的投入产出理论，该理论主要用于研究产业之间的投出和产出的技术经济关系。投入产出理论是在魁奈（Quesnay）、马克思、瓦尔拉斯（Walras）等人的理论基础上建立的[13]。文化创意产业也不例外，它与其他产业的发展存在着广泛又复杂的技术经济联系：一方面，文化创意产业依靠某些产业为自己提供资源；另一方面，文化创意产业也支撑着其他产业发展。由于文化创意产业有极强的渗透性，因而可以促进各类技术资源、文化资源、商业资源等要素的流动重组，纵向、横向都可以渗透，产业关联度较大。产业之间的关联方式主要有三类：前向关联、后向关联、环向关联。文化创意产业前向关联是指文化创意产业作为供给方，通过向其他产业提供自己的产出而产生的关联关系[14]；文化创意产业后向关联是指文化创意产业作为需求方，从其他产业获得投入而产生的关联关系；文化创意产业环向关联是指在经济活动中，文化创意产业与上游、下游形成了产业链，产业链通过技术经济联系形成一个环，这种环状的产业关联称为环向关联关系。

文化创意产业大致依靠以下三类方式与其他产业关联发展：

1. 文化创意产业通过投入产出关系与其他产业关联发展

里昂惕夫提出用投入产出分析方法研究产业的关联效应，投入产出模型可以分为多种类型，静态价值型投入产出模型是最基本的投入产出模型，是其他类型应用的基础，也是其他投入产出模型成立的前提[15]。文化创意产业作为一种新兴产业，以相关产业之间的投出、产出为基础，与其他产业存在广泛且密切的技术经济联系。一方面，文化创意产业依靠其他相关产业提供的资源实现自身发展；另一方面，文化创意产业又以自己的产出为其他产业提供资源，支撑其他产业发展。文化创意产业在某种程度上通过投入产出关系与其他产业发生关联，如文化创意产业与农业结合起来可以衍生出休闲农业、观光农业等许多不同类型。文化创意产业从农业中得到生产要素，同时农业也将文化和创意融入其中，由此拓展了农业功能，促进了农业发展。使用投入产出表中的文化创意产业数据与其他产业数据，便可计算出文化创意产业与其他产业之间关联度的高低，关联度高表明文化创意产业对其他产业的推动性强，关联度低表明带动力较弱。

2. 文化创意产业通过价值链与其他产业关联性发展

1985年哈佛大学教授波特（Michael Porter）提出了价值链理论，指出企业的价值创造需要通过一系列活动来完成，具体包括设计、生产、销售以及各类辅助性活动。各类经济活动都有自身的价值链，价值链理论表明企业之间的竞争不仅包括各阶段的竞争，还包括价值链的竞争，价值链整体的竞争力决定了企业竞争力的强弱。

由文化创意产业所有增值环节构成的有机整体就是文化创意产业的价值链，文化创意产业的价值链有两种结构形式：网状价值链和线性价值链[16]。文化创意产业使用价值链实现与其他产业的关联发展，促成各个环节价值链方面的合作，形成文化创意产业价值链或者价值网，从而达到提高文化创意产业和其关联产业整体效率的目的。如文化创意产业和房地产业通过价值链互相融合、渗透，促进了产品的制作、推广以及流通，形成了集文化创意和房地产于一体的创意地产。

3. 文化创意产业通过供应链与其他产业关联性发展

供应链是指产品在生产和流通过程中的原材料供应商、生产商、分销商、零售商以及消费者等，通过与上下游各参与主体的连接组成网络结构。文化创意产业依靠供应链与其他产业相关联,实质上是指文化创意产业与其相关联的产业利用在合作中创造的物质流、信息流以及资金流,减少市场交易费用和组织关联费用,达到和谐稳定、互利共赢的状态。文化创意产业与其关联产业需要加强分工合作,实现优势互补,整合供应链中关联各产业的加工、制作环节,形成统一协调发展的关联产业供应链。文化创意产品主要包括资源依托型产品和创意主导型产品两类:①资源依托型产品主要融合了历史古迹、博物馆和民俗文化等,存在较强的地理优势,此类文化创意产品因具有浓烈的地域特色而难以被模仿和复制。生产此类产品的文化创意产业通常与旅游业、交通运输业关联发展,具有较强的市场竞争优势。资源依托型文化创意产品主要是在供应链关联的基础上,有效利用文化资源与其他相关产业之间的相互作用,以此促进产业之间的合作共赢。②创意主导型产品以创新为核心竞争力,依托影视制作、文化产业园以及动漫创作等。通常,以创意为主导的文化创意产业与建筑业和制造业关联性较强。

第三节 智慧城市对文化创意产业的积极效应

一、促进文化创意产业的转型升级

获得诺贝尔经济学奖的斯蒂格利茨曾经预言:美国的新技术革命和中国的城市化会是21世纪带动全世界经济发展的两大引擎,对人类社会进程产生深刻影响。近几年来,我国城市化进程不断加快,2011年我国城市化率就已经超过50%。根据预测,2050年我国城市化率将达到70%左右。随着经济不断向前发展,城市化进程不断取得成就的同时,也出现了资源紧张、交通拥堵、贫富差距大等问题。在城市追求政绩工程时,忽略了对城市文化的保护,致使城市的"面容""肌理"都受到严重破坏,城市建设因传统文化消失而几乎出现了千城一面的状态。城市建设发展在"城市病"的直接推动下逐渐衍生出智慧城市。我国智慧城市建设的基本目标从一般意义上来看主要有三个:基础设施层建设、资源层建设、应用层建设。

基础设施层建设主要包括网络通信层建设和感知层建设,运用装备芯片、传感器、RFID射频技术对城市的基础设施、交通工具、手机、人员进行感知,再通过传感器网络接入全城的通信网、互联网[17]。互联网时代有"大数据"和"云计算"两个典型经济形态,"云计算"为社会提供协作平台,"大数据"是主体使用整个社会的数据,"云计算"为"大数据"提供动力的同时也为文化创意产业提供了全新的协作模式。互联网渗透到了我们生活的每个方面,成为人们认识和接受产品服务的重要渠道,降低了企业与消费者之间的沟通成本,买卖双方通过互联网可以便利对接[18]。这种成本的降低有利于零散分布的个性化需求集聚,使个性化需求的满足成为可能,更能迎合消费者。消费者的意见、评价也能通过互联网更直接的反馈给相关产业,从而能及时做出调整避免影响消费满意度。文化创意产业的规模扩张与互联网的快速发展相辅相成,成功的文化创意不可能脱离互联网单独存在。

资源层建设主要是指构建各类基础数据库,如城市地理空间数据库、城市自然环境与资源数据库、城市基础设施数据库、城市人口基础信息数据库、城市法人单位数据库、城市经济社会运行情况统计数据库、城市政务信息数据库等,将城市各个系统运行产生的大量数据进行整合、存储、加工[19]。大众消费文化创意产品时,不仅仅是针对其使用价值,更重要的是关注文化创意产品中的观念、价值、情感等附加值。因大众观念、情感是变化的，文化创意产业如何针对性地、更加准确地把握观念、价值，需要对市场需求做出准确判断。文化创意产业可以利用智慧城市资源层建设的各类数据库进行各类市场调研，精确把握大众的偏好，分析数据库中的大量相关数据可以更直接、快捷地得出结论，避免传统市场调研时时间周期长、成本高、因样本选取不合适造成的结论偏差等问题。大数据为预测文化趋势提供了全新的思路，在提高文化创意产业工作效率的同时节约了时间、成本，使产品抢先一步占领市场。数据资源一直以来就与商业密不可分，有了足够的数据就可以预测大众的偏好。数据资源的整合加工有助于文化创意产业的市场发展，文化创意产业可以借此产生质的飞跃。

应用层建设主要是指应用协同层建设与应用服务层建设。其中，应用协同层运用基础数据支撑应用服务层，应用协同层主要包括了信息资源中心、城市基础空间信息中心、电子支付中心、信用信息中心以及安全认证中心五个服务支撑中心。智慧城市的应用层建设在文化创意产品从概念确定到被消费的过程中均起到促进提升作用。应用服务层分为基本应用模块、城市特色应用模块及扩展模块，基本应用模块是我国智慧城市建设必需的、急需的、重要的9个领域：智慧政务、智慧安全、智慧能源、智慧环保、智慧交通、智慧社区、智慧医疗、智慧网管。城市特色应用模块是每个城市根据自己的情况进行的特色设计，如港口城市应着重建设智慧港口，旅游城市应着重建设智慧旅游，交通枢纽城市应着重建设智慧物流，等等。扩展模块是面向智慧城市的未来，为城市未来发展预留了开放式接口。

智慧城市建设的基础设施层建设、资源层建设以及应用层建设，都在不同方面有效地促进了文化创意产业的转型、升级。

二、大数据提高文化创意产业集群化与关联发展

目前我国大部分文化创意产业在集群化和关联发展过程中存在创新活力不足、产业引导政策有效性不足、发展模式单一等问题。在智慧城市建设的环境之下，互联网带动大数据、云计算迅速崛起，对我国通信网络、金融、医疗、交通等领域的发展产生了积极促进作用，也对文化创意产业的生产方式、营销推广模式产生了积极的影响。在文化创意产品生产之前，企业对大量消费者数据进行分析，判断此产品能否被消费者接受，能否满足市场需求，是否可以为企业带来收益；产品不够完善可通过互联网收集用户的主观意见，对产品进行改良创新。经过此过程的文化创意产品，与传统过程生产出的文化创意产品相比，更易满足消费者需求，更具市场竞争力。互联网、大数据等科学技术已经成为企业经营者进行投资决策的重要手段。大数据对文化创意产业集群化和关联发展产生的影响，主要有以下方面：

1. 大数据改变了文化创意产业的发展方式

文化创意产业发展要素包括初级要素和高级要素。初级要素包括文化资源、企业规模以及人才储备等。高级要素包括配套基础设施、企业资本、信息获取能力以及创新能力等。除此之外，大数据也成为文化创意产业发展的要素之一。通过对比分析新的数据与过去的数据，可精准预测出数据走向，企业对产品未来发展方向的规划将更具有侧重点[20]；对比分析外部数据和企业内部数据可找出彼此的不同和关联度，依据关联度的不同，对关联企业投入不同的精力，侧重点不同。大数据以信息技术为基础，加工处理复杂的数据信息，对比分析相关数据，可以帮助企业制定和选择适宜的决策方案。我国文化创意产业在大数据的辅助

下，产业集群化发展的要素投资和流向更加科学化和高效化。相较于传统的文化创意产业，使用大数据对比分析可以将要素整合，将独立的生产方式转变成分工合作式的集群化发展方式。

2. 大数据改变了文化创意产业的发展模式

大数据环境下，文化创意企业以相关数据为基础，借助信息技术预测发展趋势，为企业的结构调整、发展方向规划提供更科学的依据。在大数据基础之上，充分掌握市场供需结构，开展精准的市场营销策略，有效把握顾客消费心理，实现引导消费。对于文化创意产业来说，大数据可有效帮助文化创意企业制定适宜的发展战略，更好地激发企业参与更高层次的竞争，有效改变文化创意产业的发展模式。

3. 大数据改变了文化创意产业的发展态势

大数据平台可以为文化共享提供更为快捷的通道，有效提高文化创意产品的创新效率。文化创意产业的创新主体主要有文化企业、科研院所、集群内的机构以及关联产业的企业等。在众多的创新主体中，文化企业是核心，所有相关联的创新主体通过数据平台交流共享信息，会形成一种交叉状的创新网络。对于我国文化创意产业集群化发展和关联发展，大量的创新主体为创新提供了动力，大数据能够消除这些创新主体之间的阻碍，促进文化创意产业态势的转变。

本章小结

本章主要论述了我国智慧城市对文化创意产业发展的要求、产生的积极效应，以及在智慧城市建设背景下文化创意产业的发展趋势。首先，文化创意产业的发展在以人为本、继承并发扬我国的传统文化的同时，要以可持续发展为理念，推动文化创意产业发展，保护文化资源。其次，在智慧城市建设背景下，我国智慧城市主要呈现出集聚式发展以及一定程度的关联性，智慧城市建设的基础设施层建设、资源层建设以及应用层建设，都在不同方面有效地促进了文化创意产业的转型、升级，提高了文化创意产业集群化与关联发展。

参考文献

[1] 李杰. 基于以人为本理念的文化创意产业建设研究 [J]. 吉林省社会主义学院学报, 2015 (1): 45-46.

[2] 刘海岩. 城市公共设施宜人化设计的研究 [D]. 青岛: 青岛理工大学, 2013.

[3] 厉无畏, 蒋莉莉. 文化创意产业促进科学发展的路径分析 [J]. 毛泽东邓小平理论研究, 2012 (11): 6-11.

[4] 庄毅. 文化创意产业与传统产业的融合发展: 以晋江市为例 [J]. 当代经济, 2017 (3): 86-87.

[5] 刘学文. 中国文化创意产业园可持续设计研究 [D]. 长春: 东北师范大学, 2015.

[6] 王扬铭. 文化经济时代我国创意产业可持续发展路径选择 [J]. 商业时代, 2008 (10): 109-110.

[7] 肖艳, 孟剑. 大数据视域下文化创意产业集群化发展研究 [J]. 福建论坛 (人文社会科学版), 2017 (12): 76-81.

[8] 方永恒. 产业集群系统演化研究 [D]. 西安: 西安建筑科技大学, 2011.

[9] 喻莎莎. 论文化产业集聚对我国区域经济发展的影响 [J]. 商业时代, 2013 (20): 116-118.
[10] 余文涛. 创新产业集聚对区域创新与生产效率的影响 [D]. 合肥: 中国科学技术大学, 2014.
[11] 袁海. 文化产业集聚的形成及效应研究 [D]. 西安: 陕西师范大学, 2012.
[12] 刘思思. 北京市文化创意产业的产业关联与波及效应分析 [D]. 北京: 首都经济贸易大学, 2018.
[13] 周强. 文化创意产业的关联效应及对产业结构的影响 [D]. 福州: 福建师范大学, 2014.
[14] 谢善聪. 我国文化创意产业关联效应的实证研究 [D]. 长沙: 湖南师范大学, 2016.
[15] 张亚丽. 我国文化产业发展及其路径选择研究 [D]. 长春: 吉林大学, 2014.
[16] 郭梅君. 创意产业发展与中国经济转型的互动研究 [D]. 上海: 上海社会科学院, 2011.
[17] 王蕾. 打造文化创意产业发展升级版战略研究 [D]. 长沙: 湖南大学, 2014.
[18] 周锦. 大数据背景下的文化创意产业发展 [J]. 群众, 2017 (8): 46-47.
[19] 任鹏飞. 大数据背景下我国文化产业的发展研究 [D]. 长沙: 湖南大学, 2017.
[20] 鲍枫. 中国文化创意产业集群发展研究 [D]. 长春: 吉林大学, 2013.

第四章
文化创意产业集聚形成及效应分析

第一节 文化创意产业集聚综述

一、文化创意产业集聚的基本内涵

产业集群（Industrial Cluster）理论概念最早来源于马歇尔（Marshall）的产业区理论，1890年马歇尔在《经济学原理》中界定产业区（Industrial District）的概念为：由历史与自然共同限定的区域，其中中小企业积极地相互作用形成企业群并与社会趋势融合。马歇尔界定了工业集聚的内涵，并发现专业人员在工业集聚区使用专用机械会使产出效率更高，他指出产业集聚形成的目的是为了获取外部规模经济带来的利益。在马歇尔提出产业区理论后，产业集聚概念逐渐被关注，经济学、社会学和管理学等学科的学者从不同角度对产业集群进行了研究并提出了不同的概念，如产业区、产业集聚（Industrial Agglomeration）以及集聚经济等。在众多概念中，产业集群的提法最为常见，主要指某一个产业在特定区域内的集聚且集聚的结果就是形成产业集群。文化创意产业集聚就是由产业集聚衍生而出的，英国学者维尼认为文化创意产业集聚是城市中各种文化和娱乐设施高度集中于某一地理区域，并且预测文化集聚对未来城市经济发展会起到引擎作用。库弗强调文化集聚具有组织性和标识性，文化创意产业集聚不仅仅是文娱设施的集中，更是对外界的吸引。我国学者从20世纪90年代开始研究文化创意产业集聚，王丽君认为文化创意产业集聚就是大量相互关联的文娱公司、个人以及支持系统在一定地域内集中。

文化创意产业集群是指在文化创意产业及其相关产业领域中，文化企业、创意人才和相关支撑机构等通过创意集中和合作竞争，在一定的空间区域集聚而形成的产业组织[1]。文化创意集群中的各参与主体之间相互独立又相互关联，其集聚的核心是相互关联的产业链和协作网络。文化企业能够对比分析产业链优势，自主选择在产业链的上游、中游或下游形成产业集群；既可以形成创意设计型集群，也可以形成生产制造型集群，还可以形成产品交易、传播和体验服务型集群，也可以形成复合型集群。文化创意产业集群是静态概念，指的是一种有效率的空间产业组织；文化创意产业集聚则是动态概念，强调企业在空间区域上集中在一起的动力过程，包括集聚发展的动力机制和集聚后形成的产业组织形式，即产业集群的效率表现和动态演化。因此，文化创意产业集聚包含了文化创意产业集群。

综上所述，文化创意产业集群可以分为四种类型：①由多个文化创意企业因围绕同一产业从事的生产经营活动，而聚集在一定的区域范围内的地域型文化创意产业集群；②围绕某一类文化创意产品发展出众多文化创意企业,而形成的产品主导型文化创意产业集群;③不同的文化企业成为专业化生产链上的某个环节的内部成员,而形成的产品关联型文化创意产业集群;④因文化企业和文化创意产品的生产与经营,而形成的产业地方化、地方专业化文化创意产业集群[2]。

二、文化创意产业集聚发展的基本特征

虽然文化创意产业属于产业集群的一个分支,但是文化创意产业与传统制造业有本质区别。文化创意产业作为消费社会环境中兴起的产业,为了满足人民群众的精神需求而提供产品和服务,具有与传统产业不同的属性特征[3]。如在其集聚发展中呈现出了外部地域性和内部根植性、生产过程的关联性和科技性、文化创意产品的创新性和风险性等特征。

首先,文化创意产业集聚动力因素具有地域性和根植性的特征。文化创意产业发展主要依靠文化资源与创新能力两大因素,对高层次的文化创意人才需求量大。知识水平高的人口聚集地,特别是文化创意人才密集的大城市,成为文化创意产业集聚发展的首选地。有三类环境有利于文化创意产业初步集聚发展,它们分别是新园区、城市的近郊区以及都市的旧厂区。主要是因为这三类地区外部环境宽松,可塑性强,文化创意产业集聚发展压力小,在一定程度上靠近目标消费群体的同时又节约了成本[4]。此类既提供了产业集群发展需要的文化艺术氛围成本又低廉的区域,对文化创意产业集聚发展有很强的吸引力。如美国的苏荷(SOHO)地区、北京的798以及上海的四行仓库等,都是在城市工业遗址中"生长"出的现代文化创意产业集群。这些具有历史文化的旧厂区在艺术家手里呈现出现代风格,为创意萌发提供了独特的文化氛围。除此之外,文化创意产业是知识型产业,对原材料和劳动力的依赖性不强,其产业集聚发展一般都源于地域独特的文化沉淀和气氛,并在此基础上开发利用。集群作为现代文化的前沿阵地,其形成与地域性人文环境紧密联系,地域文化历史传承、发展条件以及人文环境气氛等因素都是文化创意产业集聚发展的社会环境基础。如美国百老汇和意大利的时装等都是依靠着深厚的文化历史沉淀的。人文内部根植性是文化创意产业集群发展的基石,是吸引创意人才入住的磁场。

其次,文化创意产业集群的生产过程具有强烈的关联性和科技性[5]。文化创意产业生产出的产品或者服务,不仅仅是某一个特定的物质产品或服务,而是一系列的活动过程。这些产品或服务是很多思想和创意的集合体,一般都具有针对性和不可分割性。文化创意产业作为知识经济时代和信息时代的产物,不仅包含了丰富的智力内容,还包含了大量的科技元素,对科技的依赖性极大,科学技术在文化创意产业的发展过程中起着主导性作用。

第三,文化创意产业集群创造出的产品或者服务都具有创新性和风险性。文化创意产品的创造开发是具有明确针对性的创造性生产活动,是特殊的知识产品生产活动,不仅需要时间、成本,还需要创造者有深厚的知识积累和很强的创新能力。文化创意产品与一般物质商品相比,具有"难开发、易复制"的特点,这种特性导致文化创意产品和服务的创造具有高风险性。

除此以外,文化创意产业集群结构具有多样性。文化企业是文化创意产业集聚发展的核心,文化企业的发展需要文化创意人才、技术支持、资金支持、政策支持。因此,文化创意产业集群是众多文化创意企业和相关支持机构在空间上集聚形成的、一种覆盖面广而又紧密联系的网络结构。文化创意企业与相关机构在相互合作以及相互竞争中不断稳定发展[6]。

三、文化创意产业集群发展模式及比较

（一）文化创意产业集群发展模式的分类

文化创意产业集聚发展的根本目的是为了获取最大的经济利益，受集聚路径影响，选择不同的集聚方式和过程而形成不同的集群发展模式。根据影响因素，文化创意产业集群发展模式主要有两大类：市场主导型文化产业集群和政府驱动型文化产业集群。影响文化创意产业集群发展的内因主要包括规模经济、范围经济和品牌效应等，外因主要包括政府的政策导向、区域规划和外部资源等。

市场主导型文化创意产业集群是以市场对文化创意产品和服务的需求为基础，按照市场机制调节自身空间布局，依靠"自上而下"的市场力量在一定区域范围内形成的文化创意产业集群。该模式是基于市场、创意人才、文化创意企业以及城市空间等因素，在市场需求的推动下缓慢发展的模式。市场需求是其发展的根本动力，社会环境是其发展的主要制约因素。当市场出现对文化创意产品和服务的需求时，即出现可观的经济利益时，就会吸引文化研发人才和艺术创作人才聚集于此，依据文化创意产业的相关创业行为或者就业人员就有了发展动力[7]。其中文化研发人才主要集聚在高校和科研院所等技术创新发源地，而艺术创作人才主要集聚在富含文化底蕴、交通便利的城区老厂房和老仓库等文化空间内。市场需求引发文化创意产业兴起，文化产业吸引研发人才和艺术人才前来就业或者创业，研发人才和艺术人才由此集聚在特定地域空间内促进了文化产业集群的形成。这样形成的文化产业集聚会产生一种自我增强创新机制，会吸引更多相关企业入驻和更多人才前来就业和创业，最终推动形成具有独特创意特色的文化产品和文化服务消费市场，从而达到推动市场、引导消费的目的。此类集群发展模式形成的市场主导型文化创意产业集聚，虽网络规模较小、见效慢，但成本较低、经营运作趋于成熟，根植性强，多存于经济较为发达的地区。如深圳大芬油画产业基地，最初只是香港画商租用民房以招揽美术类人才进行油画创作和批量转销的地方，后来吸引了艺术人才集聚，推动了"大芬油画"品牌的形成和发展，目前大芬油画产业基地形成了集生产、销售、培训、餐饮及旅游等功能为一体的产业体系。

政府驱动型文化创意产业集群与市场主导型文化创意产业集群不同，是通过"自上而下"的人为力量造就的，是在政府实施相关战略规划的基础上成长起来的产业集群。此类产业集群通常属于政府战略规划的结果，其主要资源配置以政府配置为主，并且由政府制定总体发展战略。实践证明，在供给侧结构性改革、经济转型加快的背景下，政府在面对旧城区改造、劳动力安置等问题时，更倾向于在旧城区扶持文化创意产业发展，以此应对旧城区面临的新的现实挑战。政府选定老厂房或旧仓库一类的文化空间，选定高校和科研院所等技术源地，确定好文化创意产业集群发展类型，招才引智，吸引研发人才、艺术人才、文化产品经营者以及第三方服务组织前来集聚，逐渐营造出文化创意气氛，打造出具有针对性的特色文化创意品牌进入市场，形成文化创意产业集群。由此自上而下形成文化产业集群发展新模式，推进文化创意集群的发展，促进产业结构升级以及加快经济转型[8]。在政府驱动型文化创意产业集群的集聚过程中，政府起着显著的主导作用，从最初规划设想到制定目标、从空间区域选择到集群类别安排、从文化创意氛围营造到吸引人才就业，每一步都与政府策划和扶持密切相关。文化创意产业园区是典型的政府为驱动型文化创意产业集群发展模式，借鉴经济开发区发展模式，以政府为核心主导整体规划。通常以地域文化资源为载体，以政

府的产业政策优惠以及制度传导机制为中心,吸引各类相关文化要素在园区内集聚发展。政府可以依据当地财政能力自行投资或者向社会招商引资,吸引多元投资主体,减轻财政压力。许多城市的动漫企业集群、传媒企业集群以及文化产业园的企业集群都是典型的政府驱动型文化创意产业集群。如中关村多媒体创意产业园,地处中关村国家自主创新示范区核心区,园区与北京大学文化产业研究院、北京电影学院等高校均有密切合作,与国家版权贸易基地甚至世界科技园区协会也有相关合作。目前园区已经形成了集产品、服务和应用等于一体的跨媒体产业集合,涉及物联网、电子支付、动漫、软件开发、广告会展等领域。

（二）文化创意产业集群发展模式比较

从驱动因素来看,市场主导型文化创意产业集群的根本发展动力是市场需求,依照市场需求和价格机制相应调节集群[9]。在市场主导型文化创意产业集群的发展过程中,因其发展前景与收益存在不确定性,风险较大,政府不会对其做出制度性安排。只有当其发展前景可观、市场利润与社会效益明显时,政府才会给予一定的经济或者政策扶持。而政府驱动型文化创意产业集群是依靠政府引导直接推动,文化创意产业集群从筹建到开发、从建成到发展的各个阶段、各个环节都按照政府的规划进行,不仅设施配备齐全,其产业链相对也更加完整,体现出很强的计划性和针对性。

除了驱动因素的不同,市场主导型文化创意产业集群与政府驱动型文化创意产业集群在创意来源、目的、见效速度和存在范围等多方面都有所区别。市场主导型文化创意产业的创意来源主要是创意人才,发展目的主要是创意人才的自我提升,发展路径是渐进式的,见效速度慢,主要存在于市场经济较为发达的地区。而政府为了地方经济转型需要或者提高文化软实力等需要,催生文化创意产业集群的发展。因此,政府驱动型文化创意产业集群的创意一般来源于政府规划或者咨询机构,其目的主要是为了发展经济;实践证明,在经济增长乏力、就业压力加大的环境中,加强文化建设是满足群众需要的有益措施。就政府驱动型文化创意产业集群的发展路径而言,由于其拥有政府的大力支持,因而可以优先跨越发展,实现突变式跳跃,呈现出蛙跳式特点。此类型产业集群的见效速度快,主要分布在经济相对落后的地区。

第二节　文化创意产业集聚度测算指标

一、产业集聚度测算指标与选择

1. 行业集中度指数

行业集中度指数（Concentration Ratio，CR_n）是指规模最大的部分地区或者规模最大的部分企业的销售额、产值、就业人数等主要经济指标占行业整体的比重。该指标可以用来衡量特定产业的区域集中度。当已知该行业的销售额、产值、产量、就业人数、资产总额等时,计算公式为

$$CR_n = \frac{\sum_{i=1}^{n} x_i}{\sum_{i=1}^{N} x_i} \tag{4-1}$$

式中　CR_n——产业集中度指数；

　　　　n——所选取的样本地区或企业的个数；

　　　　N——全部地区或企业的个数；

　　　　x_i——第 i 个地区或企业的市场份额（产量、就业人数、销量等指标）；

　　　　$\sum_{i=1}^{n} x_i$——市场份额最大的 n 个地区或企业的市场份额之和；

　　　　$\sum_{i=1}^{N} x_i$——该行业中所有地区或企业的市场份额总和。

当已知行业市场份额时，计算公式可以使用 $CR_n = \sum_{i=1}^{n} S_i$，其中 S_i 是指该行业市场内排名第 i 家企业的市场份额，n 指这个行业内规模最大的前几家企业数。

两种计算情形中，n 通常取为 4 或者 8，即表示产业内规模最大的前 4 或前 8 家企业所占的市场份额（销售额、产值、产量、就业人数、资产总额等）总和。依据美国经济学家贝恩（Bain）和日本通产省对产业集中度的划分标准，产业市场结构可以大致分为寡占型和竞争型两类[10]。经济学家贝恩依据行业集中度指数对市场结构进行的分类见表 4-1。

表 4-1　依据行业集中度指数的市场结构分类

集中率 市场结构	CR_4（%）	CR_8（%）
寡占 I 型	$CR_4 \geq 85$	—
寡占 II 型	$75 \leq CR_4 < 85$	$CR_8 \geq 85$
寡占 III 型	$50 \leq CR_4 < 75$	$75 \leq CR_8 < 85$
寡占 IV 型	$35 \leq CR_4 < 50$	$45 \leq CR_8 < 75$
寡占 V 型	$30 \leq CR_4 < 35$	$40 \leq CR_8 < 45$
竞争型	$CR_4 < 30$	$CR_8 < 40$

在各种测度产业集聚度的指标中，产业集中度指数是常使用的一种，其优点在于可以通过较少的数据简单、形象地反映目标产业的市场集中水平，但是存在反映角度单一、内部结构不清晰的问题，其样本选取对结果有较大影响。如该指数没有指出企业总数，1000 家企业中 $CR_4 = 40$ 和 10 家企业中 $CR_4 = 40$ 存在着不同的经济意义，并且在选择市场份额最大的企业时，数值 n 不同则不能得出唯一的结果。受集中度指数缺点的影响，该指数不能单一使用以进行科研分析，通常只能作为辅助性指标配合其他方法使用[11]。

2. 区位熵和 Hoover 系数法

区位熵（Location Quotient, LQ）又称为专门化率，最早由哈盖特（P. Haggett）提出，应用在区位分析之中，常用来分析和评价区域优势产业[12]。通常 LQ 值越大，说明该产业在此地区的集聚度越高；相反 LQ 值越小，说明该产业在此地区集聚度越低。若 LQ > 1，说明该产业在此地区的专门化率超过了总区域平均水平，属于地区专业化产业；若 LQ < 1，说明该产业在此地区的专门化率低于总区域平均水平，属于地区非专业化产业；若 LQ = 1，说明

该产业在此地区的专业化率与总体水平相当。区位熵 LQ 值计算公式如下

$$S_{ij} = \frac{x_{ij}}{\sum_{i=1}^{m} x_{ij}}, \quad S_i = \frac{\sum_{j=1}^{n} x_{ij}}{\sum_{i=1}^{m} \sum_{j=1}^{n} x_{ij}}, \quad LQ_{ij} = \frac{S_{ij}}{S_i} \tag{4-2}$$

式中 m——一个经济体系中的产业总数量;

i——该经济体系中的 i 产业;

n——一个经济体系内的地区总数量;

j——该经济体系中的 j 地区;

x_{ij}——j 地区中 i 产业的产值(包括就业人数);

S_{ij}——j 地区 i 产业的总产值(包括就业人数)占 j 地区的该经济体系总产值的比重;

S_i——该经济体系总区域 i 产业的总产值占全部产业总产值的比重。

当 LQ > 1 时,代表产业 i 在地区 j 所占的比重高于它在总区域的平均水平,在给定地区的产业具有一定的集中度。通过对大部分集群相关研究的归纳可知,当 LQ > 1.12 时,被认定为该产业在给定地区的专业化水平较高。

计算区位熵的值后,对产业 i 在所有地区的区位熵 LQ_{ij}($j = 1, 2, \cdots, n$)进行降序排列,得到了 n 个地区的序列组合。按照序列组合,计算各地区总产值的累计百分比(S_i),并绘制在 x 坐标轴上,计算产业 i 在各区域产值的累计百分比(S_{ij}),并绘制在 y 坐标轴上,由此构建 i 产业的区域聚集曲线。如果产业 i 在区域之间均匀分布,那么该产业在各区域的区位商都为 1,区域聚集区县就与从原点出发的 45°线重合;相反,若各区域产业 i 之间的差距较大,则该行业的区域聚集曲线越凹。由行业的区域聚集曲线和 45°直线所围成的面积,与所在三角形面积的比值就是 Hoover 系数。Hoover 系数取值范围是 [0, 1],越接近 1 表示行业的区域聚集程度越高,越接近 0 表示行业在各区域内均匀分布。与其他指标相比较,Hoover 系数可以使用多种指标进行计算,最常用的两种指标是产业产值和产业从业人员数,具体使用则取决于地区经济差异等一系列因素。

区位熵还可用来反映不同产业的集聚趋势,将同年各个产业的区位熵相加再取均值,便可据此从宏观上判断和分析产业集聚趋势。区位熵是常用的一种测度产业集聚度的指标,能够利用较少的数据呈现出参与比较的各个地区在某一个特定产业上专业化率的差距,但是无法用此系数比较不同产业在各个地区中的分布情况。

3. 赫芬达尔-赫希曼指数

赫芬达尔-赫希曼指数(Herfindahl-Hirschman Index),简称 H 指数或 HHI 指数,是测度产业集聚度的重要指标,其计算公式如下

$$H = \sum_{i=1}^{n} \left(\frac{x_i}{x}\right)^2 = \sum_{i=1}^{n} S_i^2 \tag{4-3}$$

式中 x——产业中某一指标的市场总规模(产值、销售额、就业人数等指标);

x_i——产业中第 i 个企业的市场规模;

n——产业中企业的总数量;

$S_i = \frac{x_i}{x}$——产业中第 i($i = 1, 2, 3, \cdots, n$)个企业的市场占有率。

H 指数的实质是对每个企业的市场份额 S_i 赋予一个权重,规模越大权重越大。H 指数的值在 $0 \sim 1$ 变化。值越大,代表集聚度越高、垄断程度越高;反之,值越小,代表集聚度越低、垄断程度越低。H 指数等于 1 时,代表某一产业完全集中在一个地区之中;若某一产业平均分布在所有地区时,H 指数等于 $\frac{1}{n}$。H 指数通过平方和测度集聚度,对市场占有率较大企业的规模变化十分敏感,能及时反映变化,在测度产业集聚度时可以准确反映市场集中度和垄断情况,但是由于 H 指数没有考虑企业的空间分布和地理单元面积,反应角度单一化,且 H 指数计算对数据要求很高,在实际应用中数据很难获取,存在明显的不足之处。

H 指数经过发展又演变出了 N 指数和 HK 指数。N 指数是 H 指数的倒数,在测度产业集聚度时,其值等于市场中规模相等的企业数。N 指数值越小表示产业集聚度越高,N 指数的数值越大代表产业集聚度越低[13]。HK 指数是指汉纳-凯指数(Hannah-Kay Index),是 H 指数衍生出的一种更具有一般性的指数,其计算公式如下

$$HK = R^{\frac{1}{1-\alpha}} = \left(\sum_{i=1}^{N} S_i^{\alpha}\right)^{\frac{1}{1-\alpha}}, \quad (\alpha > 0 \text{ 且 } \alpha \neq 1)$$

HK 指数的数值越大,产业集聚度越低;相反,HK 数值越小,产业集聚水平越高。当 $\alpha = 2$ 时,HK 指数就是 H 指数。

4. 空间基尼系数

空间基尼系数(Spatial Gini Coefficient)是由克鲁格曼(Krugman)在测定美国制造业集聚度时提出的方法,融合了洛伦茨曲线和基尼系数思想,用于测定行业在空间分布的均衡程度。可以用来比较某地区某个产业的就业人数占该产业就业总人数的比重,以及该地区全部就业人数占总区域总就业人数的情况,计算公式如下

$$G = \sum_{j=1}^{n} \left(\frac{x_{ij}}{\sum_{i=1}^{m} x_j} - \frac{\sum_{j=1}^{n} x_{ij}}{\sum_{i=1}^{m} \sum_{j=1}^{n} x_{ij}}\right)^2 = \sum_{j=1}^{n} (S_{ij} - S_i)^2 \qquad (4-4)$$

式中 x_{ij} ——j 地区 i 产业的就业人数;

S_{ij} ——j 地区 i 产业的就业人数占 i 产业总就业人数的比重;

S_i ——i 产业的总就业人数占总区域总就业人数的比重。

空间基尼系数 G 值在 [0, 1] 区间变化。G 值越高,表明产业的区域集聚度越高;反之,G 值越低,表明产业的区域集聚度越低。当 $G = 0$ 时,表明该产业在空间上呈均匀分布状态。

G 值计算方便,考虑到了空间差异,但是因未考虑到企业的规模差异导致了失真,即当 G 值大于 0 时并不一定能表明该产业集聚现象存在;当某个产业在一个地区的比重较大,而在其他地区呈现均匀分布状态时,空间基尼系数 G 值可能会很小。

5. 空间集聚指数

空间集聚指数 γ(Concentration Index of Industrial Space)由艾利森(Ellison)和格莱赛(Glaeser)提出,简称 EG 指数,也被称为地理集中指数、γ 指数。它有效地解决了空间基尼系数因忽略企业规模差异因素而导致的集聚度失真问题,其计算公式如下

$$\gamma_{EG} = \frac{G - \left(1 - \sum_{i=1}^{n} x_i^2\right) H}{\left(1 - \sum_{i=1}^{n} x_i^2\right)(1 - H)} \tag{4-5}$$

式中 G——空间基尼系数；

H——赫芬达尔-赫希曼指数（H 指数）；

x_i——该地区所有产业的就业人数占总区域总就业人数的比重；

当 $\gamma_{EG} > 0.05$ 时，产业集聚度较高；当 $\gamma_{EG} < 0.02$ 时，产业不存在明显的地理集中现象；$0.02 \leqslant \gamma_{EG} \leqslant 0.05$ 时，说明产业有集聚趋势，但是分布比较均匀。

从空间集聚指数的构造及其计算过程分析，由于 H 可以表示产业中的企业规模，因而该指数考虑了企业规模大小以及区域发展差异的影响，弥补了空间基尼系数的缺陷，可以跨产业、时间、区域进行比较。但是 EG 指数对数据的要求较高，需要企业层面的数据，获取难度较大。并且，EG 指数在产业间和同一产业不同年份间的波动性较大。除此以外，因涉及 H 指数，未曾考虑地理单元面积差异带来的影响。

6. 产业区域集聚度指数

产业区域集聚度指数（θ 指数）是由李太平等人依据空间集聚指数 γ 的思路而提出的，计算公式为

$$\theta_i = \frac{\sum_{j=1}^{m} \sqrt{(x_{ij} - \bar{x}_i)^2}}{2 \sum_{j=1}^{m} x_{ij}} \times \frac{m-k}{m} \quad (i = 1,2,3,\cdots,n; j = 1,2,3,\cdots,m) \tag{4-6}$$

式中 n——总区域内产业个数；

m——总区域内区域个数；

x_{ij}——j 地区 i 产业的产值或就业人数；

$\bar{x} = \sum_{j=1}^{n} \frac{x_{ij}}{m}$——$i$ 产业在总区域的平均产值或就业人数；

$\sum_{j=1}^{m} |x_{ij} - \bar{x}|$——区域分布偏离度，值越大表明 i 产业分布越不均匀，有集聚现象；偏离度值为 0，则表示该产业在总区域内均匀分布；

k——i 产业中大于平均产值或就业人数的区域个数，k 值越小，表明在平均值以上的不均匀程度主要集中在少数几个地区，产业区域集聚度越高；

$\frac{m-k}{k}$——i 产业的不均匀程度在区域上的分布情况。分布系数值与 k 成反比，k 值越小，此系数越大，产业聚集度高；分布系数数值越小，产业集聚度越低；

θ_i——i 产业的产值或就业人数位于平均水平以上的区域占整个产业的比重，其值在 $[0, 1]$ 变化。值越大，表示产业集聚度越高；反之，则说明产业集聚度越低。

集中度指数、区位熵和 Hoover 系数、赫芬达尔-赫希曼指数（H 指数）、空间基尼系数、空间集聚指数（EG 指数）、产业区域集聚度指数（θ 指数）在对产业集聚度进行测算时各有侧重点。集中度指数最为简单，采用单一的指标测度产业集聚度，而其他测度方法都采用

了两种及以上的指标。从选择目标单元范围来看，集中度指数只考察了产业集聚要素较高的区域，而其他测度方法考察了目标地理单元内所有子区域的集聚情况[14]。

在前述列举的产业集聚度测算方法当中，集中度指数对数据要求不高，计算更为简单，能直观地反映集聚水平；区位熵和Hoover系数应用范围较为广泛，可以形象地反映某一产业在各地区的专业化水平差异。θ指数计算结果与EG指数相比较，在同一产业不同年份间变化幅度更小，更与我国产业区域集聚变化的实际情况相符[15]。集中度指数由于其单一性，作为辅助性指数配合区位熵和Hoover系数和产业区域集聚度指数更能较全面地反映产业集聚度。区位熵和Hoover系数与空间基尼系数相比，在计算方法上有相似性，但是LQ_{ij}值更接近实际。产业区域集聚度指数简单、直观，与空间集聚指数（EG指数）计算结果高度一致，且数据要求更低，无须利用企业层面级的数据，可利用统计年鉴获取需要的数据。

通过对比分析各种产业集聚度测算方法，本书采用集中度指数、区位熵和Hoover系数、产业区域集聚度指数（θ指数）对文化创意产业进行测度。

二、文化创意产业集聚度测量方法的构建

依据文化创意产业发展的特点以及文化创意产业相关企业的数据，选取集中度指数、区位熵、Hoover系数和产业区域集聚度指数来配合测度文化创意产业的集聚水平，分析具体的经济效应。

在测度各类文化创意产业集聚度时，如能获取某地区文化创意产业的市场份额，即S_i，可使用集中度指数进行计算和分析，计算规模最大的前4家企业或者前8家企业的集中度指数，分析该文化创意产业在此地区的市场集中水平。在获取文化创意产业中多家企业的销售额、产值、产量、就业人数、资产总额等指标后（x_i），可使用集中度指数进行计算分析，也可直接计算前4家或者前8家规模最大的企业的集中度指数，分析此文化创意产业在该地区的集中度水平及衡量其市场竞争程度。

使用区位熵和Hoover系数测度某地区文化创意产业的集聚水平，再根据数值大小判断文化创意产业在此地区中存在集群的可能性。选定样本地区，获取到该地区文化创意产业的产值（或就业人数、销售额等经济指标）（x_{ij}），利用区位熵公式LQ_{ij}进行计算，得到区位熵的值。将文化创意产业在所有地区中的区位熵值降序排列，得出这n个地区的顺序组合。按照此顺序计算文化创意产业i在各地区总产值的累计百分比，即S_i，将其绘制在坐标轴的X轴上。再计算文化创意产业i在j地区产值的累计百分比，即S_{ij}，将其绘制在坐标轴Y轴上，由此构建文化创意产业i的区域集聚曲线。若文化创意产业i在区域中均匀分布，其区域集聚曲线就与从坐标轴原点出发的45°直线重合，区位熵为1。相反，当文化创意产业i在各地区的差距越大，则其区域集聚曲线就会越弯曲。文化创意产业i的区域聚集曲线和45°直线所围成的面积与曲线所在三角形面积的比值就是Hoover系数。从区位熵来判断，LQ_{ij}值大于1表明具有一定的集中度，大于1.12表明具有高水平的专业化。从Hoover系数来判断，Hoover系数值接近1代表区域集聚程度越高，接近0则代表文化创意产业i在各区域内均匀分布。

使用产业区域集聚度指数（θ指数）测度文化创意产业的区域集聚度时，可利用地区的统计年鉴，获取到文化创意产业i在j地区中的产值（或从业人数、销售额等经济指标）

(x_{ij})，计算出文化创意产业 i 的区域平均产值 $\bar{x}$，再利用 θ 指数公式计算得出的 θ 值，其取值范围为 [0, 1]，越接近 1 表示集聚程度越高，反之越低。θ 指数表示了集聚程度相对值，可以在不同的文化创意产业之间进行比较。

第三节 文化创意产业集聚效应及对经济发展的影响力

一、文化创意产业集聚效应分析

文化创意产业在空间范围内集聚形成企业与企业之间、企业与行业之间、行业与行业之间的普遍联系，可以从集聚产生的经济效应、创新效应和城市空间效应三个方面进行分析。

（一）文化创意产业集聚产生的经济效应

经济效应即文化创意产业的集聚式发展给经济带来的影响，产生的经济效应主要是指文化创意产业集聚通过规模经济和范围经济，促进文化创意产业的增长以及生产率的提高，带动与文化创意产业相关联的其他产业发展和地区经济发展。文化创意产业集聚经济效应包括企业内部和外部的规模经济，可划分为以下几个方面：

1. 要素集聚效应以及本地市场规模效应

文化创意产业集聚发展能吸引高质量的人力资本以及风险资本，产生资源池效应。文化创意产业集聚式发展包含劳动力的集聚，可以使劳动者避免因随机性和周期性因素对单个企业造成的影响而失业，将失业率降至最低，使劳动者能够获取更多的工作机会。除此以外，文化创意产业集聚发展能够促进专用性人力资本投资，劳动者甚至可以为了在文化创意产业集聚的地方工作而接受相对合适的薪酬待遇。文化创意产业劳动力池有效降低了劳动力分工匹配的成本和不确定性。劳动力匹配成本是指选择与文化创意生产项目相匹配的合作企业和创意人员的成本，此成本与匹配对象的范围数量有关，可供选择的对象越多、范围越大，匹配成功的概率就越大。文化创意产业集聚发展还可以降低文化创意人员之间相互磨合以及协同创新的成本。

文化创意产业是一个收入相对较高的产业，这意味着文化创意产品与服务的市场需求较多。文化创意企业在特定区域内的集聚发展越会导致相关工作人员的工资上升以及消费者购买力提升。市场对文化创意产品和服务的高需求具有放大效应，能够促进本地区文化创意产品生产力的提高，并且当生产力的提高超过本地区市场需求的增长，将使本地区成为文化创意产品和服务的输出地，促进本地经济的增长。如洛杉矶影视产业集群的市场源动力是美国电影消费高需求：据美国电影协会 2009 年公布的数据表示，美国电影全球总票房合计 299 亿美元，美国好莱坞电影产业集群出品的电影占据 2/3，美国本土电影票房高达 98.7 亿美元，约占其全球总票房的 1/3。

2. 地方化经济

文化创意产业的企业在特定区域内因产业规模扩大而产生的成本节约就是地方化经济。地方化经济对于文化创意产业来说是内部经济，但是对单独的某一个文化创意企业来说是外部经济。地方化经济成因主要有：利用中间投入品的规模经济、共享文化创意劳动力池、信息和技术的扩散。文化创意产业经济活动规模在特定区域内增大，能够起到提高分工程度、降低管理成本以及增加非生产性支出份额的作用，使边际成本降低、劳动生产率提高。文化创意产业集群内企业的生产链分工细化和创意产品生产专业化程度提高，促进了文化创意企业整体生产水平的提高。文化创意企业集聚式发展产生了大量人力资源需求，吸引了大量人才，既让集聚区拥有了大量专业人才，又丰富了当地的人力资源市场。企业在空间地理位置上的接近，有利于信息传播速度的提高，促进了技术扩散，使得文化创意产业集聚区内的企业可以更快获取到最新的技术信息，更有利于同行之间相互模仿和学习，加快新技术的溢出。新工艺、新技术在文化创意集群内迅速传播，企业之间以及企业与消费者之间相互沟通、互动，有利于形成集群的竞争优势，更容易发现产品或者服务的不足之处，有效促进创新。

3. 城市化经济

城市化经济是指随着整个城市地区总产出规模扩大，产业内单个企业生产成本下降[16]。即规模经济对单个文化创意企业和文化创意产业来说都是外部经济时，便出现了城市化经济。城市化经济的主要成因与地方化经济相同，区别在于城市化经济的效果不仅作用于文化创意产业，还作用于整个城市。文化创意产业具有很强的前向关联和后向关联作用，可以吸引相关联的制造业、服务业等在本地集聚，推动本地区经济的持续稳定增长。

（二）文化创意产业集聚发展产生的创新效应

文化创意产业集聚发展具有知识扩散性增强、交易成本更低、有机会获得风险投资等优点，与传统产业相比，更为依赖独有的、有价值的、多样性的知识投入。文化创意企业以及创意人才之间地理临近和面对面接触，更有利于文化知识的共享和传递，有利于提高学习效率以及激发创意。文化创意产业集聚发展具有明显的知识外部性效应，对文化创意产业创新绩效的提升十分有利。文化创意产业集群主要参与主体包括：供应商、消费者、外围产业、政府以及支持机构等，各个参与主体之间形成了复杂的网络关系。文化创意产业集聚网络是在集体学习的基础上形成的新型网络，主体之间无论是竞争关系还是合作关系，都是以创新和创意为目的的。文化创意产业集聚的网络结构对集聚资源在网络中的配置和运行效率具有非常大的影响。地理位置的临近增加了文化创意企业与相关创新组织间形成网络的机会，能够有效促进知识、技术、信息的交流传播。有研究指出，文化创意产业集聚的网络拓扑结构可以为知识传播、扩散提供多种渠道，非正式的交流可以降低知识的交易成本。并且文化创意产业网络具有知识传播乘数效应，可以提高文化创意产业集群的创新能力，以及降低个体文化创意企业的创新成本和风险。总体来说，文化创意产业集聚发展的创新效应主要体现在创新效率提高、创新效果改善、创新效益增强三方面。

（三）文化创意产业集聚发展产生的城市空间效应

根据 Frith 对文化政策的分类[17]，用以引导城市更新的文化政策主要有三种形式：①与文化创意产业发展相结合的城市更新；通过建设文化创意产业园区，营造文化创意产品或服务的生产空间，推动文化创意产业发展。②与文化设施建设相结合的城市更新；如修建文化艺术中心、剧场、博物馆等公共文化设施，营造文化创意产品或者服务消费空间，美化城市外在形象，增加城市吸引力，并推动文化旅游业、金融业以及现代服务业等行业的发展。③与城市经济文化活动开展相结合的城市更新；如通过举办奥运会、世博会等大型活动，营造文化创意产品或者服务消费空间，促进城市的改造更新和发展。在以文化为引导的城市规划发展中，城市更新的主要措施是兴建以文化创意产业集聚为空间载体的文化产业园区。文化创意产业通常集聚在内城、老工业建筑等城市旧城区，给予这些空间文化生产的功能，为旧城区带来新生，使衰败的空间再次成为生产的空间资本，激发文化创意，促进城市化经济的增长。

按照文化创意产业区的不同空间需求，文化产业区在与城市更新的互动之中，驱动城市更新主要有三种模式：文化艺术区模式、文化产业区模式以及独立文化产业新区模式。文化艺术区模式主要由艺术家主导，文化艺术家进入旧城区，逐渐发展形成一个SOHO式艺术群落和"loft"生活方式，自发地在老仓库或者老工业区等城市旧城区中融入文化艺术和创意元素，对废弃建筑进行空间改造，形成文化创意生产空间，自下而上地带动城市更新。空间区位一般选择在旧城区或者城市内城等具有历史文化或者有工业建筑遗存的空间，此类区位环境、生活、文化都较为便利。由于文化艺术区是自发式的改造发展，主要发展原创型文化艺术产业，缺乏政府的有效推动，因而文化艺术区的改造能力弱，从文化艺术生产空间逐渐发展成文化消费空间，再转变成商业空间，发展比较缓慢，易受到商业和土地升值的影响。需要政府介入才能保持文化艺术的多元性、生产活力和城市更新的可持续性。如北京的"798"艺术区和宋庄、上海的"M50"和田子坊、纽约SOHO区以及深圳大芬村都是典型的文化艺术区。北京的"798"和上海"M50"都因受到商业繁荣时房价和租金上涨的影响，迫使艺术家向其他地区转移。当商业繁荣排挤艺术生产时，文化艺术区会转移至另一个城市的衰败区，实现城市空间的再生和循环。

文化产业区模式主要由政府主导，政府在城市衰落地区中选出具有文化和创意潜力的空间，通过政策制度来确定文化产业区的定位及其发展规划，自上而下地促进城市更新。空间区位选择与文化艺术区类似。文化产业区空间生产的主体包括了政府和艺术家，在政府大量资金投入下进行改造翻新，空间的整体布局会更好，产业也更加多样化，产业之间的互补性强，可以有效化解商业繁荣或者土地价值升值带来的影响。其文化生产和消费功能强大，创新能力也有保障，能够长期推动城市更新。如英国谢菲尔德文化产业区就是典型的文化产业区。

独立文化产业新区模式也由政府主导，但政府介入程度比文化产业区更深，在城市的某个特定地区完全新建一个产业区，以文化产业新区的建设自上而下带动城市更新。空间区位一般选择在城市边缘，可承受土地需求量大的文化产业园区项目。政府大量投入资金并对整个新区的道路及其基础设施进行建设，街区环境、建筑的样式和布局、公共空间都有统一的整体规划，空间布局更为合理。独立文化产业新区发展的文化产业类型主要是文化旅游业为主导的文化消费产业，发展初期带来的城市更新效果显著。但是由于其文化生产能力较弱，长期需要国家政策扶持以增强文化生产和创新功能，以此维持城市更新发展。西安曲江新区就是典型的独立文化产业新区。

二、文化创意产业集聚对区域经济发展的影响分析

文化创意产业集群对区域经济的增长方式、竞争力、协调发展都有着不同程度的影响，并影响城市功能转换和区域就业能力。我国是制造业大国，第一产业和第二产业主要以劳动力密集型产业为主，传统经济发展主要依靠对自然资源的开发，对土地和能源的依赖性大，以有限的资源以及生态环境为代价，其产能受资源和环境限制，经济发展也受到牵制。因此，优化升级产业结构是我国经济发展的必经之路。文化创意产业的产品附加值高，可以通过创意将文化、技术与自然资源相融合，延伸扩展传统制造业，正好契合产业结构转型的需

求。我国是文化资源大国，但是我国的文化输出较少，用创意激活我国的文化资源，创造出具有丰厚知识产权的文化创意产品，可以铸就品牌力量，占据国际市场，提高我国的核心竞争力，实现区域经济的可持续发展[18]。文化创意产业集群的形成是区域品牌形成的基础，文化创意产业集聚发展可以产生知识溢出效应以及规模经济，促进区域知识创新和文化创新，提高生产效率，有利于产生乘数效应，促进区域经济的规模扩大，并且有利于打造区域品牌，提高区域核心竞争力。

> **本章小结**
>
> 本章首先介绍了文化创意产业集聚的基本内涵和特征，论述了集聚发展的基本特征有地域性、根植性、关联性、科技性、创新性以及风险性；比较了两种不同文化创意产业集聚的发展模式，即市场主导型文化创意产业集聚和政府驱动型文化产业集群，从创意来源、目的、见效速度和存在范围等多方面比较了两者的不同。其次介绍了集聚度测算方法，通过对比分析行业集中度指数、区位熵和 Hoover 系数法、赫芬达尔-赫希曼指数（H 指数）、空间基尼系数、空间集聚指数（EG 指数）、产业区域集聚度指数（θ 指数）等产业集聚度测算方法的数据要求、计算方法、结算结果与实际情况的相符程度，最终选择了集中度指数、区位熵和 Hoover 系数、产业区域集聚度指数（θ 指数）构建文化创意产业集聚的测量方法。最后介绍了文化创意产业的集聚效应对经济发展的影响，从经济效应、创新效应、城市空间效应三个方面进行了分析。文化创意产业集群对区域经济的增长方式、竞争力、协调发展都有着不同程度的影响，并影响城市功能转换和区域就业能力。

参考文献

[1] 华正伟. 我国创意产业集群与区域经济发展研究 [D]. 长春：东北师范大学, 2012.

[2] 袁新敏. CAS 视角下创意人才空间集聚行为与效应研究 [D]. 上海：东华大学, 2017.

[3] 鲍枫. 中国文化创意产业集群发展研究 [D]. 长春：吉林大学, 2013.

[4] 李强, 李晓玲, 张飞霞. 我国文化产业集聚效应与区域经济耦合发展研究 [J]. 生产力研究, 2016 (2): 16-20.

[5] 肖怀德. 文化创意产业集聚：超越传统"产业集聚"的路径探索 [J]. 现代传播（中国传媒大学学报）, 2014, 36 (4): 114-117.

[6] 姜照君, 吴志斌. 文化创意产业集聚与城市化耦合的实证研究：基于系统耦合互动的视角 [J]. 现代传播（中国传媒大学学报）, 2016, 38 (2): 129-133.

[7] 孙洁. 文化创意产业集聚动力机制研究 [D]. 上海：上海社会科学院, 2012.

[8] 周国梁. 美国文化产业集群发展研究 [D]. 长春：吉林大学, 2010.

[9] 何勇军. 文化产业集聚模式及其机制研究 [D]. 天津：天津大学, 2014.

[10] 陈红霞, 吴姝雅. 文化创意产业的空间集聚特征及其区际差异比较：基于地级市的实证研究 [J]. 城市发展研究, 2018, 25 (7): 25-33.

[11] 于良楠. 文化创意产业促进城市转型发展的作用、机理研究 [D]. 昆明：云南大学, 2014.

[12] 康胜, 金波. 新时期文化创意产业园区转型升级的路径研究 [J]. 未来与发展, 2016, 40 (9):

77-82.
- [13] 张亚丽,张延延,林秀梅.中国文化产业的关联拉动效应分析[J].统计与决策,2015(11):134-137.
- [14] 姜玲,王丽龄.文化创意产业集聚效益分析:以北京市文化创意产业发展为例[J].中国软科学,2016(4):176-183.
- [15] 孙洁.文化创意产业集聚动力机制研究[D].上海:上海社会科学院,2012.
- [16] 王庆金,侯英津.文化创意产业集聚演化路径及发展策略[J].财经问题研究,2015(2):33-37.
- [17] 杨博智.文化创意产业集聚演化路径及发展对策分析[J].中国市场,2019(17):55.
- [18] 祁述裕.文化产业集聚发展趋势[N].光明日报,2018-05-05(7).

第五章
文化创意产业集聚动因研究

第一节 文化创意产业集聚因素分析

一、文化创意产业集聚租金理论分析

文化创意产业集聚在生命周期的不同阶段呈现不同的特征：在萌芽期只有少数分散布局的大规模企业，企业之间缺乏沟通，依靠自身的资源优势发展，此时的产业集聚具有不确定性，无配套设施和政府支持，产业集聚意识处于萌芽阶段；在成长期，企业数量逐步增加，分散的企业之间开始形成竞争协作关系，逐步吸引配套资源进入集聚区，相关的第三方服务机构开始进入，此时产业集聚能力和知识外溢效应也不断增强；在成熟期，产业集聚区内的企业数量庞大且相互之间具有复杂且稳定的协作关系，企业的自我创新意识逐步下降，为占取市场份额不断追求规模效益，最重导致产品质量恶化，利润下降；在衰退期或者再生期，有限的资源在集聚区内竞争加剧引发恶性竞争，规模经济失效，企业数量开始逐渐减少，集聚呈现僵化状态，如果集聚区内的企业或政府在此阶段能意识到问题的严重性，及时补救，文化创意产业集聚将可能重新发展、繁荣，进入再生期[1]。

文化创意产业集聚发展主要是为了降低成本、获取竞争优势以及扩大资本存量，其发展会受到正向作用力和反向作用力两方面因素的影响。当正向作用力大于反向作用力时，企业在集聚内部获得更多的超额利润。企业加入文化创意产业集群是因为产业集聚网络组织可以创造出集聚租金，集聚租金将驱动集聚效应出现。如果集聚区域内的企业无法取得满意的集聚租金，可能会撤出该集聚区，导致集聚区出现不稳定现象，严重时可导致集聚区解体。由此可知，文化创意产业集聚的过程也是企业追求集聚租金的过程。当集聚租金停止增长甚至减少时，文化创意产业集聚趋势将不再加强，甚至会开始衰落。通过对学者在集聚租金划分的研究，梳理出五种具有明显阶段性的集聚租金形式：

1. 李嘉图集聚租金：文化创意产业萌芽期和形成期集聚的全部动力

文化创意产业在集聚萌芽期，被集聚当地的特有资源所推动。文化创意产业发展对自然资源依赖少，对文化资源、地理资源依赖较多。比如当地的旧工厂、旧仓库或者旧址改造等，能够为文化创意产业的集聚提供一种成本低且独具风格的集聚园区。创意资源是文化创意产业集聚的关键，创意资源具有稀有性和难以复制性。萌芽期的文化创意企业需依靠这些要素来获取超额利润，此阶段集聚区内的企业在市场中占有垄断地位，能够获得全部的超额利润，对超额利润的追逐就是企业进入集聚区的动力。例如北京"798艺术区"是我国较早

出现的以工厂改造为创意集聚区的典型,其前身是北京原电子工业部的荒废厂区,2002年一批艺术家和经纪人进驻,利用产区低廉的成本优势,以及工厂原有的包豪斯风格,很快形成一个艺术集聚区,在引入商业发展模式后取得了巨大经济利益。萌芽期时,因为集聚区内的垄断企业获得超额利润,所以吸引了集聚区外的企业前来。随着集聚区内的企业数量逐渐增加,集聚区规模逐渐壮大,很快将进入文化创意产业集聚形成期[2]。

在文化创意产业形成期,主要集聚动力依然是李嘉图集聚租金。文化创意产业萌芽期,集聚区内的企业数量少,资源异质性创造的剩余价值依然存在,新进入集聚区的企业将与集聚区原有的垄断企业一起共享李嘉图租金。但是由于发展所需的配套设施不全面,进入成本高,集聚区内的文化创意企业一般规模较小、创意人才少,在企业的生产经营过程中,无法发挥溢出效应。此阶段依然是以追逐李嘉图租金为主动力,每个企业获得的平均超额利润减少,但长期处于成本线以上便可维持经营,理性思考的企业依然会选择加入集聚区。

2. 彭罗斯集聚租金:文化创意产业成长期集聚的主要动力

集聚区内的企业不断增多,资源异质性带来的价值开始降低,区位因素不再占据重要位置,李嘉图集聚租金开始消失。但是随着集聚区内的企业不断增多,为了适应集聚区,企业之间的交流合作不断加强,整体学习能力不断提高,知识的外溢效应在集聚区发挥良好效果。在集聚区内,专业人才不断流动,技术、经验迅速传播,为集聚区内租金的获取提供了便利。集聚区内形成的大量个人社会网络在无形中也会交流彼此的信息资源等,这些隐性知识对集聚区内企业竞争力的提高有巨大促进作用。集聚区内因资源优化配置以及企业能力增强所带来的集聚租金,即彭罗斯租金。在此集聚租金的推动下,企业之间达成良好的合作竞争关系,促进了企业在成长期的进一步集聚,不仅是地理因素上的集聚,也是隐性资源的集聚。

3. 关系集聚租金、理查德集聚租金以及熊彼特集聚租金:文化创意产业成熟期集聚的主要动力

关系集聚租金是基于高度信任以及社会关系网络的关系租金,企业在交易中获得超额利润,以关系为重点。文化创意产业成熟期的集聚区内以网络化为主,如竞争协作网络、社会网络、新网络模式等。集聚区外的企业被关系集聚租金吸引,选择进入集聚区内。由此可说,关系集聚租金在一定程度上促进了文化创意产业的集聚发展。

理查德集聚租金,即无形资源长期价值供给能力形成的租金,主要体现为品牌效应、商誉等。文化创意产业具有强辐射性、高渗透性,与其他行业结合形成高附加值的产业链。在对提高自身的知名度、创造自身品牌等无形资产的追逐过程中,形成理查德集聚租金,由于受此租金的吸引,一些集聚区外的企业想进入区内,希望利用集聚区内已有的有形资源和无形资源提高自身的竞争力。可见,理查德集聚租金推动了产业成熟期的集聚。

熊彼特租金是指在不稳定环境中,企业破坏现有优势,创造性地获取超额利润来源于企业家的动态创新能力。成熟期的文化创意产业集聚区容易出现路径依赖的现象,重视熊彼特集聚租金的获取、重视创新,才能避免文化创意集聚区进入衰退期。

4. 熊彼特集聚租金:延长文化创意产业集聚成熟期的主要动力

熊彼特集聚租金具体表现为创造新企业、新供应链、新管理模式等,以各种创新提高集聚竞争优势,以创新推动集聚区的可持续发展。在文化创意产业的衰退期,集聚区内企业创新能力减弱,企业数量过多导致生产协作网络的维护成本不断增加,阻碍了文化创意产业集聚区的进一步发展，文化产业集聚区出现钝化现象。但是集聚区拥有的无形资产不会瞬间消失，可以利用无形资源价值，结合创新的商业模式，创造出一个新的集聚区继续获取超额利润。不断创新、完善文化创意产业集聚区，不断延长成熟期，避免出现衰退期，即使无法避免衰退也能够寻找动力将其转化成迁移期，使文化创意产业集聚区得以存续。

由上述分析可看出，文化创意产业集聚生命周期的不同阶段都对应着不同的集聚租金，如图5-1所示。产业集聚租金是一个动态概念，不同阶段的集聚租金都有不同的因素在促进产业集聚发展。

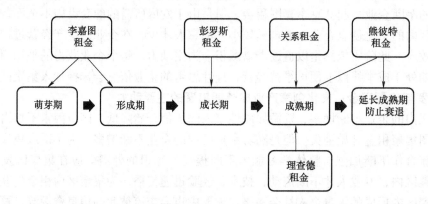

图5-1 不同生命周期阶段文化创意产业集聚的租金

二、文化创意产业集聚影响因素研究

在文化创意产业集聚发展生命周期的不同阶段有不同的主要影响因素。萌芽期与形成期的李嘉图集聚租金主要是受稀缺性资源影响，比如集聚地成本低且交通便利又独具风格特点等优势。文化创意产业成长期的彭罗斯集聚租金主要是受专业技术、人力资源以及非正式社会网络等因素影响。集聚区成熟期追逐三类集聚租金：关系集聚租金、理查德集聚租金和熊彼特集聚租金。关系集聚租金主要受社会关系网络、企业之间的信任关系、文化创意企业与其相关联企业之间的关系所影响。理查德集聚租金受无形资源，例如品牌、商誉等因素影响。熊彼特集聚租金主要受创新能力影响。延长成熟期防止衰退阶段也主要是受创新所影响。

虽然在集聚区发展的不同生命周期阶段，集聚度所受的主要影响因素有所不同，但是将其细化分解，借助波特竞争理论，可以将产业集聚趋势与产业竞争战略相结合。波特的竞争优势理论认为，产业集聚的主要目的是为了获取竞争优势，不仅仅是为了获取降低成本、提高专业化程度、加强知识溢出等集聚效益，更是为了刺激创新、提高生产率，从而达到提高竞争力的目的。波特指出影响某种产业竞争力的主要有生产要素、需求条件、相关产业以及支持产业四大因素，政府可以通过作用于这四大因素而对产业竞争力产生作用。根据波特竞争优势理论，结合文化创意产业的特征，将文化创意产业集聚影响因素总结如下：

1. 生产要素

文化创意产业的生产要素与普通产业类似，可划分为初级生产要素和高级生产要素。初级生产要素主要包含自然资源、地理位置、资金投入、非技术工人等，高级生产要素主要包含信息通信、交通基础设施以及受高等教育的人力资源等。结合文化创意产业的特征，从各个方面综合考虑，将文化创意产业的生产要素分为四种：文化资源、人力资源、资本资源以及基础设施[3]。

（1）文化资源　文化资源是文化创意发展的基本需要。一个地方的民族文化和历史沉淀对文化创意产业的选址十分重要，文化资源的优劣直接影响文化创意产业集聚的区位。文化创意产业受文化资源的影响，具有根植性与区位性的特点。以文化为根，以创造性为卖点，各类文化资源都是文化创意产业繁荣发展的重要因素。一方面，丰富的历史文化资源可以降低文化产品的开发成本，从而使其在市场价格竞争方面获取优势；另一方面，具有特质性的地方文化为其他地区的同类产品进入设置了天然障碍，使得依托本地特有文化资源而生的产品具有独特的文化价值，从而在市场中拥有差异化优势。优势越明显，超额利润越多，吸引的企业便越多。

（2）人力资源　人力资源较丰富的地区，知识储存量大、知识更新速度快。文化创意产业人才在地理位置上的集中将有利于知识溢出，企业便能以更快的速度、更低的成本获取到新技术，抢先提高生产经营效率，从而吸引更多的区外企业向集聚区迁移。在人力资源丰富的地区，企业用人的选择越多，越能够雇佣更高效、更高素质的人才，从而在一定程度上提高了企业的生产与经营效率。在文化创意产品或服务的生产过程中，文化创意人才在文化资源基础上的创新是产品或服务成功的关键。文化创意产业本质上是知识型产业，高度依赖创意，但是创意源自于人的思考能力。知识密集型的文化创意产业，其从业者需具备高技能、高素质，这类人才对工作环境要求较高，一般集聚在大城市及周边地区，从而导致文化创意产业大部分在大城市里集聚。文化创意产业存在大量外包行为，一方面导致了大量中小型文化创意企业的存在，另一方便也导致大量自由职业者的产生。只有人力资源相对丰富的地方才能满足文化创意产业发展的需要。

（3）资本资源　产业集聚实质上就是产业资本在空间地域范围内的集聚过程。在企业选址时，需要考虑集聚地的资本情况。资本可划分为固定资本与金融资本。固定资本指厂房、设备等，因其具有不可移动性，对固定资本进行投资可直接对文化创意产业的发展产生长时间影响。资本在某一地区大量集中时，会吸引人力资源不断向该地区流动，以资本集聚带动人力资源集聚。当资本、劳动力等生产要素都在某一地区高度集中时，产业集聚发展就形成了。当文化创意产业集聚度达到一定数值，资本收益率会不断提高，将吸引更多资本流入产业集聚区的优势产业中，更多的金融资金流入也将进一步强化优势产业的集聚程度。相对于一般传统产业而言，文化创意产业是集知识密集型、技术密集型、资本密集型于一体的复合产业，前期投资较大，需要充足的资金维持其发展。

（4）基础设施　基础设施支撑着区域经济发展，直接影响文化创意产业集聚选址，发展文化创意产业需要考虑该地区的基础设施条件是否能满足要求，便捷的交通运输和网络通信对于文化创意产业来说发展成本更低，更有利于其繁荣发展。

2. 市场需求

根据克鲁格曼"核心-边缘"模型，制造业在空间上集聚需要具备三个条件：规模报酬递增、运输成本低、足够大的市场需求。克鲁格曼认为三个条件中，足够大的本地市场需求是选址优先考虑的条件。克里斯塔勒的中心地区理论也认为，在运输成本相同、消费者偏好相同、资源均匀分布的前提条件下，选址的关键因素是市场需求。市场需求不仅取决于产品价格，还取决于消费者的收入、爱好。

市场需求也是牵引文化创意产业发展的重要动力之一。根据国际经验,当人均 GDP 超过 5000 美元时,大众消费将从以物质消费为主转向以精神文化消费为主。经济发展水平是文化创意产业空间集聚的基础,区域人均 GDP 与人口密度和人均消费能力紧密相关。文化产业是一个高收入、弹性的产业,其产品具有较高附加值,消费者只有在满足了自身基本物质需求的基础上才会产生文化上的需求,所以与经济收入水平密切相关。在市场形成巨大需求能力即市场规模之后,在经济发展的向心力作用下,会不断吸引企业在该地区集聚,从而不断扩大生产规模。生产规模扩大又会吸引更多的从业者前来就业,从而使市场需求进一步扩大。消费需求越多,吸引企业数量越多,文化产业便能得到迅速发展,进一步促进文化创意产业的集聚发展[4]。

3. 关联产业

根据文化创意产业最新分类,文化创意产业的内涵得以扩大和发展,其门类覆盖制造业、批发业、零售业以及服务业。总体上与文化创意产业相关的支持产业主要以第三产业为主,包含互联网行业、计算机行业、教育业、金融业以及交通运输仓储业等。它们从不同方面给予文化创意产业不同程度的支持,如教育业主要为文化创意产业提供人才支持,金融业主要提供经济支持,互联网、计算机主要提供技术支持。当文化创意产业与相关产业发生关联效应时,会形成一种产业链特性,具体表现为与文化创意产业关联性较强的产业与文化创意产业形成一定程度的技术经济关联,在产业部门之间的逻辑关系和空间布局关系基础上形成上下游产业链关系,达到产业融合的多行业产业集聚形态[5]。

4. 政府政策

文化创意产业集聚区根据形成原因,主要分为三种类型:自下而上自发形成、改造升级、自上而下由政府主导建设。政策是产业发展的重要助推器,政府通过设立开发区、示范区并在区内实行政策优惠,实现资源倾斜,吸引目标企业向目标区域集中,可以加快产业发展速度。目前,我国大部分文化创意产业集聚区都由政府主导建设而成,政府的政策支持在文化创意产业集群发展中有着不可撼动的地位。政府的政策可以为集聚发展提供强大的资源支持,在经济落后地区,政府的行为在一定程度上可以成为产业集聚的决定性力量。

产业关联作为推动产业集聚的影响因素之一,扮演着中间枢纽这一关键角色。产业之间的关联性来源于彼此的投入与供需关系,即过程中某一产业的产品或者服务能够充当另一个产业的投入品,或者这个产业以另一个产业的产品或服务作为投入时,能够反映这两个产业之间存在比较明显的关联关系。同时也能体现产业关联性的实质。在经济发展过程中,产业部门之间存在着广泛、复杂和密切的技术经济联系。产业关联方式就是这种特殊联系的依托载体或基础,以及各产业部门之间不同类型的依存关系。从产业之间供给与需求联系的角度,产业关联方式可分为前项关联和后项关联:①前向关联是指通过影响产品供给的难易程度而发生的联系,前一产业部门的产品作为后一产业部门的生产要素。其作用表现在一个产业在生产、产值、技术等方面的变化引起前向关联部门同时发生变化,即促进下游产业新技术的出现、新产业部门的创建以及相关产业的融合发展。②后向关联通过影响对其他产业的产品的需求,让后续产业部门为先行产业部门提供产品,即对上游产业部门的生产消耗产生影响。文化创意产业的上游关联产业作为产业集聚的生产要素,为文化创意产业集聚发展提供人力资源、资本资源以及基础设施等需求条件;文化创意产业的下游关联产业为文化创意产业的集聚发展提供消费市场需求。现阶段,文化创意产业与相关联的上下游产业共同积极发展，逐渐形成协同发展的庞大产业集群。文化创意产业的关联性研究可以进一步量化相关产业部门之间关联度的大小，对产业之间的融合发展和产业集聚有重要引导作用，可以为文化创意产业的集聚发展提出更加科学的政策建议。同时通过对产业关联性的动态分析，可以进一步了解产业结构的转变趋势，对产业结构升级和国民经济的转变都具有重大意义。

第二节 文化创意产业集聚动因权重分析

对于产业空间集聚形成因素的理论解释，新古典贸易理论强调技术和生产要素的地区差异，即外生的比较优势；新贸易理论基于不完全竞争、报酬递增、需求多样化的假设，认为规模经济和市场效应导致产业地理集聚。因此本文在文化创意产业集聚动因分析中加入了规模经济要素。由于政府政策这一集聚动因是通过影响生产要素、关联产业、市场需求和规模经济，对文化创意产业集聚产生间接影响的，因而在集聚动因权重分析时不做考虑。以下只分析影响集聚的直接影响因素。

一、专家调查法确定相对重要性数值

采用专家调查法进行指标间相对重要性的判断，即邀请一定数量的专家对指标间相对重要性进行比较，得出指标相对重要性数值。指标相对重要性的比较将采用 1~5 标度，专家根据自身的认识对指标重要性进行数值化判定，判定结果直接体现在问卷调查表中设置好的表格内，详见本章末的小资料。调查问卷的发放及收集均通过网络电子邮件的方式进行，便于结果的统计及数据的处理。

为得出指标相对重要性的合理评判，应严格设定专家人选的条件，以保证结果的权威性和有效性。选取参与问卷调查的专家时考虑以下两点：

（1）专家资格认证 所选专家在文化创意产业集聚动因研究领域应该具有权威性，熟悉文化创意产业集聚的特点、规范和发展现状。

（2）专家来源确定 考虑到在指标选取的过程中已经有一定数量的专家参与，同时这些专家对指标的选取有一定的主观性体现；因此在指标权重确定过程中，应避开在指标体系确定过程中访谈过的或者进行过问卷调查的专家，以避免专家主观性对指标权重的重复影响。此外，专家的选取应结合文化创意产业集聚动因研究各个方面的评价需求，从不同评价视角选取不同来源的专家群体。考虑到文化创意产业集聚动因研究的各参与方与受益方，本次研究专家的选取主要从高校及科研单位、社会专业人士两个类别中选取，专家构成见表 5-1。

表 5-1 专家构成表

专家类别	职位（专业）	人 数
高校及科研单位	副教授	3
	教授	3
社会专业人士	应用统计学	2
	区域经济学	2

二、集聚动因的选择及指标权重计算

通过对不同类别的专家调查,得到对指标相对重要性的评判。为分析不同专家类别对指标权重的主观性影响,按照专家类别分别计算指标的权重。具体做法是:对收集到的同一来源的专家调查数据进行加权平均,将其平均值作为该类专家的权重计算数据,采用层次分析方根法得到指标权重系数。

高校及科研单位专家类别的指标权重:相对于文化创意产业集聚动因评价这个总目标 A,指标层内有生产要素(B_1)、关联产业(B_2)、市场需求(B_3)、规模经济(B_4)评价这4个指标,经过加权平均处理后的指标间相对重要性判断矩阵见表5-2。

表5-2 判断矩阵 A-B

总评价 A	B_1	B_2	B_3	B_4
B_1	1	$\frac{1}{2}$	2	3
B_2	2	1	2	3
B_3	$\frac{1}{2}$	$\frac{1}{2}$	1	2
B_4	$\frac{1}{3}$	$\frac{1}{3}$	$\frac{1}{2}$	1

判断矩阵 A-B 为

$$\begin{pmatrix} 1 & \frac{1}{2} & 2 & 3 \\ 2 & 1 & 2 & 3 \\ \frac{1}{2} & \frac{1}{2} & 1 & 2 \\ \frac{1}{3} & \frac{1}{3} & \frac{1}{2} & 1 \end{pmatrix}$$

1)计算判断矩阵各行元素乘积,用 M_i 表示。

$$M_i = \prod_{i=1}^{n} b_{ij} \quad (i = 1, 2, \cdots, n)$$

式中 M_i——判断矩阵中行乘积;
b_{ij}——判断矩阵中元素。

计算结果

$$M_1 = 1 \times \frac{1}{2} \times 2 \times 3 = 3.000$$

$$M_2 = 2 \times 1 \times 2 \times 3 = 12.000$$

$$M_3 = \frac{1}{2} \times \frac{1}{2} \times 1 \times 2 = 0.500$$

$$M_4 = \frac{1}{3} \times \frac{1}{3} \times \frac{1}{2} \times 1 = 0.056$$

2)计算几何平均数 $\overline{W}_i$,即 M_i 的方根值。

$$\overline{W}_i = \sqrt[n]{M_i} \quad (i=1,2,\cdots,n)$$

计算结果

$$\overline{W}_1 = \sqrt[4]{M_1} = 1.316$$
$$\overline{W}_2 = \sqrt[4]{M_2} = 1.861$$
$$\overline{W}_3 = \sqrt[4]{M_3} = 0.841$$
$$\overline{W}_4 = \sqrt[4]{M_4} = 0.485$$

3）把所求得的几何平均数做归一化处理，求出各个特征值 W_i。

$$W_i = \frac{\overline{W}_i}{\sum_{i=1}^{n} \overline{W}_i}$$

上述公式所求得的结果为各指标权重系数值。计算结果如下

$$W_1 = 0.292$$
$$W_2 = 0.413$$
$$W_3 = 0.187$$
$$W_4 = 0.108$$

由 $W_1 + W_2 + W_3 + W_4 = 1$ 可得，各指标重要性符合各指标赋值为1的规定，故特征向量 $W = [0.292 \quad 0.413 \quad 0.187 \quad 0.108]^T$。

4）判断矩阵的一次性检验，计算最大特征根 $\lambda_{\max}$。

$$\lambda_{\max} = \frac{1}{n}\sum_{i=1}^{n}\frac{(AW)_i}{W_i}$$

$$AW = \begin{pmatrix} 1 & \frac{1}{2} & 2 & 3 \\ 2 & 1 & 2 & 3 \\ \frac{1}{2} & \frac{1}{2} & 1 & 2 \\ \frac{1}{3} & \frac{1}{3} & \frac{1}{2} & 1 \end{pmatrix} \begin{pmatrix} 0.292 \\ 0.413 \\ 0.187 \\ 0.108 \end{pmatrix} = \begin{pmatrix} 1.196 \\ 1.695 \\ 0.755 \\ 0.436 \end{pmatrix}$$

$$\lambda_{\max} = \frac{1}{4}\sum_{i=1}^{4}\frac{(AW)_i}{W_i} = 4.071$$

判断矩阵偏离一次性指标

$$CI = \frac{\lambda_{\max} - n}{n-1}$$

根据查询平均随机一致性指标表，见表 5-3。

表 5-3 一次性指标 RI

n	1	2	3	4	5	6	7	8	9	10
RI	0	0	0.52	0.89	1.12	1.26	1.36	1.41	1.46	1.49

一次性比率

$$CR = \frac{CI}{RI}$$

计算结果 CI = 0.024，CR = 0.027。因为 CR < 0.10，所以该判断矩阵的一次性比率是可行的，指标权重过程见表 5-4。

表 5-4　判断矩阵权重及一次性检验（高校及科研单位）

$A(B_1, B_2, B_3, B_4)$ 判断矩阵					特征向量（指标权重） W_i	一次性检验
	B_1	B_2	B_3	B_4		
B_1	1	$\frac{1}{2}$	2	3	0.292	CI = 0.024
B_2	2	1	2	3	0.413	RI = 0.890
B_3	$\frac{1}{2}$	$\frac{1}{2}$	1	2	0.187	CR = 0.027 < 0.10
B_4	$\frac{1}{3}$	$\frac{1}{3}$	$\frac{1}{2}$	1	0.108	

以同样的研究方法从社会专业人士角度分析指标权重，结果见表 5-5。

表 5-5　判断矩阵权重及一次性检验（社会专业人士）

$A(B_1, B_2, B_3, B_4)$ 判断矩阵					特征向量（指标权重） W_i	一次性检验
	B_1	B_2	B_3	B_4		
B_1	1	$\frac{1}{3}$	3	2	0.255	CI = 0.078
B_2	3	1	2	4	0.475	RI = 0.890
B_3	$\frac{1}{3}$	$\frac{1}{2}$	1	2	0.163	CR = 0.087 < 0.10
B_4	$\frac{1}{2}$	$\frac{1}{4}$	$\frac{1}{2}$	1	0.107	

从高校及科研单位专家和社会专业人士的角度对文化创意产业集聚动因权重进行分析，结果表明：影响文化创意产业集聚的因素权重最大的是产业关联，高校及科研单位专家的打分得到产业关联的权重 41.30%，社会专业人士为 49.10%。结果说明，影响文化创意产业集聚最大的因素为产业关联，而产业集聚对产业结构和经济的转型升级具有促进作用，对国民经济的发展有一定的影响力。故对文化创意产业的关联性研究有助于推进产业和经济转型升级。

本章小结

本章根据文化创意产业集聚发展的生命周期，将集聚区发展划分为萌芽期、形成期、成长期、成熟期、延长成熟期防止衰退期。每个时期都有各自集聚发展的主要动力因素：萌芽期与形成期以李嘉图租金为主要集聚动力，成长期以彭罗斯租金为主要集聚动力，成熟期以关系租金、理查德租金以及熊彼特租金为主要集聚动力，延长成熟期防止衰退期以熊彼特租金为主要集聚动力。从生命周期的不同阶段划分出影响文化创意产业的主要因素，主要包括市场需求因素、劳动力因素、资本因素、历史文化因素、地理区位因素以及产业关联等因素。结合波特竞争理论，将文化创意产业集聚影响因素分为四大类：生产要素、市场需求、关联产业、政府政策，其中政府政策对于集聚区发展起着自上而下的决定性作用，生产要素体现在其他类别的影响因素中。基于这类因素，通过专家调查法，从高校及科研单位专家和社会专业人士的角度对文化创意产业集聚动因权重进行分析，得出关联产业在文化创意集聚发展中起着重要作用的结论。

参考文献

[1] 梁博雅. 文化创意产业集聚动力机制研究 [D]. 成都：西南财经大学，2014.

[2] 赵星，刘军辉，马骥. 我国文化产业集聚的动力机制分析——基于空间经济学 TP 模型的方法 [J]. 西南民族大学学报（人文社科版），2016，37（4）：106-115.

[3] 朱瑞华. 基于 AHP 方法的建设工程项目后评价指标体系实证研究 [D]. 成都：西华大学，2017.

[4] 袁海. 文化产业集聚的形成及效应研究 [D]. 西安：陕西师范大学，2012.

[5] 王阿颖. 我国文化产业集聚对区域经济增长的影响研究 [D]. 南京：东南大学，2017.

小资料

文化创意产业集聚动因相对重要性判断专家调查表

尊敬的专家：

您好！

课题组正在进行"智慧城市背景下文化创意产业集聚效应及关联性研究"的课题研究。本次问卷调查的目的是了解以下表格中各指标的相对重要性。耽误您的宝贵时间，敬请谅解，非常感谢您的协助。

一、您的基本信息

工作单位：高校科研机构（　　）　　　社会专业人士（　　）

工作岗位：　　　　　　　　　　　　　职称：

二、文化创意产业集聚动因相对重要性判断

在本次调查问卷中，指标之间的相对重要性标度 a_{ij} 的值为 1~5，1~5 个数字代表的意义见表1。

表1　标度含义

相对重要性标度 $a_{ij}=B_i:B_j$	含　义
1	i 指标（B_i）与 j 指标（B_j）同样重要
2	i 指标（B_i）比 j 指标（B_j）稍微重要
3	i 指标（B_i）比 j 指标（B_j）较重要
4	i 指标（B_i）比 j 指标（B_j）非常重要
5	i 指标（B_i）比 j 指标（B_j）绝对重要

注：i 指标（B_i）与 j 指标（B_j）的关系为 a_{ij}，j 指标（B_j）与 i 指标（B_i）的相对重要性标度为 $1/a_{ij}$

请您在表 2 中填写您认为的相对重要性数值。

表 2　指标相对重要性数值

总评价 A	生产要素 B_1	关联产业 B_2	市场需求 B_3	规模经济 B_4
生产要素 B_1				
关联产业 B_2				
市场需求 B_3				
规模经济 B_4				

第六章
文化创意产业链的提出及关联性相关理论

对产业的关联性进行分析时，主要是分析该产业的关联效应及波及效应，其理论模型包含产业关联理论和产业波及理论，本章在产业链上从理论基础和理论模型的角度对产业关联和波及理论进行分析。

第一节 文化创意产业链分析

伴随着全球经济的快速发展，文化创意产业越来越受世界各国的重视。文化创意产业的发展状况反映各国经济增长幅度的大小，同时也成为国家之间经济竞争的一项重要内容。在智慧城市大背景下，文化创意产业在新一代信息技术交互作用下，增强了文化产业的连续性和业务弹性，提高了感应与响应速度以及实时信息处理能力，促进了文化创意产业的全面发展[1]。文化创意产业属于新型产业，其发展依赖于大众的文化娱乐需求，在数字技术和互联网技术的基础上，以科技与文化相融合为手段，使得服务行业和制造行业产生了多元并存的转态。经济活动中的文化化、服务化、信息化使高技术和高文化附加值经济越来越成为现代经济的主导，文化创意产业链在此环境下产生。作为新型产业链，文化创意产业链强调信息技术和文化产业的融合，使得产业链出现新发展、产业增值能力倍增。产业链不再仅仅表现为垂直型，而是表现为垂直和水平相混合的复合型结构。

现阶段，我国文化创意产业链有如下模式和特点：①以市场为导向的市场运作模式，对象多集中于小、中民营企业。为实现文化资源市场价值的最大化，它们把需求和控制营销渠道作为重点。②依靠资产运作，形成以资产增值为导向的核心产业链模式，主要对象为国有大、中型企业。其产业资产增值是通过坐实中盘，资产运作打通上、下游，策划、设计、制造产品以及开发相应的衍生产品实现的。③依托核心产业链，以利润最大化为导向，打造新型文化产业链模式，主要对象以国有大、中型企、事业单位为主。以资本运作的方式，通过创意、制造、营销，形成核心产业链，探索开拓包括影视剧制作、系列产品及高科技衍生产品开发等领域，围绕"内容为王"充分开发"做大做强"的文化产业特质，构造高科技和高文化为特征的现代文化产业链，实现利润最大化[2]。产业链发展趋势表现为：以技术为核心，文化产业链升级速度不断加快；新型产业链不断出现，产业之间融合发展。文化产业市场准入为引导文化产业与金融资本和其他产业资本融合提供了条件，形成市场为导向，并结合资本力量，打通产业链各环节。企业的市场化、产业化、集约化程度有所提升，为打造具备活力机制与竞争优势的新兴文化企业集团奠定基础。

随着我国社会经济的高速发展，在经济全球化的消费社会背景下，文化创意产业已经成为影响我国 GDP 的重要杠杆。依靠新型的文化创意产业链，不断挖掘创意的影响力，使得文化创意产品创造出巨大的市场价值，同时能够拉动和推动产业链上下游产业的发展，产生互动效应以及规模效应。在文化产业链的整体效应和经济效应作用下，创造符合文化消费的需求，文化创意产业链在社会发展中价值更加突出。

一、文化创意上游产业链分析

内容产业是文化创意产业中的核心产业，作为核心内容创新形式的革新，无论是生产设计制作环节，还是营销推广管理环节，都是以丰富内容为重点。内容产业的主体是"制造、开发、包装和销售信息产品及其服务"，包括各种媒体传播的纸质印刷品、音像电子出版物、音像传播内容、用作消费的各种数字化软件等[3]。进一步细化为报纸、书籍、杂志等成为印刷品的内容主体；联机数据库、音像制品服务、电子游戏等为音像电子出版物的主要组成部分；电视、录像、广播和影院为音像传播的内容。这些主导的内容产业以经济价值为生产要素，将媒体产品以多种形式出售获得收益。内容产业也是信息技术与文化创意高度融合的产业，以现代信息技术为支撑，结合社会科学的理论基础及实质性内容，依靠创意人才的智慧、技能和天赋，对文化资源进行深入提升和创造，采用创意思维对历史文化素材进一步挖掘和再创新，对社会现实进行提炼和创新升华、对人类未来的畅想和创新性想象，形成的文化创意产业丰富的内容素材的产业活动。

内容产业是文化创意产业链的核心和源泉，位于文化创意产业链的最顶端，是文化创意产业的基础和上游的燃料动力源，控制整条产业链的有效运作，在文化创意产业价值链曲线中具有很高的附加价值。内容产业从根本上将文化创意产业链的各个环节有机地串联起来。没有好的创意来源及能力，就不能有效地发展文化创意产业链，产业链中下游设计制作产业和营销服务产业便不能存在。

内容产业需要集成专业信息和通信技术（ICT），以支持规划和执行其业务流程的协作工作，其价值实现不仅仅体现在 ICT 上，以信息技术的数字化内容为核心正在形成一个新型的产业链。此产业链的原材料来源于自主知识产权的内容创作以及知识生产，内容包括科技、文化、艺术、教育课程、游戏娱乐等，内容存储、传递、转换和相关服务的技术开发与硬件、软件研制生产。为了进一步促进文化产业链上游的发展，内容产业要对生产前、生产和生产后流程的协作和互操作性能力进行评估，采用信息技术进行数字化并加以整合运用，向用户提供数字化的影像、语音、图像、字符等信息产品与服务的新兴产业类型。现阶段内容产业分为数字传媒、数字娱乐、数字学习、数字出版和面向专业应用导向五大类，辅以传统的媒体印刷品、电子出版物和音像传播为基础。作为文化创意产业的基础和上游的燃料动力源，内容产业利用数字化和信息化促成产业融合，使不同行业的界限开始模糊，形成产业融合模式，打破了传统的行业边界，产生了新的产业组合。内容产业的融合是将传统产业中对象、用途、社会功能、服务方式等进行整合，运用数字信息化的方式统一形成字符串类似的语言，将不同产业统一起来。

文化创意产业的主要价值增值部分来源于知识原创含量的丰富程度，这决定了内容产业成为文化创意产业发展的关键性角色。创意在有效的时间内开发后，产业链会得到进一步发展，从而促进下游产品生产。创意活动促进了创意开发的过程，该过程是通过整合各种相关资源，把创意转化为创意产品并进行有效的组织运作，从而转化为更加复杂的产品。内容产业是构成企业核心竞争力的重要部分,是文化创意产业的核心,同时也是处于产业链的高利润区。内容产业在文化产业链上游存在着较多的优势:内容产业是内容生态中不可分割的一部分,内容产业的快速发展,使其成为发展其他业务的基础,是创造经济价值最直接的手段。内容产业作为平台为内容创作者提供了创造优质创意内容的机会,在信息过剩的时代,优质的创意内容变得格外珍贵。内容产业在给内容创作者赋能,这个"能"不仅是资金补贴,还有品牌建设、商业变现、对外交流等方面的助力,并由此带动多产业的联动发展。如繁荣的电子竞技、网络游戏遍布整个社会的各个方面,将网络游戏上升到了文化价值观的层面,成为经济新风口和文化新风向。

二、文化创意下游产业链分析

文化创意产业化过程是形成一个包含核心产业、支持产业、配套产业和衍生产业的价值实现系统,在系统与企业相互作用的条件下,建立四者结合的系统模式,是生产、制作文化创意产品以满足社会大众文化生活需要的过程。过程中同时能带动经济的发展[4]。产业化价值最大化的路径是把创意、技术、产品、市场有机结合,进一步开拓发展空间。产业化模式形成的核心是文化创意,原因在于它主导着价值链的分配,创造观念价值,通过延伸的方式将这一过程中产生的价值传递到其他阶段;技术作为整个过程的实现手段,支撑着文化创意的传播、发展,成为一种传递所产生价值的方式;而产品作为满足人们需求的载体,同样也是文化意义的承载者;市场是一个商品交换的场所、实现价值的平台。将四者有效结合形成实现系统,就产生了包含核心产业、支持产业、配套产业和衍生产业的文化创意产业化过程。实现系统能够真正带动相关产业的兴起,使得大众能够消费创新带来的成果,同时文化创意产业也能达到最大限度的发展。其中,核心产业主导着价值的创造和价值链的分配;支持产业在科技、金融、信息技术、媒体等的支撑下,文化创意产业带动的其他产业也能够挖掘支持产业的价值;配套产业主要是为了营造氛围吸引人才,从而能够更好地营销产品,如娱乐、酒吧等即属于文化创意产业的配套产业;衍生产业能够区分文化创意产业的各个部分,使其更好地进入其他产业区,得到融合发展。文化创意产业的最终目的是要将本产业的成果对外营销,为社会大众所消费,满足大众的需要,这就决定了营销推广管理产业在文化创意产业链下游的重要性。

在各种媒体及流通渠道中,营销推广管理产业将文化创意产品传达或送达到社会大众消费者手中、眼中和脑中,满足人们的精神需求。在适应营销环境变化的过程中,通过将潜在交换转为现实交换,满足消费者的需要,从而完成为实现企业任务与目标所进行的、和市场有关的一系列管理活动以及业务活动。内容涉及文化创意产品生产的各个阶段,包括生产前的营销活动,如市场调查、市场分析、目标市场选择、市场定位、产品决策、产品设计与开发等;生产中的营销活动,如产品研究、产品开发、产品生产和产品定价等;销售过程及售后的营销活动,如销售渠道选择、产品储运、产品销售、售后服务、公关工作、信息收集和反馈工作。在产业服务活动过程中,为了更好地将文化创意产品和服务提供给消费者,选择合适的渠道是其发展过程中的关键。合适的渠道能够使优秀的创意内容转变为最终消费品,进而创造价值。我国文化创意产业的营销推广需要对不同方式进行多方整合,利用新闻事件、广告活动、公关营销、会展路演等多种形式对创意产品进行传播,深入挖掘消费者的内在需求,从而达到全方位、多角度的传播效果。

通过产业链下游的营销推广，利用文化衍生产品实现文化创意产业的价值增值。把主体产品或服务中的核心文化提炼出来，开发生产出新产品，再通过流通和销售实现价值的衍生。大量开发文化创意产业的衍生产品，要符合消费者的消费追求和个性需要，将不同的产业或行业联系在一起，实现二次衍生品生产甚至多次衍生品生产，使创意产业在产业或行业间多方向发展。文化衍生品规模化生产能够使文化创意产业实现最为快捷和经济的增值，这也是经营者和文化产业机构努力追求的方向和目标。同时，产业链的延伸推动新的流通环节产生，衍生出新的产品市场，有利于文化创意产业创新环境的形成。在有产业链的地方，企业推动信息资源的交流、汇集，促进技术、产品的联动创新，不仅能够降低投资成本和交易成本，还带来了各产业之间竞争的隐形压力，使得下游产业要不断进行技术创新和组织管理创新来应对变化。市场需要是技术创新的重要因素，产业运用科学的方法创造出新工艺、新产品并进行生产，同时组合各种创新资源，最终实现商业化[5]。

三、文化创意产业对产业结构的作用分析

（一）文化创意产业对于产业结构转型的作用

进入改革开放时代，制造业成为我国经济增长的主要推动力，在较低的资源价格和劳动力成本的运作下，我国的经济发展持续保持在一个较高的水平。到了21世纪，随着人们生活水平不断提高以及经济快速发展，人们的消费观念发生了变化，从以前的"量"转变为现在"质"。一方面，在制造业服务化、服务业现代化的背景下，更多产业出现了融合发展，大多数制造型企业延伸到下游服务行业，产业结构发展倾向于满足人们的精神追求[6]。另一方面，传统的产业结构已经无法满足我国可持续发展的需求，需淘汰落后产能和高耗能、高污染产能，产业结构转型已成为必然。文化创意产业具有轻资产和低污染的特征，生产过程中资本投入和能源消耗较低，生产力来源于人的创意思考和智力创造；在智慧城市背景下，通过信息技术易形成产业集聚，带动社会就业和创业。

文化创意产业发展能够加快产业结构向服务型转变，使文化资源成为具有经济价值的生产要素，将文化资源参与到生产、交换、分配与消费之中，因而文化创意产业就成为整个产业结构、经济结构的组成部分，能够直接创造财富，改变GDP的构成[7]。近年来，在整个产业结构中文化创意产业的地位逐步提高，其产值占GDP的比例也越来越大。文化创意产业的持续发展，促使其所创造的财富不断增加，对整个产业结构的比例和关系影响较大，使得整个产业结构发生了变化。主要表现为：按照三次产业分类法，文化产业隶属于第二、三产业，第二产业包含文化产品的制造业，文化服务与文化产品的流通则属于第三产业。基本态势是文化产业中第二产业的比重逐步下降，第三产业比重逐步上升，这说明文化创意产业发展直接影响了三次产业结构。与此同时，文化创意产业经济增长速度较快，且第三产业的增速小于文化创意产业的增速。因此，文化创意产业的发展能够促进整个产业结构向服务型转变。

文化创意产业发展使就业结构倾向于服务化形态。文化创意产业特点和优势在于能够广泛吸纳各类社会劳动力。在产业化过程中，文化生产效率与创造的增加值和经济效益线性相关。较高的收益能够吸引更多的社会投资，创造和增加劳动力就业，形成更多的文化企业，更为重要的是加快了吸纳具有创意的脑力劳动者的速度。现阶段，文化旅游、

网络服务、文化休闲娱乐、广播电视、动漫等服务行业已成为就业人数增长较快的领域。可见，文化创意产业发展对传统产业结构转型服务业的促进作用较大，更能满足人们的需求。

文化与经济日益融合，使得文化已成为其他产业运作和发展的重要生产要素，其价值远远超过劳动、土地和资本，是真正占主导地位的资源。文化创意产业使得文化所含有的价值得以体现，在知识密集以及不断创新的条件下，产出的产品不仅为消费者服务，也为其他生产者服务。文化创意产业对文化内容和形式的创新，能为其他产业的价值链安排、产品研发、销售等提供文化要素和智力支持，特别是能改变其他产业的价值创造链，提升相应产品和产业的文化价值、经济价值、竞争力，促进其他产业高附加值化和高知识化。文化创意产业呈现较强的外部经济效应和产业关联效应，其发展可以带动其他产业的进一步转型。文化创意产业与其他产业存在生产、技术、产品、流通、消费等经济技术联系，相互渗透、相互影响、相互作用。文化产品和服务是终端产品，文化生产对技术、信息、设备、资本、土地、厂房等的投入，会带动相关产业的生产和技术发展，导致新的产业产生，从而促进产业结构的转变。

（二）文化创意产业推进产业结构高级化

文化创意产业不同于劳动力密集产业与制造业，创意创新是其核心，以科技为支撑，以文化为灵魂，是开发和运用知识产权的知识型密集、智慧密集型战略产业，需要依靠创意群体的高技术、高管理、高文化，特别是依靠着最富创造性的高端创意人才[8]。文化创意产业的功能性特点除了知识密集、创新性、科技支撑，还包括产业融合性、高附加价值性、低耗能及需求消耗无限性。

以文化创意产业的功能特征为基础，分析产业结构高级化的动态演进特点，即产业结构规模变大、产业结构水平提升、产业结构联系更紧密，使产业结构从产值、资产、技术、劳动力等方面得到提升，推动产值结构高级化、资产结构高级化、技术结构高级化、劳动力结构高级化。文化创意产业的发展对产业结构高级化有推动作用，主要有三个因素：①创新是创意产业的核心，也是产业结构优化升级的动力。一方面，创新能够促进产业结构优化升级；另一方面，创新成果的吸收和融合能力，以及商业化、产业化的速度是由产业技术创新活跃程度决定的。②文化创意产业是智能化、知识化的高附加值产业，渗透力和辐射力都比较强。高附加值渗透到制造业，有利于推动制造业向高附加值产业转型升级。知识密集性功能特点能有效克服资源和土地的约束而使产业保持快速、持续的发展。③文化创意产业能够促进社会消费领域的扩大和高质量发展、享受消费的增加，进一步提高人们的生活水平。随着人们生活水平的提高，享受消费逐渐成为人们消费的一个越来越重要的内容，消费形式和内容也日趋多样化，发展文化创意产业有利于满足人民群众日益增长的物质、精神的消费需求，同时对我国经济和社会的发展起到积极的推动作用。

文化创意产业调整的基本功能和经济增长特征，结合产业结构高级化的演进特点，能够在量的指标上促使产业结构规模范围由小变大，更好地推进我国产业结构的合理动态演进；快速提升质的指标水平，使产业结构的联系和融合更加紧密，在产业结构内容上实现资产结构高级化、产值结构高级化、劳动力资本结构高级化以及技术结构高级化，从而推进高级化产业结构在我国逐步形成。

第二节 产业关联理论

一、产业关联理论基础

产业之间的关联性来源于彼此的投入与供需关系。某一产业的产品或服务能够充当另一个产业的投入,或者这个产业以另一个产业的产品或服务作为投入,能够反映出这两个产业之间存在比较明显的关联关系,同时也能体现产业关联的实质。产业关联的实质具体表现在两方面:首先,每个产业都脱离不了其他产业提供的产品或服务,将其作为中间投入要素用以进行本产业的生产活动;其次,其自身的产品同样也会被作为其他产业的中间要素投入,参与到相关产业的生产活动中,这就是经济活动中的供需关系。智慧城市在我国的快速发展与实施,能够带动产业转型,促进产业结构优化和产业集聚的形成,改变了传统产业的组织形式,提高了传统产业的劳动生产率,并且使自身的竞争力也得到了提升。更为重要的是,智慧城市建设作为一项全新的、系统的城市管理变革方式,关系到城市经济发展方式与资源配置的各个方面,会对现阶段第二产业和第三产业中的诸多行业产生关联影响,使产业部门之间的交流更加密切、产业之间的关联更加复杂,同时能够将信息化、数字化技术融入现代制造业与服务业的业务结构中,产生信息产业与其他制造及服务产业融合现象。文化创意产业是一种在当前知识经济时代和经济全球化局势下新生的一种产业,以创造力和创新性为核心,处于文化产业链中的核心层次,涵盖版权产业、文化产业、休闲产业、体验经济等。在智慧城市背景下,文化创意产业对产业链上下游的关联性产生较为重要的影响。

(一) 产业关联理论发展历程

产业关联理论早在17世纪就已经产生,古典经济学家威廉·配第(William Petty)及同时期的学者提出了众多观念及构思。1758年魁奈发表了《经济表》,论述了生产是一种循环的过程,提出剩余经济价值的重要性,用经济剩余来描绘再生产过程。这一时期的基础理论对产业关联理论的形成具有极大的促进作用,而古典经济学将整体经济系统化的这一思想对产业关联理论具有重大意义。产业关联理论汲取了《经济表》中应用图表的方式表达产业的生产过程,进而使投入产出这一观念得以形成。

在产业关联理论萌芽的整个阶段,马克思对于该理论的发展做出了重要贡献,他在继承和发展古典经济学的同时,创立了剩余价值学说,并根据魁奈著作的启发形成了再生产理论,建立了简单再生产和扩大再生产理论。

1874年发表的《纯粹政治经济学纲要》中的"全部均衡理论",由产业关联理论另一位贡献者瓦尔拉斯(Walrasian)提出。全部均衡理论是一个理想的状态,即假设要素供给、产品偏好和生产函数对消费者既定不变;要素市场和商品市场是完全竞争市场;规模报酬保持不变;商品的消费者和要素的供给者为家庭,厂商是要素的需求者和商品的供应者,生产者追求利润最大化、消费者追求效用最大化,并且该理论模型只包括厂商和家庭。为了让整个经济体系达到均衡,需要在这一理想的状态下使市场全部出清价格[9]。

产业关联理论最重要的贡献者之一是里昂惕夫(Leontief),他被称为产业关联理论的创始人,提出了投入产出理论,并系统阐述了投入产出理论的基本原理及发展。里昂惕夫在全部均衡理论的基础上创建了另一个理想状态:①产品必须同质,即具有相同的用途、工艺和投入；②产品的需求和价格均为已知，只调整产量；③生产函数为线性的；④投入之间不能互相替代。投入产出理论对全部均衡方程体系进一步优化，使其更加简化。里昂惕夫投入产出理论的核心在于通过相互间的投入产出突出了部门间的技术经济联系；将中间需求和最终需求、中间投入和附加价值综合成一个供求平衡、收支平衡为轴心的体系。

产业关联理论的发展经历了最优化、动态化和应用多元化等新时期，即产业关联理论模型向最优化发展；产业关联理论模型由静态向动态发展；通过不断深入研究产业关联理论模型，其编表技术不断发展，结构与内容趋于合理，产业关联理论的实践应用日益多元化。

（二）产业关联的方式

在经济发展过程中，产业部门之间存在着广泛的、复杂的、密切的技术经济联系，该种联系被称为产业关联性。产业关联方式就是这种特殊联系的依托载体或基础，以及各产业部门之间不同类型的依存关系。借鉴美国经济学家赫希曼（Hirschman）在著作《经济发展战略》中的观点，产业关联方式可以按照多个维度进行分类：①按产业间供给与需求联系分；②按产业间技术工艺的方向和特点分；③按产业间的依赖程度分。

按产业间供给与需求联系，产业关联方式可分为前项关联和后项关联。前向关联是指一种产品对另一种产品供给的容易程度产生影响而发生的联系。产业因生产工序的前后顺序，先行产业部门的产品可以为后续产业部门提供生产要素。其作用表现在前向关联产业部门由于一个产业在生产、产值、技术等方面的变化，引起自身相应方面的变化，以及引发新技术的出现、新产业部门的创建等。后向关联是指通过影响对其他产业的产品的需求，让后续产业部门为先行产业部门提供产品，作为先行产业部门的生产消耗。后向关联可以形象地比喻成"拉力"，而前向关联则像"推力"。如对于橡胶产业、轮胎制造业和汽车生产企业来说，如果轮胎制造企业对原材料的纯度提出更高的要求，由此导致橡胶产业的技术革新或者模式创新则为后向关联；如果轮胎制造企业自身的技术革新，由此导致汽车生产企业做相应的技术调整或者产品更新，由此形成前向关联。

按产业间技术工艺的方向和特点，产业关联方式可分为单项关联和多项循环关联。单项关联是指各个产业部门之间，后续产业部门可以得到先行产业部门提供的产品，先行产业部门可以为后续产业部门提供生产性直接消耗，而先行产业部门的生产过程中不能利用后续产业部门所生产的产品；多项循环关联是指先行产业部门能够提供产品，作为后续产业部门的生产性直接消耗，同时后续产业部门的产品也可以在相关先行产业部门的生产过程中发挥作用。

按产业间的依赖程度，产业关联方式可分为直接关联和间接关联。直接关联是指两个产业部门之间存在着直接提供产品、提供技术的关联；间接关联是指两个产业部门通过其他一些中间产业部门产生关联，本身不发生直接的生产技术联系。

二、产业关联理论模型

（一）投入产出模型

1. 投入产出表

投入产出表是一个体现各部门要素投入产出关系的矩形表格，也称里昂惕夫表，是以产品部门分类为基础的棋盘式平衡表，用于反映国民经济各部门的投入和产出、投入来源和产出去向，以及部门与部门之间相互提供、相互消耗产品的错综复杂的技术经济关系[10]。表6-1所示为投入产出表的一般结构框架。

表 6-1　投入产出表的一般结构框架

投入 \ 产出		中间使用				最终使用				进口	总产出
		部门1	部门2	…	部门n	消费	投资	出口	合计		
中间投入 (Y)	部门1	x_{11}	x_{12}	…	x_{1n}	C_1	I_1	A_1	F_1	B_1	X_1
	部门2	x_{21}	x_{22}	…	x_{2n}	C_2	I_2	A_2	F_2	B_2	X_2
	⋮	⋮	⋮		⋮	⋮	⋮	⋮	⋮	⋮	⋮
	部门n	x_{n1}	x_{n2}	…	x_{nn}	C_n	I_n	A_n	F_n	B_n	X_n
		第Ⅰ象限				第Ⅱ象限					
增加值 (Y)	劳动报酬(V)	V_1	V_2	…	V_n	第Ⅳ象限				—	
	生产税净额(T)	T_1	T_2	…	T_n						
	固定资产折旧(G)	G_1	G_2	…	G_n						
	营业盈余(M)	M_1	M_2	…	M_n						
		第Ⅲ象限									
总投入		X_1	X_2	…	X_n	—					

表 6-1 体现了一个经济系统在某一时期内各部门产品和服务的投入产出关系。第Ⅰ象限由若干产业部门纵横交叉而成的中间产品矩阵组成,部门名称相同、排列次序相同、数目一致。中间投入为主栏,中间使用为宾栏。矩阵是由具有两层含义的数字所构成的。例如从第一行看,"x_{11},x_{12},…,x_{1n}"是反映部门1生产的产品或服务提供给部门1、部门2……部门n使用的价值量。沿行方向,通式表达 x_{ij} 可以反映产业部门 j 消耗部门 i 生产的产品或服务的价值量;沿列方向,x_{ij} 反映部门 i 在生产过程中提供给产业部门 j 的产品或服务的价值量。如第一列数字"x_{11},x_{21},…,x_{n1}"表达为产业部门1在生产过程中消耗部门1、部门2……产业部门n的产品或服务的价值量。投入产出表的核心在于第Ⅰ象限,它反映了国民经济各部门之间为满足生产和消耗而相互依赖、相互提供生产要素,充分揭示了国民经济各产业部门之间相互依存、相互制约的技术经济联系。

第Ⅰ象限在水平方向上的延伸即为第Ⅱ象限,第Ⅱ象限主栏的部门分组与第Ⅰ象限没有差异,消费、投资、出口等使用项目组成宾栏。从行方向看,反映消费、投资、出口某部门的产品或服务的价值量;沿列方向看,反映各项最终使用的构成及其规模。

第Ⅰ象限在垂直方向的延伸即为第Ⅲ象限,主栏由各种增加值项目组成,包括劳动者报酬、生产税净额、固定资产折旧、营业盈余;宾栏的部门分组与第Ⅰ象限相同。第Ⅲ象限反映在生产经营过程中国民经济各产业部门的各种投入来源及产品价值构成,反映各产业部门的增加值及其构成情况,即各产业部门总投入及其所包含的中间投入和增加值的数量[11]。投入产出表各指标见表 6-2。

表 6-2　投入产出表各指标

主栏	总投入 $\left(\sum_{j=1}^{n} X_j\right)$	我国常住单位在一定时期内进行生产活动所投入的总费用,包括被消耗的产品、新增价值、服务价值以及固定资产转移价值
	中间投入 $\left(\sum_{i=1}^{n}\sum_{j=1}^{n} x_{ij}\right)$	在生产或提供货物与服务过程中,常住单位消耗和使用服务的价值和所有非固定资产产品

（续）

主栏	增加值 $\left(\sum_{j=1}^{n} Y_j\right)$	劳动者报酬 $\left(\sum_{i=1}^{n} V_i\right)$	从事生产活动的劳动者所获得的全部报酬。如劳动者获得的工资、奖金和津贴等，既包括实物形式也包括货币形式，还包括劳动者所享受的医药卫生费和公费医疗、单位支付的社会保险费、上下班交通补贴、住房公积金等
		生产税净额 $\left(\sum_{i=1}^{n} T_i\right)$	生产税减生产补贴后的差额。生产税是指政府对销售和经营活动、生产单位从事生产以及因从事生产活动使用某些生产要素（如固定资产、土地、劳动力）所征收的各种税、附加费和规费
		固定资产折旧 $\left(\sum_{i=1}^{n} G_i\right)$	反映了在当期生产中固定资产的转移价值。为弥补固定资产损耗在一定时期内按照规定的固定资产折旧率提取固定资产折旧，或者在规定的折旧率内按国民经济核算统一虚拟计算的固定资产折旧
		营业盈余 $\left(\sum_{i=1}^{n} M_i\right)$	常住单位生产税净额、创造的增加值扣除劳动者报酬、固定资产折旧后的余额
宾栏	总产出 $\left(\sum_{j=1}^{n} X_j\right)$		在一定时期内，常住单位生产的所有服务和产品的价值。按生产者价格计算其总产出，能够反映常住单位生产活动的总规模
	中间使用 $\left(\sum_{j=1}^{n}\sum_{i=1}^{n} x_{ij}\right)$		在本期生产活动的消耗和使用中，常住单位非固定资产产品和服务的价值，包含国外进口和国内生产的各类产品和服务的价值
	最终使用 $\left(\sum_{i=1}^{n} F_i\right)$	消费 $\left(\sum_{i=1}^{n} C_i\right)$	在一定时期内为满足物质、文化和精神生活的需要，常住单位在国内和国外购买的产品和服务的支出。其中不包括在本国经济领土内非常住单位的消费支出。政府消费支出和居民消费支出组成最终消费支出
		投资 $\left(\sum_{i=1}^{n} I_i\right)$	包含固定资本形成总额和存货增加值，在一定时期内常住单位获得的减去处置的固定资产和存货的净额
		出口 $\left(\sum_{i=1}^{n} A_i\right)$	常住单位向非常住单位出售或无偿转让的各种产品和服务的价值量

2. 投入产出平衡关系

投入产出表由第Ⅰ、第Ⅱ、第Ⅲ象限三大部分相互连接，从总量和结构的角度，全面、系统地反映了国民经济各部门从生产到最终使用这一完整的实物运动过程中的相互联系。其基本平衡关系如下

$$\sum_{i=1}^{n}\sum_{j=1}^{n} x_{ij} + \sum_{i=1}^{n} F_i - \sum_{i=1}^{n} B_i = \sum_{i=1}^{n} X_i \tag{6-1}$$

$$\sum_{j=1}^{n}\sum_{i=1}^{n}x_{ij} + \sum_{i=1}^{n}V_i + \sum_{i=1}^{n}T_i + \sum_{i=1}^{n}G_i + \sum_{i=1}^{n}M_i = \sum_{j=1}^{n}X_j \qquad (6\text{-}2)$$

$$\sum_{i=1}^{n}F_i - \sum_{i=1}^{n}B_i = \sum_{i=1}^{n}V_i + \sum_{i=1}^{n}T_i + \sum_{i=1}^{n}G_i + \sum_{i=1}^{n}M_i \qquad (6\text{-}3)$$

第Ⅰ象限中，每项数据都具有"产出"与"消耗"双重含义，由 n^2 个数据组成"中间流"（中间产品和中间消耗）矩阵，数字特点表达为：$\overline{X} = (x_{ij})_{n \times n}$，$x_{ij} \geq 0$；第Ⅱ象限（最终产品或最终使用），反映各部门提供最终产品的数量和构成情况（可以细分为消费、投资和出口）。其数据组成"最终产品"列向量：$F = (f_1, f_2, \cdots, f_n)$，$f_i \geq 0$；第Ⅲ象限（最初投入或增加值），反映各部门的最初投入数量及其构成，其数据组成"增加值"行向量：$Y^{\mathrm{T}} = (y_1, y_2, \cdots, y_n)$，$y_j \geq 0$。故上述平衡关系可进一步简化表达为

$$\overline{X} \times E + F = X, E = (1, 1, \cdots, 1)^{\mathrm{T}} \qquad (6\text{-}4)$$

$$\overline{X} \times E^{\mathrm{T}} + Y^{\mathrm{T}} = X^{\mathrm{T}} \qquad (6\text{-}5)$$

$$\overline{X}^{\mathrm{T}} \times E + Y = X \qquad (6\text{-}6)$$

各行列对应平衡关系：各部门总投入 = 该部门总产出。

$$\sum_{j=1}^{n}\sum_{i=1}^{n}x_{ik} + \sum_{j=1}^{n}Y_j = \sum_{i=1}^{n}\sum_{j=1}^{n}x_{ij} + \sum_{i=1}^{n}F_i, \quad (k = 1, 2, \cdots, n) \qquad (6\text{-}7)$$

所有行列对应平衡关系：所有部门的总投入 = 所有部门的总产出。

$$\sum_{j=1}^{n}\sum_{i=1}^{n}x_{ij} + \sum_{j=1}^{n}Y_j = \sum_{i=1}^{n}\sum_{j=1}^{n}x_{ij} + \sum_{i=1}^{n}F_i \qquad (6\text{-}8)$$

所有行列对应平衡关系：所有部门的中间投入 = 所有部门的中间使用。

$$\sum_{i=1}^{n}\sum_{j=1}^{n}x_{ij} = \sum_{j=1}^{n}\sum_{i=1}^{n}x_{ij} \qquad (6\text{-}9)$$

由式（6-8）和式（6-9）可得：所有部门提供的最终产品 = 所有部门创造的增加值。

$$\sum_{i=1}^{n}F_i = \sum_{j=1}^{n}Y_j \qquad (6\text{-}10)$$

（二）产业后向关联理论分析

后向关联是基于后向关联效应的分析，后向关联效应是指一个产业在生产、产值、技术等方面的变化，引起其上游产业部门在这些方面的变化。即某产业自身对投入品的需求增加或要求提高，引起提供这些投入品的供应部门扩大投资、提高产品质量、完善管理、加快技术进步。同时，后向关联效应会对人员流动、商品交易和配套设施建设等产生影响，对相关产业部门提出了新的投入需求，这些投入需求促使上游产业能够在制度、管理水平、运营效率和策划营销等方面获得更大的创新和发展。

产业后向关联效应分为直接后向关联效应和完全后向关联效应，所对应的指标为直接消耗系数和完全消耗系数。消耗系数反映了产出与消耗之间的消长比例关系，系数值的大小表明产业间技术经济联系的紧密程度。系数值越大表明产业间的技术经济联系越紧密，产业之间的拉动力越大[12]。

直接消耗是在经济活动中产业之间直接对生产和技术等的使用，但实际经济活动中产业

对于其他产业产品和服务的需求是很多样的，会直接和间接地使用其他产业的产品和服务。完全消耗则表示产业之间通过直接或间接方式对产品和服务消耗的总和。直接生产由直接消耗系数体现，是指某一产业部门（如 j 部门）在生产经营过程中单位总产出直接消耗的各产业部门（如 i 部门）的产品和服务的数量。某一产业部门完全消耗的直接反映系数由完全消耗系数衡量，完全消耗系数是全部直接消耗系数和全部间接消耗系数之和。完全消耗系数能够全面、深刻地反映部门之间相互依存的数量关系，揭示部门之间直接和间接的联系。在国民经济各部门之间、产业之间除有直接的生产联系外，还有间接的生产联系。

根据投入产出表平衡关系建立投入产出行模型，其消耗系数的平衡关系用数学公式表示如下：

$$\begin{cases} x_{11} + x_{21} + \cdots + x_{n1} + N_1 = X_1 \\ x_{12} + x_{22} + \cdots + x_{n2} + N_2 = X_2 \\ \vdots \\ x_{1n} + x_{2n} + \cdots + x_{nn} + N_n = X_n \end{cases} \tag{6-11}$$

式中　x_{ij}——j 产业部门在生产经营过程中，单位总产出直接消耗产业部门 i 的产品或服务的数量（$i=1, 2, 3, \cdots, n$；$j=1, 2, 3, \cdots, n$）；

　　　N_j——产业部门 j 的最初投入数量及其构成，其数据组成增加值（$j=1, 2, 3, \cdots, n$）；

　　　X_j——产业部门 j 的总投入（$j=1, 2, 3, \cdots, n$）。

其数学的一般表达式为

$$\sum_{j=1}^{n} \sum_{i=1}^{n} x_{ij} + N_j = X_j \tag{6-12}$$

直接消耗系数记为 a_{ij}（$i, j=1, 2, 3, \cdots, n$），也称投入系数。表示在生产经营过程中产业部门 j 的单位总产出直接消耗产业部门 i 产品或服务的价值量。直接消耗系数表或直接消耗系数矩阵是各产业部门直接消耗系数通过表的形式体现，通常用字母 A 表示。

直接消耗系数的计算方法：产业部门 j 生产经营中直接消耗的产业部门 i 的产品或服务的价值量 x_{ij} 与产业部门 j 的总投入 X_j 的比值，用公式表示为

$$a_{ij} = \frac{x_{ij}}{X_j} \quad (i, j=1, 2, 3, \cdots, n) \tag{6-13}$$

$n \times n$ 的直接消耗系数矩阵 A 由直接消耗系数 a_{ij} 组成，在矩阵 A 中 $a_{ij} \geq 0$。直接消耗系数的大小与产品计量单位选取决定了 a_{ij} 都应该不大于 1，故 $0 \leq a_{ij} \leq 1$。在模型中，直接消耗系数是最基本、最重要的系数，是建立投入产出模型的核心。a_{ij} 可以将经济和技术因素结合，在定性和定量分析的基础之上进行经济分析。

将式（6-13）代入式（6-12），得

$$\sum_{i=1}^{n} a_{ij} X_j + N_j = X_j, \quad (j=1, 2, \cdots, n) \tag{6-14}$$

用 a_{kj} 表示 $\sum_{i=1}^{n} a_{ij}$，则式（6-14）变为

$$x_j - a_{kj} X_j = (1 - a_{kj}) X_j = N_j \tag{6-15}$$

用 A_k 表示中间投入系数组成的对角矩阵，E 表示单位矩阵，X 表示各产业部门总投入组成的列向量，N 表示增加值组成的列向量，即

$$A_k = \begin{pmatrix} a_{k1} & 0 & \cdots & 0 \\ 0 & a_{k2} & \cdots & 0 \\ \vdots & \vdots & & \vdots \\ 0 & 0 & \cdots & a_{kn} \end{pmatrix}, \quad E = \begin{pmatrix} 1 & 0 & \cdots & 0 \\ 0 & 1 & \cdots & 0 \\ \vdots & \vdots & & \vdots \\ 0 & 0 & \cdots & 1 \end{pmatrix}, \quad X = \begin{pmatrix} X_1 \\ X_2 \\ \vdots \\ X_n \end{pmatrix}, \quad N = \begin{pmatrix} N_1 \\ N_2 \\ \vdots \\ N_n \end{pmatrix}$$

矩阵计算过程

$$\begin{pmatrix} 1 & 0 & \cdots & 0 \\ 0 & 1 & \cdots & 0 \\ \vdots & \vdots & & \vdots \\ 0 & 0 & \cdots & 1 \end{pmatrix} - \begin{pmatrix} a_{k1} & 0 & \cdots & 0 \\ 0 & a_{k2} & \cdots & 0 \\ \vdots & \vdots & & \vdots \\ 0 & 0 & \cdots & a_{kn} \end{pmatrix} \begin{pmatrix} X_1 \\ X_2 \\ \vdots \\ X_n \end{pmatrix} = \begin{pmatrix} N_1 \\ N_2 \\ \vdots \\ N_n \end{pmatrix} \quad (6\text{-}16)$$

进一步化简得

$$\begin{pmatrix} 1-a_{k1} & 0 & \cdots & 0 \\ 0 & 1-a_{k2} & \cdots & 0 \\ \vdots & \vdots & & \vdots \\ 0 & 0 & \cdots & 1-a_{kn} \end{pmatrix} \begin{pmatrix} X_1 \\ X_2 \\ \vdots \\ X_n \end{pmatrix} = \begin{pmatrix} N_1 \\ N_2 \\ \vdots \\ N_n \end{pmatrix} \quad (6\text{-}17)$$

故式（6-15）用矩阵表达为

$$(E - A_k)X = N \quad (6\text{-}18)$$

利用 $(E-A_k)X=N$ 模型，在已知各部门总投入 X 的前提下预测各部门增加值 N。将式（6-18）两边同时乘 $(E-A_k)^{-1}$，得到

$$X = (E - A_k)^{-1} N \quad (6\text{-}19)$$

通常用数学符号 b_{ij} 表示完全消耗系数，其经济含义为产业部分 j 最终产品对产业部门 i 货物和服务的全部直接消耗量和全部间接消耗量的总和。将各产业部门的完全消耗系数用表的形式表现出来，就是完全消耗系数表或完全消耗系数矩阵，通常用字母 B 表示。

完全消耗系数与直接消耗系数之间的数学关系

$$b_{ij} = a_{ij} + \sum_{k=1}^{n} a_{ik}a_{kj} + \sum_{k=1}^{n}\sum_{s=1}^{n} a_{ik}a_{ks}a_{sj} + \sum_{k=1}^{n}\sum_{s=1}^{n}\sum_{t=1}^{n} a_{ik}a_{ks}a_{st}a_{tj} + \cdots \quad (6\text{-}20)$$

根据直接消耗系数矩阵，令 $M^{(0)}$ 作为产业部门 j 对产业部门 i 产品和服务的消耗数量所形成的矩阵，则

$$M^{(0)} = AE = A \quad (A \text{ 为直接消耗矩阵}, E \text{ 为单位矩阵}) \quad (6\text{-}21)$$

第一次间接消耗量 $\sum_{k=1}^{n} a_{ik}a_{kj}$，组成的矩阵

$$M^{(1)} = AM^{(0)} = A^2 E = A^2 \quad (6\text{-}22)$$

第二次间接消耗 $\sum_{k=1}^{n}\sum_{s=1}^{n} a_{ik}a_{ks}a_{sj}$，组成的矩阵

$$M^{(2)} = AM^{(1)} = A^3 E = A^3 \quad (6\text{-}23)$$

第 $k-1$ 次间接消耗组成的矩阵

$$M^{(k-1)} = AM^{(k-2)} = A^k E = A^k \quad (6\text{-}24)$$

第 k 次间接消耗组成的矩阵

$$M^{(k)} = AM^{(k-1)} = A^{k+1} E = A^{k+1} \quad (6\text{-}25)$$

各产业部门每生产一个单位的最终产品时,其直接和全部间接消耗所组成的完全消耗系数矩阵 B 为

$$B = A + A^2 + \cdots + A^k + A^{k+1} + \cdots = \sum_{i=1}^{\infty} A^i \qquad (6\text{-}26)$$

其中

$$A^k = \begin{pmatrix} a_{11} & a_{12} & \cdots & a_{1n} \\ a_{21} & a_{22} & \cdots & a_{2n} \\ \vdots & \vdots & & \vdots \\ a_{n1} & a_{n2} & \cdots & a_{nn} \end{pmatrix}, \quad E = \begin{pmatrix} 1 & 0 & \cdots & 0 \\ 0 & 1 & \cdots & 0 \\ \vdots & \vdots & & \vdots \\ 0 & 0 & \cdots & 1 \end{pmatrix}, \quad B = \begin{pmatrix} b_{11} & b_{12} & \cdots & b_{1n} \\ b_{21} & b_{22} & \cdots & b_{2n} \\ \vdots & \vdots & & \vdots \\ b_{n1} & b_{n2} & \cdots & b_{nn} \end{pmatrix},$$

由于直接消耗系数矩阵 A 满足 $|a_{ij}| \leq 1$,所以直接消耗系数矩阵 A 的幂级数是收敛的,故

$$\left(\begin{pmatrix} 1 & 0 & \cdots & 0 \\ 0 & 1 & \cdots & 0 \\ \vdots & \vdots & & \vdots \\ 0 & 0 & \cdots & 1 \end{pmatrix} - \begin{pmatrix} a_{11} & a_{12} & \cdots & a_{1n} \\ a_{21} & a_{22} & \cdots & a_{2n} \\ \vdots & \vdots & & \vdots \\ a_{n1} & a_{n2} & \cdots & a_{nn} \end{pmatrix} \right)^{-1} = E + A + A^2 + \cdots + A^k + \cdots = \sum_{i=1}^{\infty} A^i \quad (6\text{-}27)$$

存在的等式有

$$A + A^2 + \cdots + A^k + \cdots = B \qquad (6\text{-}28)$$

将上式进行进一步计算

$$\left(\begin{pmatrix} 1 & 0 & \cdots & 0 \\ 0 & 1 & \cdots & 0 \\ \vdots & \vdots & & \vdots \\ 0 & 0 & \cdots & 1 \end{pmatrix} - \begin{pmatrix} a_{11} & a_{12} & \cdots & a_{1n} \\ a_{21} & a_{22} & \cdots & a_{2n} \\ \vdots & \vdots & & \vdots \\ a_{n1} & a_{n2} & \cdots & a_{nn} \end{pmatrix} \right)^{-1} - \begin{pmatrix} 1 & 0 & \cdots & 0 \\ 0 & 1 & \cdots & 0 \\ \vdots & \vdots & & \vdots \\ 0 & 0 & \cdots & 1 \end{pmatrix} = \begin{pmatrix} b_{11} & b_{12} & \cdots & b_{1n} \\ b_{21} & b_{22} & \cdots & b_{2n} \\ \vdots & \vdots & & \vdots \\ b_{n1} & b_{n2} & \cdots & b_{nn} \end{pmatrix}$$

$$(6\text{-}29)$$

因此,完全消耗系数矩阵的表达式为

$$B = (E - A)^{-1} - E \qquad (6\text{-}30)$$

式(6-30)中的 $(E-A)^{-1}$ 为里昂惕夫逆矩阵。

(三)产业前向关联理论分析

前向关联分析与其后向关联分析一致,最为重要的一点是对其关联效应进行分析。前向关联效应是后向关联效应的对称,反映某产业技术上的改进、价格的上涨或下降,对下游产业的直接影响,即对下游产业的推动作用的大小。某一产业快速发展会产生一种前向推动作用,使得新技术、新原料、新产品、新管理出现并发展,进一步升级中间投入的下游产业的产品或服务。

直接分配系数和完全分配系数能够衡量一个产业对另一个产业的前向关联效应。分配系数的大小表示前向关联度的高低,同时也能够体现一个产业通过供给产品或服务而对另外一个产业产生影响的程度。分配系数越大表明影响程度越大,推动力越大。

直接分配表示在经济活动中产业之间进行直接的生产、技术等投入。但在实际经济活动中,存在一个产业对多个产业的要素,导致产业之间的投入关联不是单一的,也就产生了直接方式和间接方式。直接分配系数反映直接方式,表示为某一产业部门生产的货物或服务提

供给其他产业部门使用的价值量[13]。完全分配系数是全部直接分配系数和全部间接分配系数之和。完全分配系数更全面、更深刻地反映产业部门之间相互依存的数量关系,能够揭示产业部门之间直接和间接的联系。在国民经济各部门之间,各种产品间相互提供的价值量除了直接分配外,还有间接分配。这决定了各种产品在生产过程中除有直接的生产联系外,还有间接联系。完全分配系数则是这种直接分配和间接分配的全面反映。

根据投入产出表行的平衡关系建立投入产出行模型,其分配系数平衡关系用数学公式为

$$\begin{cases} x_{11} + x_{12} + \cdots + x_{1n} + F_1 - B_1 = X_1 \\ x_{21} + x_{22} + \cdots + x_{2n} + F_2 - B_2 = X_2 \\ \vdots \\ x_{n1} + x_{n2} + \cdots + x_{nn} + F_n - B_n = X_n \end{cases} \qquad (6\text{-}31)$$

式中 x_{ij}——表示第 i 产业部门生产的产品或服务提供给第 j 产业部门使用的价值量($i=1$, 2, $\cdots$, n; $j=1$, 2, $\cdots$, n);

F_i——表示第 i 产业部门提供最终产品的数量和构成情况,包括消费、投资和出口,即最终使用量($i=1$, 2, $\cdots$, n);

B_i——表示第 i 产业部门的进口价值量($i=1$, 2, $\cdots$, n);

X_i——表示第 i 产业部门的总产出($i=1$, 2, $\cdots$, n)。

其数学的一般表达式为

$$\sum_{i=1}^{n}\sum_{j=1}^{n} x_{ij} + \sum_{i=1}^{n} Y_i - \sum_{i=1}^{n} M_i = \sum_{i=1}^{n} X_i \qquad (6\text{-}32)$$

直接分配系数,记为 r_{ij}(i, $j=1$, 2, $\cdots$, n),它是指在生产经营过程中产业部门 i 生产的产品或服务提供给产业部门 j 使用的价值量。将各产业部门的直接分配系数用表的形式表现就是直接分配系数表或直接分配系数矩阵,通常用字母 **R** 表示。

直接分配系数的计算方法:在生产经营中,产业部门 i 生产的产品或服务提供给产业部门 j 使用的价值量 x_{ij} 与产业部门 i 的总产出 X_i 的比值,用公式表示为

$$r_{ij} = \frac{x_{ij}}{X_i} \quad (i, j=1, 2, \cdots, n) \qquad (6\text{-}33)$$

直接分配系数矩阵是由直接分配系数 r_{ij} 组成的 $n \times n$ 的矩阵,记作 **R**。矩阵 **R** 中的元素为非负数,即 $r_{ij} \geq 0$。直接分配系数的大小与产品计量单位选取有关,这就决定了 r_{ij} 都应该不大于 1,故 $0 \leq r_{ij} \leq 1$。

通常用数学符号 d_{ij} 来表示完全分配系数,其经济含义为产业部门 i 生产的货物或服务提供给产业部门 j 的全部直接使用价值量和全部间接使用价值量的总和,将各产品部门的完全分配系数用表的形式表现出来,就是完全分配系数矩阵,通常用字母 **D** 表示。

根据直接分配系数矩阵,令 $N^{(0)}$ 作为产业部门 i 生产的产品或服务提供给产业部门 j 的间接使用价值量所形成的矩阵,则

$$N^{(0)} = RE = R(R \text{ 为直接分配矩阵}, E \text{ 为单位矩阵}) \qquad (6\text{-}34)$$

第 1 次间接使用量组成的矩阵

$$N^{(1)} = RN^{(0)} = R^2E = R^2 \qquad (6\text{-}35)$$

第 2 次间接使用量组成的矩阵
$$N^{(2)} = RN^{(1)} = R^3 E = R^3 \tag{6-36}$$
第 k 次间接使用量组成的矩阵
$$N^{(k)} = RN^{(k-1)} = R^{k+1} E = R^{k+1} \tag{6-37}$$
用 R 表示直接分配系数矩阵，E 表示单位矩阵，D 表示完全分配系数矩阵即：

$$R = \begin{pmatrix} r_{11} & r_{12} & \cdots & r_{1n} \\ r_{21} & r_{22} & \cdots & r_{2n} \\ \vdots & \vdots & & \vdots \\ r_{n1} & r_{n2} & \cdots & r_{nn} \end{pmatrix}, \quad E = \begin{pmatrix} 1 & 0 & \cdots & 0 \\ 0 & 1 & \cdots & 0 \\ \vdots & \vdots & & \vdots \\ 0 & 0 & \cdots & 1 \end{pmatrix}, \quad D = \begin{pmatrix} d_{11} & d_{12} & \cdots & d_{1n} \\ d_{21} & d_{22} & \cdots & d_{2n} \\ \vdots & \vdots & & \vdots \\ d_{n1} & d_{n2} & \cdots & d_{nn} \end{pmatrix}$$

由于直接分配系数矩阵 R 满足 $|r_{ij}| \leq 1$，所以直接分配系数矩阵 R 的幂级数是收敛的，由里昂惕夫逆矩阵可得

$$\left(\begin{pmatrix} 1 & 0 & \cdots & 0 \\ 0 & 1 & \cdots & 0 \\ \vdots & \vdots & & \vdots \\ 0 & 0 & \cdots & 1 \end{pmatrix} - \begin{pmatrix} r_{11} & r_{12} & \cdots & r_{1n} \\ r_{21} & r_{22} & \cdots & r_{2n} \\ \vdots & \vdots & & \vdots \\ r_{n1} & r_{n2} & \cdots & r_{nn} \end{pmatrix} \right)^{-1} = E + R + R^2 + \cdots + R^k + \cdots = \sum_{i=1}^{\infty} R^i$$
$$\tag{6-38}$$

其中
$$R + R^2 + \cdots + R^k + \cdots = \begin{pmatrix} d_{11} & d_{12} & \cdots & d_{1n} \\ d_{21} & d_{22} & \cdots & d_{2n} \\ \vdots & \vdots & & \vdots \\ d_{n1} & d_{n2} & \cdots & d_{nn} \end{pmatrix} \tag{6-39}$$

故式（6-37）的矩阵运算为
$$\left(\begin{pmatrix} 1 & 0 & \cdots & 0 \\ 0 & 1 & \cdots & 0 \\ \vdots & \vdots & & \vdots \\ 0 & 0 & \cdots & 1 \end{pmatrix} - \begin{pmatrix} r_{11} & r_{12} & \cdots & r_{1n} \\ r_{21} & r_{22} & \cdots & r_{2n} \\ \vdots & \vdots & & \vdots \\ r_{n1} & r_{n2} & \cdots & r_{nn} \end{pmatrix} \right)^{-1} = \begin{pmatrix} 1 & 0 & \cdots & 0 \\ 0 & 1 & \cdots & 0 \\ \vdots & \vdots & & \vdots \\ 0 & 0 & \cdots & 1 \end{pmatrix} + \begin{pmatrix} d_{11} & d_{12} & \cdots & d_{1n} \\ d_{21} & d_{22} & \cdots & d_{2n} \\ \vdots & \vdots & & \vdots \\ d_{n1} & d_{n2} & \cdots & d_{nn} \end{pmatrix}$$
$$\tag{6-40}$$

进行变换后，有
$$\left(\begin{pmatrix} 1 & 0 & \cdots & 0 \\ 0 & 1 & \cdots & 0 \\ \vdots & \vdots & & \vdots \\ 0 & 0 & \cdots & 1 \end{pmatrix} - \begin{pmatrix} r_{11} & r_{12} & \cdots & r_{1n} \\ r_{21} & r_{22} & \cdots & r_{2n} \\ \vdots & \vdots & & \vdots \\ r_{n1} & r_{n2} & \cdots & r_{nn} \end{pmatrix} \right)^{-1} - \begin{pmatrix} 1 & 0 & \cdots & 0 \\ 0 & 1 & \cdots & 0 \\ \vdots & \vdots & & \vdots \\ 0 & 0 & \cdots & 1 \end{pmatrix} = \begin{pmatrix} d_{11} & d_{12} & \cdots & d_{1n} \\ d_{21} & d_{22} & \cdots & d_{2n} \\ \vdots & \vdots & & \vdots \\ d_{n1} & d_{n2} & \cdots & d_{nn} \end{pmatrix}$$
$$\tag{6-41}$$

因此，完全分配系矩阵的数学表达式为
$$D = (E - R)^{-1} - E \tag{6-42}$$

第三节　产业波及理论

一、产业波及理论基础

产业波及理论在本质上属于产业关联理论，即一个产业由于产品、产值、技术等发生改变，促使与之直接关联的一些产业发生相应的改变，进而这些产业发生的变化又引起与之直接联系的其他产业部门发生变化的过程，这一过程会依此传递，其影响力逐渐减弱，形成一系列的波及现象，这种波及现象会对国民经济产业体系产生一定的影响。产业波及理论以古典经济学、政治经济学以及西方经济学为基础。

1. 古典经济学

古典经济学源于经济思想中的"重商主义"，代表处于上升时期资产阶级的利益，在一定程度上研究了资本主义生产的内部联系。以大卫·休谟（David Hume）的有关著作出版（1752年）为标志，亚当·斯密是其中的继承者之一，其代表作《国民财富的性质和原因的研究》（1776年）成为古典经济学的奠基之作。对古典经济学最为重要的贡献者是大卫·李嘉图（David Ricardo），他对推动古典经济学的发展具有深远影响。古典经济学理论的核心是经济增长产生于资本积累和劳动分工相互作用的思想，即资本积累进一步推动了生产专业化和劳动分工的发展，而劳动分工反过来通过提高总产出使社会可生产更多的资本积累，让资本流向最有效率的生产领域，形成良性循环。古典经济学理论强调各生产之间产生相互作用，不同经济部门生产中存在相互影响[14]。

2. 政治经济学

政治经济学的研究对象为历史的生产关系或一定的社会生产关系，即把社会生产关系及其发展规律、生产和再生产中人和人的关系作为自己研究对象。马克思在推动政治经济学发展过程中有重大的发现，特别是在社会学领域做出了重大的贡献。他通过研究经济学和英国历年的经济统计资料，选择性汲取了古典经济学理论的知识，提出了剩余价值理论，进一步发展了再生产理论，阐明了社会各个发展阶段中各产业部门支配物质资料的生产、分配、交换和消费规律。通过对社会总资本的再生产进行了全面分析，把社会产品按实物形式分为生产资料和消费资料两个部分，按价值分为不变资本、可变资本和剩余价值三个部分。解决了古典经济学中等量资本获得等量利润并不违背价值规律的难题。

马克思的再生产理论是在法国古典经济学家、重农学派创始人魁奈和英国古典经济学家亚当·斯密提出的再生产理论基础上批判性继承的成果，论述了再生产过程包含物质资料再生产、劳动力再生产和生产关系再生产。马克思的再生产理论包含了三个方面：①"再生产"是人的再生产、生命的再生产。马克思认为，人类历史的第一个前提就是有生命个人的存在，而人自身生命的产生、维持和发展就是人的再生产。这种现实人的再生产作为人类历史的前提，也就是唯物史观的基础；②"再生产"是整个自然界的再生产。马克思指出，动物也生产，但是片面的，只是生产自身；而人的生产则是全面的，再生产整个自然界，人是通过实践创造对象世界，因此人也按照美的规律来构造世界。③"再生产"是社会关系的再生产。马克思指出，生产本身的目的是在生产者的这些客观存在条件中并连同这些客观存在条件一起把生产者再生产出来。在此，马克思表明生产的目的是"再生产"出生产者及其存在的客观条件,即生产者的社会关系。换言之,生产者的社会存在条件是生产者再生产的结果。当然人与社会是相互生成的,人生产社会,正如社会生产人,这是一个问题的两个方面[15]。马克思的再生产理论为里昂惕夫研究产业间的影响建立了基础,里昂惕夫把马克思的简单再生产图式改写为里昂惕夫表,从而建立了马克思两部类表达式与里昂惕夫表之间的联系。实际上扩大再生产图式也可改写为里昂惕夫表。

3. 西方经济学

西方经济学是以一般均衡理论、配置经济学、价格经济学为基础理论,以理性人都是自私的"经济人"假设为理论出发点,以私有制为经济基础,以价格机制为市场的核心机制,运用西方线性非对称思维方式建立起来的经济学范式。西方经济学利用了大量的图形和数学工具分析经济中的微观性。其理论抽象性强,包括均衡价格理论、消费者行为理论、生产者行为理论(包括生产理论、成本理论和市场均衡理论)、分配理论、一般均衡理论与福利经济学、市场失灵与微观经济政策。西方经济学从微观的角度看,其主体为消费者和生产者及共同构成的供给和需求曲线,供给和需求曲线的交点形成了市场的均衡点。西方经济学的另一部分是对宏观经济的分析,包括 IS-LM 模型和 AS-AD 的模型分析。IS-LM 模型主要阐述产品市场和货币同时均衡时的国民收入和利率之间的关系,IS 曲线能够描述产业生产过程中供给与需求的变化情况。当产品市场达到平衡时,IS 曲线能反映产品市场的供给等于需求情况;AS-AD 模型分析总供给和总需求。需求是由 IS-LM 模型导出,是加入价格因素后的总需求变化,包括货币需求和产品需求的变化。总供给(AS)能够通过劳动力市场体现出来。西方经济学中的宏观经济研究,主要分析市场中各产业部门供给和需求对国民经济的影响。里昂惕夫在研究产业之间的影响关系时,提出了一个把生产、流通和消费的各个方面作为经济过程的一个整体进行描述的两部门投入产出系统,为投入产出模型奠定了基础。1953 年里昂惕夫出版了《美国经济结构研究》,采用微分方程组的形式讨论了投入产出动态模型,并把它分为封闭和开启两种模型,标志着投入产出理论已经从静态演变为动态的分析。投入产出分析的理论基础是全部均衡理论,该理论认为各种经济现象之间的关系都可以表现为数量关系,这种数量关系全面地相互依存、相互影响,并在一定条件下达到均衡。投入产出理论将产业部门之间的需求和供给关系进行了量化,可以通过相关指标衡量产业之间的相互作用以及影响程度,即反映波及程度大小。

二、产业波及理论模型

(一)产业波及效应

产业波及效应是由于某一产业的企业数量、产品或者服务产量等量的变化,或者产业结构的调整、变化、更替和产业主导位置等质的改变,对社会所产生的波及效应,这种波及效应主要是由其关联性产业体现。一方面,表现在该产业受到其关联产业的波及影响作用,这种作用能够进一步分析某产业对后向关联产业的影响程度,即该产业的拉动效应作用。另一方面,表现在该产业对其关联产业的波及影响作用,进一步分析对前向关联产业的影响程度,即该产业对下游产业的影响。产业的波及效应有助于区域产业结构调整,明确主导产业方向,促进产业结构优化,使上下游产业的产品转化增值、产品质量升级,同时也可带动关联性产业发展。通过产业结构的调整和优化带动经济发展,促使经济结构朝符合社会发展需要的方向改变,对整个国民经济具有重大影响。产业波及效应大多是通过产业关联的联系状态而发生的，必须依靠已有产业间的通道。因此，波及效应根据产业波及的方式和联系纽带所设定的产业轨道进行传递，随着效应的依次传递，波及影响力会逐渐减弱。

产业波及的方式有三种，即顺向波及、逆向波及和间接波及。某产业顺向波及表现为该产业的发展将推动以该产业的核心产品为中间产品的后续产业，由此进一步推动下游产业轨道上的后续产业，无限传递下去，从而产生顺向波及。顺向波及效应可以用中间需求率来衡量，即某产业的产品被国民经济部门用作中间产品的部分占该产品总量的比重。中间需求率越高，表明该产业越能带动提供中间产品的性质，反之则表明该产业就越能够带动提供最终产品的性质[16]。产业逆向波及是指某产业的发展推动了以该产业的核心产品为中间产品的先行产业，由此进一步推动上游产业轨道上的先行产业，无限传递，从而对其先行产业产生逆向波及。中间投入率可以衡量逆向波及效应大小，反映了该产业的总产值中从其他产业购进的中间产品所占的比重，表示一定时期内生产过程中某产业的中间投入与总投入之比，也是该产业的总产值中从其他产业购进的中间产品所占的比重。中间投入率越高，表明该产业对上游产业的波及效应越强。产业的间接波及表现为与该产业具有消费互补性产业的发展受到某产业发展推动，从而互补产业的先行产业和后续产业进一步受到影响。通过这些先行产业和后续产业的直接相关和间接相关产业线路，对国民经济产生波及效应。

产业的波及效应分析是以投入产出表为研究基础，运用产业关联理论中的直接消耗系数矩阵和完全消耗系数矩阵，确定产业的影响力和感应度。

（二）产业影响力系数分析

产业影响力是通过产业之间的经济联系及其波及效应体现的。产业的产出、供应和销售活动会影响其他产业的经济活动。当某产业的生产发生变化时，会对为该产业提供直接或间接投入品的产业的生产产生相应影响，同时该产业最终产品的变动也会使整个国民经济的总产出发生改变，表现为该产业对其他产业的拉动效应。产业影响力用产业影响力系数来衡量，影响力系数的意义是，在整个国民经济范围内，某一产业部门在生产过程中增加了一个单位的最终产品，该产品对国民经济其他部门所产生生产需求的影响程度。通过直接与间接关联对各部门所产生的生产需求的涉及程度，可称之为影响力程度[17]。

设定完全消耗系数矩阵为 $B = (E-A)^{-1} - E$，其中矩阵 $(E-A)^{-1}$ 为里昂惕夫逆矩阵，记作 C。其元素为 c_{ij}（$i,j=1,2,3,\cdots,n$），称为里昂惕夫逆系数。它表明产业部门 j 增加一个单位最终使用时，对产业部门 i 的完全需要量。矩阵计算如下

$$A = \begin{pmatrix} a_{11} & a_{12} & \cdots & a_{1n} \\ a_{21} & a_{22} & \cdots & a_{2n} \\ \vdots & \vdots & & \vdots \\ a_{n1} & a_{n2} & \cdots & a_{nn} \end{pmatrix}, \quad E = \begin{pmatrix} 1 & 0 & \cdots & 0 \\ 0 & 1 & \cdots & 0 \\ \vdots & \vdots & & \vdots \\ 0 & 0 & \cdots & 1 \end{pmatrix}, \quad C = \begin{pmatrix} c_{11} & c_{12} & \cdots & c_{1n} \\ c_{21} & c_{22} & \cdots & c_{2n} \\ \vdots & \vdots & & \vdots \\ c_{n1} & c_{n2} & \cdots & c_{nn} \end{pmatrix},$$

$$\begin{pmatrix} 1 & 0 & \cdots & 0 \\ 0 & 1 & \cdots & 0 \\ \vdots & \vdots & & \vdots \\ 0 & 0 & \cdots & 1 \end{pmatrix} - \begin{pmatrix} a_{11} & a_{12} & \cdots & a_{1n} \\ a_{21} & a_{22} & \cdots & a_{2n} \\ \vdots & \vdots & & \vdots \\ a_{n1} & a_{n2} & \cdots & a_{nn} \end{pmatrix} = \begin{pmatrix} 1-a_{11} & -a_{12} & \cdots & -a_{1n} \\ -a_{21} & 1-a_{22} & \cdots & -a_{2n} \\ \vdots & \vdots & & \vdots \\ -a_{n1} & -a_{n2} & \cdots & 1-a_{nn} \end{pmatrix} \quad (6-43)$$

令 $M=(E-A)$，则 M 伴随矩阵

$$M^* = \begin{pmatrix} M_{11} & M_{12} & \cdots & M_{1n} \\ M_{21} & M_{22} & \cdots & M_{2n} \\ \vdots & \vdots & & \vdots \\ M_{n1} & M_{n2} & \cdots & M_{nn} \end{pmatrix} \tag{6-44}$$

式中 M_{ij}——行列式 $|M|$ 的各个元素的代数余子式，则 M 逆矩阵

$$M^{-1} = \frac{\begin{pmatrix} M_{11} & M_{12} & \cdots & M_{1n} \\ M_{21} & M_{22} & \cdots & M_{2n} \\ \vdots & \vdots & & \vdots \\ M_{n1} & M_{n2} & \cdots & M_{nn} \end{pmatrix}}{\begin{pmatrix} m_{11} & m_{12} & \cdots & m_{1n} \\ m_{21} & m_{22} & \cdots & m_{2n} \\ \vdots & \vdots & & \vdots \\ m_{n1} & m_{n2} & \cdots & m_{nn} \end{pmatrix}} = \begin{pmatrix} c_{11} & c_{12} & \cdots & c_{1n} \\ c_{21} & c_{22} & \cdots & c_{2n} \\ \vdots & \vdots & & \vdots \\ c_{n1} & c_{n2} & \cdots & c_{nn} \end{pmatrix} \tag{6-45}$$

故

$$C = \frac{M^*}{|M|} \tag{6-46}$$

产业的影响力系数为某产业的影响力与国民经济各产业的影响力平均水平的比值，产业影响力系数的计算公式如下

$$f_j = \frac{\sum_{i=1}^{n} c_{ij}}{\frac{1}{n}\sum_{i=1}^{n}\sum_{j=1}^{n} c_{ij}} \quad (i,j=1,2,\cdots,n) \tag{6-47}$$

进行变换后，有

$$f_j = \frac{n\sum_{i=1}^{n} c_{ij}}{\sum_{i=1}^{n}\sum_{j=1}^{n} c_{ij}} \quad (i,j=1,2,\cdots,n) \tag{6-48}$$

式中，$\sum_{i=1}^{n} c_{ij}$ 为里昂惕夫逆矩阵的第 j 列之和，即 j 产业的影响力，表示部门 j 增加一个单位最终产品，对国民经济各部门产品的完全需要量；$\frac{1}{n}\sum_{i=1}^{n}\sum_{j=1}^{n} c_{ij}$ 为里昂惕夫逆矩阵的列和的平均值，即国民经济各产业的影响力平均值。

当 $f_j>1$ 时，表示部门 j 的生产对其他部门所产生的波及影响程度超过社会平均影响水平（即各部门所产生波及影响的平均值）；当 $f_j=1$ 时，表示部门 j 的生产对其他部门所产生的波及影响程度等于社会平均影响水平；当 $f_j<1$ 时，表示部门 j 的生产对其他部门所产生的波及影响程度低于社会平均影响水平。由此可知，影响力系数 f_j 越大，表明部门 j 对其他部门的拉动作用越大。

(三)产业感应度系数分析

产业感应度与产业影响力对应,通过产业之间的经济联系及波及效应,产业的产出、供应和销售活动会受到其他产业经济活动的影响。提供直接或间接投入品产业的生产会影响某产业的生产变化,同时整个国民经济总产出的改变也会影响产业最终产品。在现代化经济社会中,由于产业之间相互联结的波及效果,任何一种产业的生产活动都会受到其他产业生产活动的影响。当国民经济各部门每增加一个单位最终使用时,需要某部门为其他部门生产提供的产出量,也就是某产业部门受到的需求感应程度。产业感应度系数决定了产业感应度大小,国民经济各部门均增加一个单位最终使用时,某一部门由此而受到的需求感应程度,表现为感应度系数的反映程度。因为感应度系数是投入产出法测度向前关联效应的量值,所以也可称之为前向关联系数。

某产业的感应度系数指某产业的感应度与国民经济各产业总体的平均感应度之比,产业感应度系数的计算公式如下

$$e_i = \frac{\sum_{j=1}^{n} c_{ij}}{\frac{1}{n}\sum_{i=1}^{n}\sum_{j=1}^{n} c_{ij}} \quad (i,j = 1,2,\cdots,n) \tag{6-49}$$

进行变换后,有

$$e_i = \frac{n\sum_{j=1}^{n} c_{ij}}{\sum_{i=1}^{n}\sum_{j=1}^{n} c_{ij}} \quad (i,j = 1,2,\cdots,n) \tag{6-50}$$

式中,$\sum_{j=1}^{n} c_{ij}$ 为里昂惕夫逆矩阵的第 i 行之和,即产业的感应度,反映当国民经济各部门均增加一个单位最终使用时,对部门 i 的产品的完全需求;$\frac{1}{n}\sum_{i=1}^{n}\sum_{j=1}^{n} c_{ij}$ 为里昂惕夫逆矩阵的行和的平均值,即国民经济各产业总体的平均感应度,反映当国民经济各部门均增加一个单位最终使用时,对全体经济部门产品的完全需求的均值。

当 $e_i > 1$ 时,表示部门 i 受到的感应程度高于社会平均感应度水平(即各部门所受到的感应程度的平均值);当 $e_i = 1$ 时,表示部门 i 受到的感应程度等于社会平均感应度水平;当 $e_i < 1$ 时,表示部门 i 受到的感应程度低于社会平均感应度水平。

本章小结

本章首先对文化创意产业链进行了分析,从文化创意产业上下游的角度做了系统的阐述,得到现阶段我国文化创意产业链具有对象多集中于小、中民营企业,以市场为导向的市场运作模式,需要依靠资产运作形成以资产增值为导向的核心产业链模式的特点。同时本章论述了文化创意产业与上下游产业的相互作用关系,着重反映文化创意产业对于产业结构转型的作用:能够推进产业结构高级化,促使产业结构在量的指标上规模范围由小变大,更好地推进我国产业结构的合理动态演进。在文化创意产业链分析的基础上,结合产业关联与波及理论基础,从投入与供需的角度提出了投入产出模型,包括投入

> 产出平衡关系模型、产业后向关联分析模型、产业前向关联分析模型、产业影响力分析模型、产业感应度分析模型。同时对相应的指标,即直接消耗系数、间接消耗系数、完全消耗系数、直接分配系数、间接分配系数、完全分配系数、影响力系数及感应度系数做了系统的阐述,分析了各指标的含义、计算方法和作用。产业关联及波及理论模型为后续章节文化创意产业关联性实证研究提供了重要的研究基础,能够将文化创意产业与各产业之间的关联性强度进行量化处理,从而进一步分析产业之间关联性的动态变化及变化趋势。

参考文献

[1] 鲍蔚. 产业链视阈的文化创意产业发展研究 [D]. 合肥:合肥工业大学, 2012.
[2] 范志鹏. 浅谈颐和园文化及其开发 [C]. 繁荣古都历史文化 推动北京文化之都建设:2012·世界文化遗产日论坛文集. 北京:北京市文物保护协会, 2012:10.
[3] 鲍蔚, 周彬, 王劭君. 文化创意产业链及发展对策研究 [J]. 经济视角(下), 2011 (4):25-26.
[4] 彭艳. 文化创意产业中的创意扩散模式研究 [D]. 武汉:武汉理工大学, 2010.
[5] 陈柳钦. 产业集群创新问题探讨 [J]. 重庆社会科学, 2007 (2):12-17.
[6] 耿鹏. 文化创意产业发展对产业结构优化升级的影响研究 [J]. 中国市场, 2018 (26):55-57.
[7] 邓安球, 史忠良. 文化产业发展与产业结构转型:以湖南为例 [J]. 当代财经, 2010 (5):78-83.
[8] 陈要立. 文化创意产业促进区域产业结构高级化的机理研究 [J]. 湖北社会科学, 2011 (7):102-105.
[9] 郭富. 基于产业关联的东北区域发展研究 [D]. 哈尔滨:哈尔滨工业大学, 2016.
[10] 程沙沙. 甘肃省高技术产业的经济效应分析 [D]. 兰州:兰州商学院, 2011.
[11] 刘起运, 陈璋, 苏汝劼. 投入产出分析 [M]. 北京:中国人民大学出版社, 2008.
[12] 李建军, 任静一. 文化创意产业的产业关联与波及效应研究:基于上海市投入产出表的实证分析 [J]. 上海经济研究, 2016 (11):90-101.
[13] 向蓉美. 投入产出法 [M]. 成都:西南财经大学出版社, 2007.
[14] 孙帅. 分工理论与生产力、生产关系及人的发展问题:唯物史观基本范畴解析 [J]. 中共银川市委党校学报, 2012, 14 (3):58-60.
[15] 于佳. 马克思"再生产"理论及其社会意义 [N]. 中国社会科学报, 2019-03-19 (2).
[16] 许家军. 我国房地产业的关联特性及经济效应研究 [D]. 南京:南京大学, 2012.
[17] 徐昕. 基于投入产出的北京市体育产业的产业关联度研究 [D]. 北京:北京体育大学, 2015.

第七章
四川省文化创意产业集聚度分析实证研究

第一节 四川省文化创意产业发展现状

四川历史悠久，自古以来就享有"天府之国"的美誉。四川省是多民族聚集地，文化主体是巴蜀文化，巴蜀文化具有很强的渗透力，除对滇黔夜郎文化和昆明夷、南诏文化的辐射外，还远达东南亚地区，在金属器、墓葬形式等方面对东南亚产生了深刻而久远的影响。四川省的自然景观包含着人杰文昌的深厚文化内涵，例如剑门蜀道具有丰厚的三国蜀文化、梓潼文昌文化以及女皇武则天故里的文化内涵；九寨黄龙一线富含羌族石碉文化、夏禹文化、古蜀岷山文化、三国蜀汉文化；泸沽湖有着母系王国的文化内涵，三峡一线更是古代文化宝库；成都武侯祠是三国蜀汉文化的中心遗迹。除此之外四川省还有大量与文化相结合的文旅景点，大熊猫基地、宽窄巷子、广汉三星堆、峨眉山、乐山大佛、安岳卧佛、荣县大佛、大大小小各种古镇等文旅景点，每年都吸引着大量游客，带动着四川的经济发展。四川的美食文化也吸引着大量游客，甚至一些美食成为品牌文化走出了国门。

在2017年12月发布的"中国西部省市文化产业发展指数（2017）"和"中国西部文化消费指数（2017）"中显示，在西部省市中，四川省的综合指数和生产力指数位列第一。四川省数字经济发展西部第一，四川省把数字经济放在了重要位置，智慧城市又是数字经济的重要载体，四川省运营企业能得到好的软硬件支持。截至2019年，浪潮集团有限公司已在四川8个城市开启了智慧城市建设试点，已经开始将AI技术融入智慧城市的建设中。四川大学、电子科技大学、西南交通大学等高校都在智慧城市领域有所研究，此外还有不少知名企业也在四川布局了科研院所。2018年，成都市文化体制改革和文化产业发展领导小组公布了31家首批成都市文创产业园区。其中既有像腾讯西部创新创业中心这样瞄准医疗、游戏、旅游、泛娱乐、教育5个领域，通过线上线下各种能力形成优质互联网创业生态圈，孵化中小微企业和创新创业团队的产业园区；也有像东郊记忆音乐公园这样以音乐为核心的数字娱乐创意产业园区。智慧城市的建设不仅惠民、便民，还加速了文化的传播速度以及经济的发展速度。2018年，全国首个文化惠民消费线上支付平台——"文创成都"APP上线运营，其中有数百种文化类商品随意选；成都市通过投入400万资金，以及商家近300万元的让利打折形式，拉动全市文化消费超过5000万元。除此以外，成都博物馆通过网络直播形式，吸引了50多万人在线观看，从2016年6月新馆正式对外开放到2018年2月累计入馆人数超过了420万人次，大力促进了文化传播。

四川省富有各类文化资源。研究四川省的文化创意产业集中度及其集聚效应，有利于四川省更好地在全国定位自己,有助于把握住文化创意产业的本质,为相关政策制定提供依据,进而可持续地推动文化创意产业优化升级,更好地提升文化创意产业的竞争水平。除此以外,检验四川省文化创意产业发展水平对区域经济发展的作用大小,对于文化创意产业未来发展方向的确定也具有十分重要的指导意义[1]。

第二节 实证研究样本数据选择

在产业区域集聚度的实证分析中,考虑到数据获取的难易程度以及集聚程度评价指标所需的产值、就业人数或固定资产等经济指标,本书用就业人数和企业收入作为计算指标。

文化创意产业主要包括:媒体业、艺术业、工业设计业、建筑设计业、时尚创意业、网络信息业、软件与计算机服务业、咨询服务业、广告及会展服务业、休闲娱乐服务业,以及文化创意相关产业。根据国家统计局印发的《文化及相关产业分类(2018)》,文化创意产业分类见表7-1。

表7-1 文化及相关产业分类表

分类	类别名称	内容说明	行业分类代码
媒体业	新闻业	新闻采访、编辑、发布及其他新闻服务	8610
	报纸出版	包括党报出版、综合新闻类报纸出版和其他报纸出版服务	8622
	广播	指广播节目的现场制作、播放及其他相关活动,还包括互联网广播	8710
	电视	指有线和无线电视节目的现场制作、播放及其他相关活动,还包括互联网电视	8720
	电影放映	指专业电影院以及设在娱乐场所独立(或相对独立)的电影放映等活动	8760
艺术业	博物馆	指收藏、研究、展示文物和标本的博物馆的活动,以及展示人类文化、艺术、科技、文明的美术馆、艺术馆、展览馆、科技馆、天文馆等管理活动	8850
	图书馆	包括公共图书馆、高等院校图书馆、专业图书馆和其他图书馆管理服务	8831
	烈士陵园、纪念馆	包括烈士陵园和烈士纪念馆管理服务	8860
建筑设计业	建筑设计服务	仅包括房屋建筑工程,体育、休闲娱乐工程,室内装饰和风景园林工程专项设计服务。该小类包含在工程设计活动行业小类中	7484
软件与计算机服务业	互联网游戏服务	指以互联网为传输媒介,以游戏运营商服务器和用户计算机为处理终端,以游戏客户端软件为信息交互窗口,旨在实现娱乐、休闲、交流和取得虚拟成就的具有可持续性的个体性多人在线游戏。包括互联网电子竞技服务	6422
网络信息业	互联网搜索服务	指互联网中的特殊站点,专门用来帮助人们查找存储在其他站点上的信息	6421
	互联网其他信息服务	包括网上新闻、网上软件下载、网上音乐、网上视频、网上图片、网上动漫、网上文学、网上电子邮件、网上新媒体、网上信息发布、网站导航和其他互联网信息服务	6429

（续）

分类	类别名称	内容说明	行业分类代码
文化投资运营	文化产业园区管理	仅指非政府部门的文化产业园区管理服务。该小类包含在园区管理服务行业小类中	7221
广告及会展服务业	互联网广告服务	指提供互联网广告设计、制作、发布及其他互联网广告服务。包括网络电视、网络手机等各种互联网终端的广告的服务	7251
	会议、展览及相关服务	指以会议为主，也可附带展览及其他相关的活动形式，包括项目策划组织、场馆租赁保障、相关服务	7281—7284
休闲娱乐服务业	名胜风景区管理	指对具有一定规模的自然景观、人文景观的管理和保护活动，以及对环境优美、具有观赏、文化和科学价值风景名胜区的保护与管理活动	7861
	动物园、水族馆管理服务	指以保护、繁殖、科学研究、科普、供游客观赏为目的，饲养野生动物场所的管理服务	7715
	植物园管理服务	指以调查、采集、鉴定、引种、驯化、保存、推广、科普为目的，并供游客游憩、观赏的园地管理服务	7716
	休闲观光活动	指以农林牧渔业、制造业等生产和服务领域为对象的休闲观光旅游活动	9030

因文化创意产业的整体详细数据国家统计局和相关部门未进行专项统计，本书选择了文化创意产业中相关部分的主要行业数据，通过加总得出文化产业的总收入及总就业人数。由于四川省统计局还未正式发布2018年统计年鉴，实证研究中选择了2014年至2017年4年的四川省统计年鉴数据进行计算分析，统计出的相关数据见表7-2～表7-5。

表7-2　2014年四川省各市文化创意产业就业人数　　　　　　（单位：人）

产业 地区	艺术表演团体	公共图书馆	文化馆	博物馆	文化站
四川省	2945	2152	2902	5795	7526
成都市	975	734	513	2254	1107
自贡市	270	43	78	231	181
攀枝花市	164	51	90	29	83
泸州市	18	78	103	78	226
德阳市	17	75	98	427	223
绵阳市	160	103	117	408	645
广元市	29	69	79	299	316
遂宁市	57	39	84	124	180
内江市	161	66	110	62	249
乐山市	27	86	104	219	280
南充市	233	80	119	401	554
眉山市	39	49	68	96	212
宜宾市	128	85	164	83	331
广安市	—	87	139	269	339

(续)

地区\产业	艺术表演团体	公共图书馆	文化馆	博物馆	文化站
达州市	200	104	223	100	383
雅安市	—	64	102	115	197
巴中市	44	73	113	309	324
资阳市	38	68	83	110	414
阿坝藏族羌族自治州	93	56	104	69	286
甘孜藏族自治州	84	52	193	36	336
凉山彝族自治州	208	90	218	76	660

表 7-3　2015 年四川省各市文化创意产业就业人数　　（单位：人）

地区\产业	艺术表演团体	公共图书馆	文化馆	博物馆	文化站
四川省	2963	2261	2906	6107	7744
成都市	1038	780	535	2383	1122
自贡市	273	65	83	258	170
攀枝花市	161	50	88	92	85
泸州市	18	80	103	121	231
德阳市	17	77	93	459	206
绵阳市	142	104	119	426	697
广元市	25	76	84	323	351
遂宁市	53	53	82	131	172
内江市	154	55	115	73	250
乐山市	20	86	102	202	284
南充市	224	95	120	219	575
眉山市	43	52	73	126	189
宜宾市	122	78	167	86	341
广安市	—	91	136	320	355
达州市	195	101	219	95	372
雅安市	—	61	89	114	240
巴中市	45	70	117	286	349
资阳市	46	67	84	118	480
阿坝藏族羌族自治州	94	69	101	104	300
甘孜藏族自治州	96	58	179	59	340
凉山彝族自治州	197	93	217	112	635

表 7-4　2016 年四川省各市文化创意产业就业人数　　　　　　　（单位：人）

产业 地区	艺术表演团体	公共图书馆	文化馆	博物馆	文化站
四川省	3005	2371	3054	6452	7969
成都市	1065	858	620	2755	1306
自贡市	310	59	80	255	167
攀枝花市	161	47	83	86	85
泸州市	18	80	106	92	241
德阳市	17	78	109	467	213
绵阳市	146	99	115	419	634
广元市	33	76	82	289	348
遂宁市	55	58	84	134	188
内江市	156	76	114	80	229
乐山市	20	82	104	199	303
南充市	216	99	129	249	569
眉山市	45	51	73	125	207
宜宾市	115	86	169	90	352
广安市	—	97	135	320	360
达州市	197	114	227	99	372
雅安市	—	59	91	130	265
巴中市	45	70	117	272	355
资阳市	16	51	59	118	484
阿坝藏族羌族自治州	94	67	105	106	280
甘孜藏族自治州	96	63	222	57	353
凉山彝族自治州	200	101	230	110	658

表 7-5　2017 年四川省各市文化创意产业就业人数　　　　　　　（单位：人）

产业 地区	艺术表演团体	公共图书馆	文化馆	博物馆	文化站
四川省	3253	2413	3035	6688	8320
成都市	1292	854	579	2872	1343
自贡市	304	64	79	267	168
攀枝花市	149	52	81	86	113
泸州市	14	78	120	114	232
德阳市	17	84	119	441	213
绵阳市	132	100	117	435	594
广元市	43	77	87	284	345
遂宁市	54	58	79	140	202

(续)

产业 地区	艺术表演团体	公共图书馆	文化馆	博物馆	文化站
内江市	185	77	119	61	248
乐山市	150	87	106	204	662
南充市	204	97	130	259	552
眉山市	45	56	68	125	221
宜宾市	106	82	175	94	339
广安市	—	96	134	313	372
达州市	193	115	225	100	474
雅安市	—	65	87	126	293
巴中市	46	69	116	341	370
资阳市	16	51	62	118	307
阿坝藏族羌族自治州	88	74	106	136	270
甘孜藏族自治州	87	73	211	63	344
凉山彝族自治州	128	104	235	109	658

第三节 四川省文化产业集聚水平测量分析

一、四川省文化创意产业集中度分析

根据四川省文化及相关产业数据，利用集中度计算公式，用 CR_n 表示四川省文化创意产业产业集中度指数；n 表示所选取的样本地区或企业的个数，本文选取的 n 分别为 1、2、3、4、5；N 表示全部地区或企业的个数；X_i 表示地区或企业 i 的市场份额（此处选取就业人数作为指标），计算四川省艺术表演团体、公共图书馆、文化馆、博物馆、文化站的区域集中度。表 7-6 为根据就业人数计算出的区域集中度，总体上看所选行业内就业人员最多的前 5 个城市中，成都市、达州市、凉山彝族自治州出现的频率较高，成都市和达州市都出现了 16 次，凉山彝族自治州出现 11 次。根据就业人数计算相关文化创意产业的产业集中度指数，从计算结果来看，博物馆是区域集聚度最大的产业。

表 7-6 根据就业人数计算四川省文化创意产业产业集中度指数 CR_n

产业	年份	CR_1	CR_2	CR_3	CR_4	CR_5	行业内从业人员最多的 5 个城市
艺术表演团体	2014	0.3311	0.4228	0.5019	0.5725	0.6404	成都市、自贡市、南充市、凉山彝族自治州、达州市
	2015	0.3503	0.4425	0.5181	0.5845	0.6504	成都市、自贡市、南充市、凉山彝族自治州、达州市
	2016	0.3544	0.4576	0.5295	0.5960	0.6616	成都市、自贡市、南充市、凉山彝族自治州、达州市
	2017	0.3927	0.4906	0.5533	0.6127	0.6695	成都市、自贡市、南充市、达州市、内江市

(续)

产业	年份	CR_1	CR_2	CR_3	CR_4	CR_5	行业内从业人员最多的5个城市
公共图书馆	2014	0.3411	0.3894	0.4373	0.4791	0.5195	成都市、达州市、绵阳市、凉山彝族自治州、广安市
	2015	0.3405	0.3909	0.4361	0.4777	0.5188	成都市、绵阳市、达州市、南充市、凉山彝族自治州
	2016	0.3619	0.4100	0.4526	0.4943	0.5361	成都市、达州市、凉山彝族自治州、绵阳市、南充市
	2017	0.3539	0.4016	0.4447	0.4861	0.5263	成都市、达州市、凉山彝族自治州、绵阳市、南充市
文化馆	2014	0.1768	0.2536	0.3287	0.3952	0.4518	成都市、凉山彝族自治州、达州市、甘孜藏族自治州、宜宾市
	2015	0.1841	0.2595	0.3341	0.3957	0.4532	成都市、达州市、凉山彝族自治州、甘孜藏族自治州、宜宾市
	2016	0.2030	0.2783	0.3527	0.4253	0.4807	成都市、凉山彝族自治州、甘孜藏族自治州、达州市、宜宾市
	2017	0.1908	0.2682	0.3423	0.4119	0.4695	成都市、凉山彝族自治州、达州市、甘孜藏族自治州、宜宾市
博物馆	2014	0.3890	0.4626	0.5330	0.6022	0.6556	成都市、德阳市、绵阳市、南充市、巴中市
	2015	0.3887	0.4654	0.5351	0.5880	0.6404	成都市、德阳市、绵阳市、广元市、广安市
	2016	0.4270	0.5015	0.5643	0.6139	0.6615	成都市、德阳市、绵阳市、广安市、广元市
	2017	0.4294	0.4954	0.5604	0.6114	0.6582	成都市、德阳市、绵阳市、巴中市、广安市
文化站	2014	0.1471	0.2348	0.3205	0.3941	0.4491	成都市、凉山彝族自治州、绵阳市、南充市、资阳市
	2015	0.1449	0.2349	0.3169	0.3911	0.4531	成都市、绵阳市、凉山彝族自治州、南充市、资阳市
	2016	0.1639	0.2465	0.3260	0.3974	0.4582	成都市、凉山彝族自治州、绵阳市、南充市、资阳市
	2017	0.1614	0.2410	0.3201	0.3915	0.4578	成都市、乐山市、凉山彝族自治州、绵阳市、南充市

2014—2017年四川省艺术表演团体区域集中度如图7-1所示。从图中可以看出,四川省艺术表演团体产业集中度指数CR_1、CR_2、CR_3、CR_4、CR_5都在逐年平缓上升。2017年的CR_1、CR_2、CR_3、CR_4、CR_5全部高于2014年,说明前5个城市的艺术表演团体区域集中度呈上升状态。在2017年,CR_4达到了0.6127,根据经济学家贝恩依据产业集中度指数对市场结构进行的分类,2017年四川省艺术表演团体市场结构属于寡占Ⅲ型。

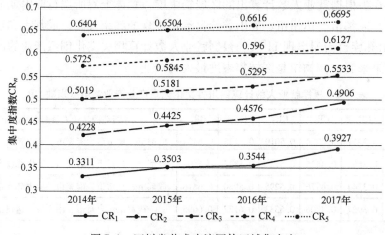

图7-1 四川省艺术表演团体区域集中度

2014—2017年四川省公共图书馆集中度如图7-2所示。从图中可以看出，四川省公共图书馆的产业集中度指数CR_1、CR_2、CR_3、CR_4、CR_5从2014年到2016年都在逐年增长；在2017年都有所下降，但2017年的产业集中度指数仍然高于2014年和2015年。总体上产业集中度指数属于增长状态，表明前5个市的公共图书馆区域集中度整体上是增加的，在2017年区域集中度有所减小。四川省公共图书馆产业集中度指数CR_4在2016年数值最高（达到0.4943），在2017年回落到0.4861。根据经济学家贝恩的分类，2017年四川省公共图书馆的市场结构属于寡占Ⅳ型。

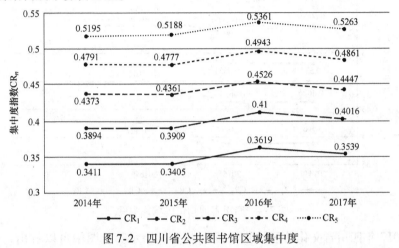

图7-2 四川省公共图书馆区域集中度

2014—2017年四川省文化馆区域集中度如图7-3所示。从图中可以看出，四川省文化馆区域集中度指数CR_1、CR_2、CR_3、CR_4、CR_5从2014年到2016年都在增加，在2017年都有所下降，与公共图书馆的整体趋势类似。四川省文化馆产业集中度指数CR_4在2016年数值最高（达到0.4253），在2017年下降到0.4119。根据经济学家贝恩的分类，2017年四川省文化馆市场结构属于寡占Ⅳ型。

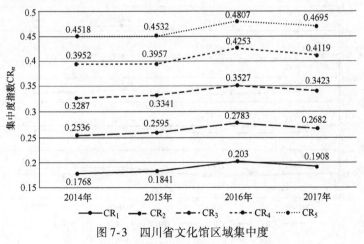

图7-3 四川省文化馆区域集中度

2014—2017年四川省博物馆产业集中度如图7-4所示。从图中可以看出，四川省博物馆的产业集中度指数CR_1、CR_2、CR_3、CR_4、CR_5属于曲折上升。2017年，CR_1、CR_2、CR_3、CR_4、CR_5数值都高于2014年的，这说明总体上集聚度是呈现增加趋势的。在数值总体上升的过程中，CR_1 从 2015 到 2017 年数值都是在增大的；CR_2 与 CR_3 从 2014 年到 2016 年都在逐年增加，但是增加的幅度有所差异，2016 年到 2017 年又都同时有所下降。CR_4 从 2014 年的 0.6022 下降到 2015 年的 0.5880，在 2016 年又回升到 0.6139，在 2017 年下降定格在 0.6114。根据经济学家贝恩的分类，2017 年四川省文化馆市场结构属于寡占Ⅲ型。CR_5 从 2014 年到 2017 年的数值走向与 CR_4 大致类似。

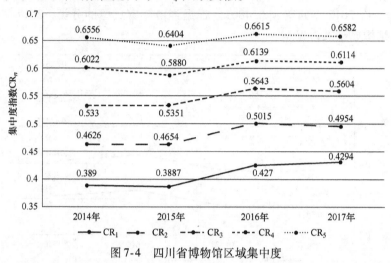

图 7-4　四川省博物馆区域集中度

2014—2017 年四川省文化站区域集中度如图 7-5 所示。从图中可以看出，四川省文化站的产业集中度指数变化十分平缓，CR_1、CR_2、CR_5 总体呈现上升趋势，从 2014 年到 2016 年集中度大多在逐年缓慢增加，从 2016 年到 2017 年又呈现出下降趋势。CR_3、CR_4 变化趋势相同，从 2014 年到 2015 年略微下降，2016 年又略微上升，2017 年又继续下降，2017 年的 CR_3、CR_4 与 2014 年相比较都略微减小了，其中 CR_4 从 2014 年的 0.3941 减小到 2017 年的 0.3915。根据经济学家贝恩的分类，2017 年四川省文化站市场结构属于寡占Ⅳ型。

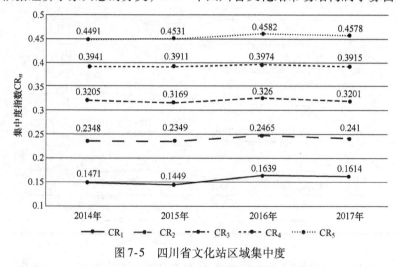

图 7-5　四川省文化站区域集中度

根据表 7-6 中的各个区域产业集中度指数，计算出指数增长率见表 7-7，据此分析四川文化创意产业每年区域集中度的变化程度。

表 7-7 根据就业人数计算四川省文化创意产业产业集中度指数 CR_n 增长率

产业	年份	CR_1	CR_2	CR_3	CR_4	CR_5
艺术表演团体	2015 年较 2014 年增长率	5.80%	4.66%	3.23%	2.10%	1.56%
	2016 年较 2015 年增长率	1.17%	3.41%	2.20%	1.97%	1.72%
	2017 年较 2016 年增长率	10.81%	7.21%	4.49%	2.80%	1.19%
公共图书馆	2015 年较 2014 年增长率	-0.18%	0.39%	-0.27%	-0.29%	-0.13%
	2016 年较 2015 年增长率	6.28%	4.89%	3.78%	3.47%	3.33%
	2017 年较 2016 年增长率	-2.21%	-2.05%	-1.75%	-1.66%	-1.83%
文化馆	2015 年较 2014 年增长率	4.13%	2.33%	1.64%	0.13%	0.31%
	2016 年较 2015 年增长率	10.27%	7.24%	5.57%	7.48%	6.07%
	2017 年较 2016 年增长率	-6.01%	-3.63%	-2.95%	-3.15%	-2.33%
博物馆	2015 年较 2014 年增长率	-0.08%	0.61%	0.39%	-2.36%	-2.32%
	2016 年较 2015 年增长率	9.85%	7.76%	5.46%	4.40%	3.29%
	2017 年较 2016 年增长率	0.56%	-1.22%	-0.69%	-0.41%	-0.50%
文化站	2015 年较 2014 年增长率	-1.50%	0.04%	-1.12%	-0.76%	0.89%
	2016 年较 2015 年增长率	13.11%	4.94%	2.87%	1.61%	1.13%
	2017 年较 2016 年增长率	-1.53%	-2.23%	-1.81%	-1.48%	-0.09%

四川省艺术表演团体区域集中度指数增长率如图 7-6 所示。从图中可以看出，四川省艺术表演团体区域集中度 2016 年到 2017 年 CR_1 增长率最大，达到了 10.81%；CR_2 从 2016 年到 2017 年的增长率最大，达到 7.21%；CR_3 从 2016 年到 2017 年的增长率最大，达到 4.49%；CR_4 从 2016 年到 2017 年的增长率最大，达到 2.80%；CR_5 从 2015 年到 2016 年的增长率最大，达到 1.72%，2016 年至 2017 年 CR_5 增长率呈下降趋势。从 2017 年较 2016 年增长率总体上看，CR_1、CR_2、CR_3、CR_4、CR_5 增长率依次下降，表明 2016 年到 2017 年，全省艺术表演团体产值最高的成都市的区域集聚度增加最多。

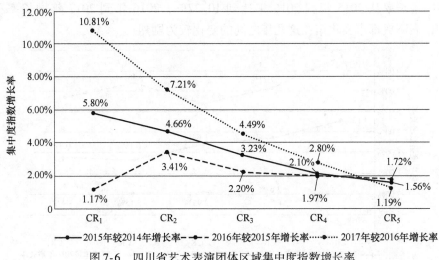

图 7-6 四川省艺术表演团体区域集中度指数增长率

四川省公共图书馆区域集中度指数增长率如图 7-7 所示。从图中可以看出，四川省公共图书馆区域集中度从 2015 年到 2016 年的 CR_1 增长率最大，达到 6.28%；从 2016 年到 2017 年 CR_1 增长率大幅下降，下降了 -2.21%，即 2017 年四川省公共图书馆区域集中度相比于

2016年，不仅没有增加，反而下降了2.21%。从整体来看，CR_1、CR_2、CR_3、CR_4、CR_5都是从2015年到2016年增长速度最快，从2016年到2017年增长速度最慢，处于负增长状态，2014年到2015年增长率处于中间，由此可以看出2017年四川省公共图书馆区域集中度是处于减小状态。

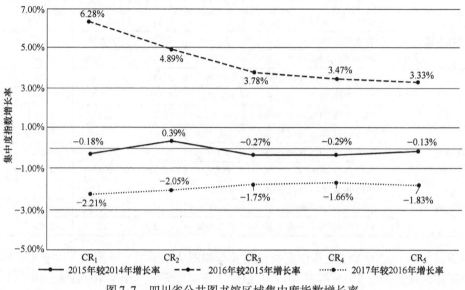

图7-7　四川省公共图书馆区域集中度指数增长率

四川省文化馆区域集中度指数增长率如图7-8所示。从图中可以看出，四川省文化馆区域集中度增长率情况与图7-7所示的公共图书馆的状况相似，从2015年到2016年CR_1、CR_2、CR_3、CR_4、CR_5都处于增长速度最快状态，从2016年到2017年增长速度最慢并处于负增长状态，从2014年到2015年增长率处于中间。不同之处在于文化馆的增长率变化更为剧烈，CR_1增长率从2015年到2016年达到10.27%，2016年到2017年增长率猛下降到-6.01%，表明成都市文化馆在这几年之间的变化较为剧烈。

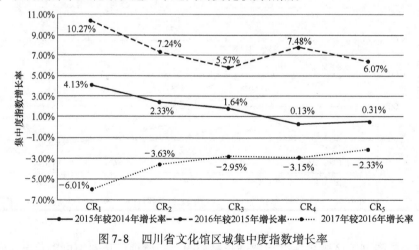

图7-8　四川省文化馆区域集中度指数增长率

四川省博物馆区域集中度指数增长率如图7-9所示。从图中可以看出，CR_1、CR_2、CR_3、CR_4、CR_5从2015年到2016年的增长率比其他时间段高，其中CR_1增长率最高，达到了 9.85%；2015 年较 2014 年 CR_4 增长率为 -2.36%，呈负增长趋势；2017 年较 2016 年，四川省博物馆集中度增长率除 CR_1 为正数外，其余都为负数，表明集中度在逐年下降，其中 CR_2 增长率最低，为 -1.22%。

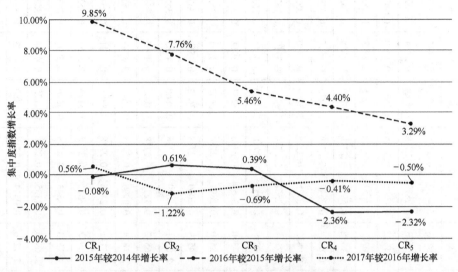

图 7-9　四川省博物馆区域集中度指数增长率

四川省文化站区域集中度指数增长率如图 7-10 所示。从图中可以看出，CR_1、CR_2、CR_3、CR_4、CR_5 的年增长率中，从 2015 年到 2016 年最大，其中 CR_1 增长率最高，为 13.11%；从 2014 年到 2015 年居中；从 2016 年到 2017 年最低，其中 CR_2 增长率最低，为 -2.23%。

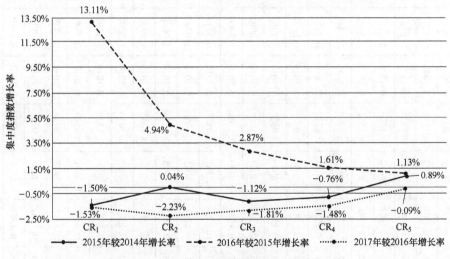

图 7-10　四川省文化站区域集中度指数增长率

二、四川省文化创意产业 Hoover 系数分析

根据区位熵计算公式，使用就业人员数对四川省 2014 年至 2017 年部分文化创意及相关产业产值进行计算，结果见表 7-8 ~ 表 7-11。根据表 7-8 的计算结果，对各行业在所有地区的区位熵进行降序排列，根据地区区位熵序列计算出各行业在各地区总产值（就业人数）累计百分比（S_i）以及艺术表演团体在各区域产值的累计百分比（S_{ij}）。计算结果整理见表 7-12 ~ 表 7-15。

表 7-8 2014 年根据就业人数计算四川省部分文化创意及相关产业区位熵值

行业 地区	艺术表演团体 S_{ij}	艺术表演团体 S_i	艺术表演团体 LQ_{ij}	公共图书馆 S_{ij}	公共图书馆 S_i	公共图书馆 LQ_{ij}	文化馆 S_{ij}	文化馆 S_i	文化馆 LQ_{ij}	博物馆 S_{ij}	博物馆 S_i	博物馆 LQ_{ij}	文化站 S_{ij}	文化站 S_i	文化站 LQ_{ij}
成都市	0.1746	0.1381	1.2643	0.1315	0.1010	1.3025	0.0919	0.1009	0.9103	0.4037	0.2718	1.4853	0.1983	0.3530	0.5617
自贡市	0.3362	0.1381	2.4342	0.0535	0.1010	0.5305	0.0971	0.1009	0.9623	0.2877	0.2718	1.0584	0.2254	0.3530	0.6385
攀枝花市	0.3933	0.1381	2.8472	0.1223	0.1010	1.2117	0.2158	0.1009	2.1382	0.0695	0.2718	0.2559	0.1990	0.3530	0.5639
泸州市	0.0358	0.1381	0.2591	0.1551	0.1010	1.5363	0.2048	0.1009	2.0287	0.1551	0.2718	0.5705	0.4493	0.3530	1.2728
德阳市	0.0202	0.1381	0.1465	0.0893	0.1010	0.8846	0.1167	0.1009	1.1558	0.5083	0.2718	1.8702	0.2655	0.3530	0.7521
绵阳市	0.1117	0.1381	0.8083	0.0719	0.1010	0.7121	0.0816	0.1009	0.8089	0.2847	0.2718	1.0475	0.4501	0.3530	1.2751
广元市	0.0366	0.1381	0.2651	0.0871	0.1010	0.8631	0.0997	0.1009	0.9882	0.3775	0.2718	1.3889	0.3990	0.3530	1.1303
遂宁市	0.1178	0.1381	0.8526	0.0806	0.1010	0.7983	0.1736	0.1009	1.7194	0.2562	0.2718	0.9426	0.3719	0.3530	1.0535
内江市	0.2485	0.1381	1.7987	0.1019	0.1010	1.0091	0.1698	0.1009	1.6818	0.0957	0.2718	0.3520	0.3843	0.3530	1.0885
乐山市	0.0377	0.1381	0.2730	0.1201	0.1010	1.1900	0.1453	0.1009	1.4390	0.3059	0.2718	1.1253	0.3911	0.3530	1.1078
南充市	0.1680	0.1381	1.2161	0.0577	0.1010	0.5714	0.0858	0.1009	0.8500	0.2891	0.2718	1.0637	0.3994	0.3530	1.1315
眉山市	0.0841	0.1381	0.6085	0.1056	0.1010	1.0462	0.1466	0.1009	1.4519	0.2069	0.2718	0.7612	0.4569	0.3530	1.2943
宜宾市	0.1618	0.1381	1.1715	0.1075	0.1010	1.0646	0.2073	0.1009	2.0541	0.1049	0.2718	0.3860	0.4185	0.3530	1.1854
广安市	0	0.1381	0	0.1043	0.1010	1.0335	0.1667	0.1009	1.6512	0.3225	0.2718	1.1866	0.4065	0.3530	1.1515
达州市	0.1980	0.1381	1.4335	0.1030	0.1010	1.0201	0.2208	0.1009	2.1874	0.0990	0.2718	0.3643	0.3792	0.3530	1.0742
雅安市	0	0.1381	0	0.1339	0.1010	1.3265	0.2134	0.1009	2.1141	0.2406	0.2718	0.8851	0.4121	0.3530	1.1675
巴中市	0.0510	0.1381	0.3691	0.0846	0.1010	0.8380	0.1309	0.1009	1.2972	0.3581	0.2718	1.3173	0.3754	0.3530	1.0635
资阳市	0.0533	0.1381	0.3858	0.0954	0.1010	0.9449	0.1164	0.1009	1.1533	0.1543	0.2718	0.5676	0.5806	0.3530	1.6449
阿坝藏族羌族自治州	0.1530	0.1381	1.1073	0.0921	0.1010	0.9125	0.1711	0.1009	1.6946	0.1135	0.2718	0.4175	0.4704	0.3530	1.3326
甘孜藏族自治州	0.1198	0.1381	0.8675	0.0742	0.1010	0.7349	0.2753	0.1009	2.7276	0.0514	0.2718	0.1889	0.4793	0.3530	1.3578
凉山彝族自治州	0.1661	0.1381	1.2027	0.0719	0.1010	0.7122	0.1741	0.1009	1.7250	0.0607	0.2718	0.2233	0.5272	0.3530	1.4934
Hoover	0.3263			0.1029			0.3514			0.1796			0.2715		

表 7-9 2015 年根据就业人数计算四川省部分文化创意及相关产业区位熵值

行业 地区	艺术表演团体 S_{ij}	S_i	LQ_{ij}	公共图书馆 S_{ij}	S_i	LQ_{ij}	文化馆 S_{ij}	S_i	LQ_{ij}	博物馆 S_{ij}	S_i	LQ_{ij}	文化站 S_{ij}	S_i	LQ_{ij}
成都市	0.1772	0.1348	1.3145	0.1332	0.1029	1.2945	0.0913	0.1322	0.6908	0.4068	0.2778	1.4642	0.1915	0.3523	0.5437
自贡市	0.3216	0.1348	2.3855	0.0766	0.1029	0.7443	0.0978	0.1322	0.7395	0.3039	0.2778	1.0938	0.2002	0.3523	0.5684
攀枝花市	0.3382	0.1348	2.5092	0.1050	0.1029	1.0212	0.1849	0.1322	1.3984	0.1933	0.2778	0.6957	0.1786	0.3523	0.5069
泸州市	0.0325	0.1348	0.2415	0.1447	0.1029	1.4064	0.1863	0.1322	1.4088	0.2188	0.2778	0.7876	0.4177	0.3523	1.1857
德阳市	0.0200	0.1348	0.1480	0.0904	0.1029	0.8786	0.1092	0.1322	0.8256	0.5387	0.2778	1.9391	0.2418	0.3523	0.6863
绵阳市	0.0954	0.1348	0.7079	0.0699	0.1029	0.6795	0.0800	0.1322	0.6049	0.2863	0.2778	1.0304	0.4684	0.3523	1.3296
广元市	0.0291	0.1348	0.2159	0.0885	0.1029	0.8601	0.0978	0.1322	0.7397	0.3760	0.2778	1.3534	0.4086	0.3523	1.1598
遂宁市	0.1079	0.1348	0.8008	0.1079	0.1029	1.0494	0.1670	0.1322	1.2632	0.2668	0.2778	0.9603	0.3503	0.3523	0.9943
内江市	0.2380	0.1348	1.7658	0.0850	0.1029	0.8264	0.1777	0.1322	1.3445	0.1128	0.2778	0.4061	0.3864	0.3523	1.0968
乐山市	0.0288	0.1348	0.2138	0.1239	0.1029	1.2047	0.1470	0.1322	1.1117	0.2911	0.2778	1.0476	0.4092	0.3523	1.1616
南充市	0.1817	0.1348	1.3477	0.0770	0.1029	0.7490	0.0973	0.1322	0.7362	0.1776	0.2778	0.6393	0.4663	0.3523	1.3237
眉山市	0.0890	0.1348	0.6604	0.1077	0.1029	1.0467	0.1511	0.1322	1.1432	0.2609	0.2778	0.9390	0.3913	0.3523	1.1107
宜宾市	0.1537	0.1348	1.1399	0.0982	0.1029	0.9550	0.2103	0.1322	1.5909	0.1083	0.2778	0.3898	0.4295	0.3523	1.2190
广安市	0.0000	0.1348	0.0000	0.1009	0.1029	0.9808	0.1508	0.1322	1.1405	0.3548	0.2778	1.2769	0.3936	0.3523	1.1171
达州市	0.1986	0.1348	1.4731	0.1029	0.1029	0.9999	0.2230	0.1322	1.6869	0.0967	0.2778	0.3482	0.3788	0.3523	1.0753
雅安市	0.0000	0.1348	0.0000	0.1210	0.1029	1.1766	0.1766	0.1322	1.3357	0.2262	0.2778	0.8141	0.4762	0.3523	1.3516
巴中市	0.0519	0.1348	0.3850	0.0807	0.1029	0.7849	0.1349	0.1322	1.0207	0.3299	0.2778	1.1873	0.4025	0.3523	1.1426
资阳市	0.0579	0.1348	0.4292	0.0843	0.1029	0.8193	0.1057	0.1322	0.7992	0.1484	0.2778	0.5342	0.6038	0.3523	1.7138
阿坝藏族羌族自治州	0.1407	0.1348	1.0439	0.1033	0.1029	1.0042	0.1512	0.1322	1.1437	0.1557	0.2778	0.5604	0.4491	0.3523	1.2748
甘孜藏族自治州	0.1311	0.1348	0.9729	0.0792	0.1029	0.7703	0.2445	0.1322	1.8497	0.0806	0.2778	0.2901	0.4645	0.3523	1.3184
凉山彝族自治州	0.1571	0.1348	1.1654	0.0742	0.1029	0.7210	0.1730	0.1322	1.3089	0.0893	0.2778	0.3215	0.5064	0.3523	1.4373
Hoover	0.2953			0.0498			0.3801			0.0603			0.2739		

表 7-10 2016 年根据就业人数计算四川省部分文化创意及相关产业区位熵值

行业 地区	艺术表演团体 S_{ij}	S_i	LQ_{ij}	公共图书馆 S_{ij}	S_i	LQ_{ij}	文化馆 S_{ij}	S_i	LQ_{ij}	博物馆 S_{ij}	S_i	LQ_{ij}	文化站 S_{ij}	S_i	LQ_{ij}
成都市	0.1613	0.1315	1.2263	0.1299	0.1038	1.2521	0.0939	0.1336	0.7025	0.4172	0.2824	1.4775	0.1978	0.3487	0.5671
自贡市	0.3559	0.1315	2.7065	0.0677	0.1038	0.6528	0.0918	0.1336	0.6872	0.2928	0.2824	1.0369	0.1917	0.3487	0.5498
攀枝花市	0.3485	0.1315	2.6500	0.1017	0.1038	0.9805	0.1797	0.1336	1.3442	0.1861	0.2824	0.6593	0.1840	0.3487	0.5276
泸州市	0.0335	0.1315	0.2549	0.1490	0.1038	1.4358	0.1974	0.1336	1.4770	0.1713	0.2824	0.6068	0.4488	0.3487	1.2869
德阳市	0.0192	0.1315	0.1462	0.0882	0.1038	0.8504	0.1233	0.1336	0.9226	0.5283	0.2824	1.8710	0.2410	0.3487	0.6909
绵阳市	0.1033	0.1315	0.7857	0.0701	0.1038	0.6753	0.0814	0.1336	0.6090	0.2965	0.2824	1.0502	0.4487	0.3487	1.2866
广元市	0.0399	0.1315	0.3031	0.0918	0.1038	0.8846	0.0990	0.1336	0.7410	0.3490	0.2824	1.2362	0.4203	0.3487	1.2052
遂宁市	0.1060	0.1315	0.8059	0.1118	0.1038	1.0770	0.1618	0.1336	1.2110	0.2582	0.2824	0.9144	0.3622	0.3487	1.0387
内江市	0.2382	0.1315	1.8111	0.1160	0.1038	1.1183	0.1740	0.1336	1.3023	0.1221	0.2824	0.4326	0.3496	0.3487	1.0025
乐山市	0.0282	0.1315	0.2148	0.1158	0.1038	1.1162	0.1469	0.1336	1.0991	0.2811	0.2824	0.9955	0.4280	0.3487	1.2272
南充市	0.1712	0.1315	1.3015	0.0784	0.1038	0.7560	0.1022	0.1336	0.7648	0.1973	0.2824	0.6988	0.4509	0.3487	1.2929
眉山市	0.0898	0.1315	0.6830	0.1018	0.1038	0.9811	0.1457	0.1336	1.0902	0.2495	0.2824	0.8837	0.4132	0.3487	1.1848
宜宾市	0.1416	0.1315	1.0770	0.1059	0.1038	1.0207	0.2081	0.1336	1.5573	0.1108	0.2824	0.3926	0.4335	0.3487	1.2430
广安市	0.0000	0.1315	0.0000	0.1064	0.1038	1.0251	0.1480	0.1336	1.1076	0.3509	0.2824	1.2427	0.3947	0.3487	1.1319
达州市	0.1952	0.1315	1.4847	0.1130	0.1038	1.0889	0.2250	0.1336	1.6833	0.0981	0.2824	0.3475	0.3687	0.3487	1.0572
雅安市	0.0000	0.1315	0.0000	0.1083	0.1038	1.0433	0.1670	0.1336	1.2493	0.2385	0.2824	0.8448	0.4862	0.3487	1.3943
巴中市	0.0524	0.1315	0.3984	0.0815	0.1038	0.7854	0.1362	0.1336	1.0191	0.3166	0.2824	1.1215	0.4133	0.3487	1.1850
资阳市	0.0220	0.1315	0.1671	0.0701	0.1038	0.6752	0.0810	0.1336	0.6064	0.1621	0.2824	0.5741	0.6648	0.3487	1.9064
阿坝藏族羌族自治州	0.1442	0.1315	1.0963	0.1028	0.1038	0.9904	0.1610	0.1336	1.2050	0.1626	0.2824	0.5758	0.4294	0.3487	1.2314
甘孜藏族自治州	0.1214	0.1315	0.9229	0.0796	0.1038	0.7676	0.2807	0.1336	2.1000	0.0721	0.2824	0.2552	0.4463	0.3487	1.2797
凉山彝族自治州	0.1540	0.1315	1.1708	0.0778	0.1038	0.7494	0.1771	0.1336	1.3248	0.0847	0.2824	0.2999	0.5065	0.3487	1.4525
Hoover	0.3298			0.0595			0.3434			0.0540			0.3311		

表 7-11 2017 年根据就业人数计算四川省省部分文化创意及相关产业区位熵值

行业 地区	艺术表演团体 S_{ij}	艺术表演团体 S_i	艺术表演团体 LQ_{ij}	公共图书馆 S_{ij}	公共图书馆 S_i	公共图书馆 LQ_{ij}	文化馆 S_{ij}	文化馆 S_i	文化馆 LQ_{ij}	博物馆 S_{ij}	博物馆 S_i	博物馆 LQ_{ij}	文化站 S_{ij}	文化站 S_i	文化站 LQ_{ij}
成都市	0.1862	0.1372	1.3569	0.1231	0.1018	1.2091	0.0834	0.1280	0.6517	0.4138	0.2821	1.4670	0.1935	0.3509	0.5515
自贡市	0.3447	0.1372	2.5121	0.0726	0.1018	0.7130	0.0896	0.1280	0.6997	0.3027	0.2821	1.0731	0.1905	0.3509	0.5428
攀枝花市	0.3098	0.1372	2.2577	0.1081	0.1018	1.0622	0.1684	0.1280	1.3155	0.1788	0.2821	0.6338	0.2349	0.3509	0.6695
泸州市	0.0251	0.1372	0.1829	0.1398	0.1018	1.3735	0.2151	0.1280	1.6800	0.2043	0.2821	0.7242	0.4158	0.3509	1.1848
德阳市	0.0195	0.1372	0.1418	0.0961	0.1018	0.9443	0.1362	0.1280	1.0636	0.5046	0.2821	1.7887	0.2437	0.3509	0.6945
绵阳市	0.0958	0.1372	0.6982	0.0726	0.1018	0.7130	0.0849	0.1280	0.6633	0.3157	0.2821	1.1191	0.4311	0.3509	1.2284
广元市	0.0514	0.1372	0.3749	0.0921	0.1018	0.9050	0.1041	0.1280	0.8130	0.3397	0.2821	1.2043	0.4127	0.3509	1.1760
遂宁市	0.1013	0.1372	0.7384	0.1088	0.1018	1.0692	0.1482	0.1280	1.1579	0.2627	0.2821	0.9311	0.3790	0.3509	1.0800
内江市	0.2681	0.1372	1.9541	0.1116	0.1018	1.0965	0.1725	0.1280	1.3473	0.0884	0.2821	0.3134	0.3594	0.3509	1.0242
乐山市	0.1241	0.1372	0.9043	0.0720	0.1018	0.7070	0.0877	0.1280	0.6849	0.1687	0.2821	0.5982	0.5476	0.3509	1.5603
南充市	0.1643	0.1372	1.1971	0.0781	0.1018	0.7674	0.1047	0.1280	0.8177	0.2085	0.2821	0.7393	0.4444	0.3509	1.2665
眉山市	0.0874	0.1372	0.6368	0.1087	0.1018	1.0684	0.1320	0.1280	1.0315	0.2427	0.2821	0.8604	0.4291	0.3509	1.2229
宜宾市	0.1332	0.1372	0.9706	0.1030	0.1018	1.0122	0.2198	0.1280	1.7174	0.1181	0.2821	0.4186	0.4259	0.3509	1.2136
广安市	0.0000	0.1372	0.0000	0.1049	0.1018	1.0309	0.1464	0.1280	1.1440	0.3421	0.2821	1.2127	0.4066	0.3509	1.1585
达州市	0.1743	0.1372	1.2707	0.1039	0.1018	1.0207	0.2033	0.1280	1.5878	0.0903	0.2821	0.3202	0.4282	0.3509	1.2202
雅安市	0.0000	0.1372	0.0000	0.1138	0.1018	1.1185	0.1524	0.1280	1.1902	0.2207	0.2821	0.7823	0.5131	0.3509	1.4622
巴中市	0.0488	0.1372	0.3559	0.0732	0.1018	0.7197	0.1231	0.1280	0.9620	0.3620	0.2821	1.2833	0.3928	0.3509	1.1193
资阳市	0.0289	0.1372	0.2105	0.0921	0.1018	0.9045	0.1119	0.1280	0.8743	0.2130	0.2821	0.7551	0.5542	0.3509	1.5791
阿坝藏族羌族自治州	0.1306	0.1372	0.9516	0.1098	0.1018	1.0788	0.1573	0.1280	1.2286	0.2018	0.2821	0.7153	0.4006	0.3509	1.1415
甘孜藏族自治州	0.1118	0.1372	0.8150	0.0938	0.1018	0.9219	0.2712	0.1280	2.1186	0.0810	0.2821	0.2871	0.4422	0.3509	1.2600
凉山彝族自治州	0.1037	0.1372	0.7560	0.0843	0.1018	0.8281	0.1904	0.1280	1.4877	0.0883	0.2821	0.3131	0.5332	0.3509	1.5195
Hoover	0.247			0.062			0.373			0.067			0.032		

表 7-12 2014 年四川省部分文化创意产业区位熵值序列整理结果

艺术表演团体		公共图书馆			文化馆			博物馆			文化站		
地区序列	S_{ij} 累计	S_i 累计	地区序列	S_{ij} 累计	S_i 累计	地区序列	S_{ij} 累计	S_i 累计	地区序列	S_{ij} 累计	S_i 累计	地区序列	S_{ij} 累计	S_i 累计
攀枝花市	39.33%	13.81%	泸州市	15.51%	10.10%	甘孜藏族自治州	27.53%	10.09%	德阳市	50.83%	27.18%	资阳市	58.06%	35.30%
自贡市	72.95%	27.62%	雅安市	28.90%	20.20%	达州市	49.61%	20.18%	成都市	91.20%	54.36%	凉山彝族自治州	110.78%	70.60%
内江市	97.80%	41.43%	成都市	42.05%	30.30%	攀枝花市	71.19%	30.27%	广元市	128.95%	81.54%	甘孜藏族自治州	158.71%	105.90%
达州市	117.60%	55.24%	攀枝花市	54.28%	40.40%	雅安市	92.53%	40.36%	巴中市	164.76%	108.72%	阿坝藏族羌族自治州	205.75%	141.20%
成都市	135.06%	69.05%	乐山市	66.29%	50.50%	宜宾市	113.26%	50.45%	广安市	197.01%	135.90%	眉山市	251.44%	176.50%
南充市	151.86%	82.86%	宜宾市	77.04%	60.60%	泸州市	133.74%	60.54%	乐山市	227.60%	163.08%	绵阳市	296.45%	211.80%
凉山彝族自治州	168.47%	96.67%	眉山市	87.60%	70.70%	凉山彝族自治州	151.15%	70.63%	南充市	256.51%	190.26%	泸州市	341.38%	247.10%
宜宾市	184.65%	110.48%	广安市	98.03%	80.80%	遂宁市	168.51%	80.72%	自贡市	285.28%	217.44%	宜宾市	383.23%	282.40%
阿坝藏族羌族自治州	199.95%	124.29%	达州市	108.33%	90.90%	阿坝藏族羌族自治州	185.62%	90.81%	绵阳市	313.75%	244.62%	雅安市	424.44%	317.70%
甘孜藏族自治州	211.93%	138.10%	内江市	118.52%	101.00%	内江市	202.60%	100.90%	遂宁市	339.37%	271.80%	广安市	465.09%	353.00%
遂宁市	223.71%	151.91%	资阳市	128.06%	111.10%	广安市	219.27%	110.99%	雅安市	363.43%	298.98%	南充市	505.03%	388.30%
绵阳市	234.88%	165.72%	阿坝藏族羌族自治州	137.27%	121.20%	眉山市	233.93%	121.08%	眉山市	384.12%	326.16%	广元市	544.93%	423.60%
眉山市	243.29%	179.53%	德阳市	146.20%	131.30%	乐山市	248.46%	131.17%	泸州市	399.63%	353.34%	乐山市	584.04%	458.90%
资阳市	248.62%	193.34%	广元市	154.91%	141.40%	巴中市	261.55%	141.26%	资阳市	415.06%	380.52%	内江市	622.47%	494.20%
巴中市	253.72%	207.15%	巴中市	163.37%	151.50%	德阳市	273.22%	151.35%	阿坝藏族羌族自治州	426.41%	407.70%	达州市	660.39%	529.50%

(上接表)

地区序列	S_{ij}累计	S_i累计	地区序列	S_{ij}累计	S_i累计	地区序列	S_{ij}累计	S_i累计	地区序列	S_{ij}累计	S_i累计	地区序列	S_{ij}累计	S_i累计
乐山市	257.49%	220.96%	遂宁市	171.43%	161.60%	资阳市	284.86%	161.44%	宜宾市	436.90%	434.88%	巴中市	697.93%	564.80%
广元市	261.15%	234.77%	甘孜藏族自治州	178.85%	171.70%	广元市	294.83%	171.53%	达州市	446.80%	462.06%	遂宁市	735.12%	600.10%
泸州市	264.73%	248.58%	凉山彝族自治州	186.04%	181.80%	自贡市	304.54%	181.62%	内江市	456.37%	489.24%	德阳市	761.67%	635.40%
德阳市	266.75%	262.39%	绵阳市	193.23%	191.90%	成都市	313.73%	191.71%	攀枝花市	463.32%	516.42%	自贡市	784.21%	670.70%
广安市	266.75%	276.20%	南充市	199.00%	202.00%	南充市	322.31%	201.80%	凉山彝族自治州	469.39%	543.60%	攀枝花市	804.11%	706.00%
雅安市	266.75%	290.01%	自贡市	204.35%	212.10%	绵阳市	330.47%	211.89%	甘孜藏族自治州	474.53%	570.78%	成都市	823.94%	741.30%

表7-13 2015年四川省部分文化创意产业区位熵值序列整理结果

艺术表演团体			公共图书馆			文化馆			博物馆			文化站		
地区序列	S_{ij}累计	S_i累计	地区序列	S_{ij}累计	S_i累计	地区序列	S_{ij}累计	S_i累计	地区序列	S_{ij}累计	S_i累计	地区序列	S_{ij}累计	S_i累计
攀枝花市	33.82%	13.48%	泸州市	14.47%	10.29%	甘孜藏族自治州	24.45%	13.22%	德阳市	53.87%	27.78%	资阳市	60.38%	35.23%
自贡市	65.98%	26.96%	成都市	27.79%	20.58%	达州市	46.75%	26.44%	成都市	94.55%	55.56%	凉山彝族自治州	111.02%	70.46%
内江市	89.78%	40.44%	乐山市	40.18%	30.87%	宜宾市	67.78%	39.66%	广元市	132.15%	83.34%	雅安市	158.64%	105.69%
达州市	109.64%	53.92%	雅安市	52.28%	41.16%	泸州市	86.41%	52.88%	广安市	167.63%	111.12%	绵阳市	205.48%	140.92%
南充市	127.81%	67.40%	遂宁市	63.07%	51.45%	攀枝花市	104.90%	66.10%	巴中市	200.62%	138.90%	南充市	252.11%	176.15%
成都市	145.53%	80.88%	眉山市	73.84%	61.74%	内江市	122.67%	79.32%	自贡市	231.01%	166.68%	甘孜藏族自治州	298.56%	211.38%

（续）

艺术表演团体			公共图书馆			文化馆			博物馆			文化站		
地区序列	S_{ij}累计	S_i累计	地区序列	S_{ij}累计	S_i累计	地区序列	S_{ij}累计	S_i累计	地区序列	S_{ij}累计	S_i累计	地区序列	S_{ij}累计	S_i累计
凉山彝族自治州	161.24%	94.36%	攀枝花市	84.34%	72.03%	雅安市	140.33%	92.54%	乐山市	260.12%	194.46%	阿坝藏族羌族自治州	343.47%	246.61%
宜宾市	176.61%	107.84%	阿坝藏族羌族自治州	94.67%	82.32%	凉山彝族自治州	157.63%	105.76%	绵阳市	288.75%	222.24%	宜宾市	386.42%	281.84%
阿坝藏族羌族自治州	190.68%	121.32%	达州市	104.96%	92.61%	遂宁市	174.33%	118.98%	遂宁市	315.43%	250.02%	泸州市	428.19%	317.07%
甘孜藏族自治州	203.79%	134.80%	广安市	115.05%	102.90%	阿坝藏族羌族自治州	189.45%	132.20%	眉山市	341.52%	277.80%	乐山市	469.11%	352.30%
遂宁市	214.58%	148.28%	宜宾市	124.87%	113.19%	眉山市	204.56%	145.42%	雅安市	364.14%	305.58%	广元市	509.97%	387.53%
绵阳市	224.12%	161.76%	德阳市	133.91%	123.48%	广安市	219.64%	158.64%	泸州市	386.02%	333.36%	巴中市	550.22%	422.76%
眉山市	233.02%	175.24%	广元市	142.76%	133.77%	乐山市	234.34%	171.86%	攀枝花市	405.35%	361.14%	广安市	589.58%	457.99%
资阳市	238.81%	188.72%	内江市	151.26%	144.06%	巴中市	247.83%	185.08%	南充市	423.11%	388.92%	眉山市	628.71%	493.22%
巴中市	244.00%	202.20%	资阳市	159.69%	154.35%	德阳市	258.75%	198.30%	阿坝藏族羌族自治州	438.68%	416.70%	内江市	667.35%	528.45%
泸州市	247.25%	215.68%	巴中市	167.76%	164.64%	资阳市	269.32%	211.52%	资阳市	453.52%	444.48%	达州市	705.23%	563.68%
广元市	250.16%	229.16%	甘孜藏族自治州	175.68%	174.93%	广元市	279.10%	224.74%	内江市	464.80%	472.26%	遂宁市	740.26%	598.91%
乐山市	253.04%	242.64%	南充市	183.38%	185.22%	自贡市	288.88%	237.96%	宜宾市	475.63%	500.04%	德阳市	764.44%	634.14%
德阳市	255.04%	256.12%	自贡市	191.04%	195.51%	南充市	298.61%	251.18%	达州市	485.30%	527.82%	自贡市	784.46%	669.37%
广安市	255.04%	269.60%	凉山彝族自治州	198.46%	205.80%	成都市	307.74%	264.40%	凉山彝族自治州	494.23%	555.60%	成都市	803.61%	704.60%
雅安市	255.04%	283.08%	绵阳市	205.45%	216.09%	绵阳市	315.74%	277.62%	甘孜藏族自治州	502.29%	583.38%	攀枝花市	821.47%	739.83%

表 7-14 2016 年四川省部分文化创意产业区位熵值序列整理结果

艺术表演团体			公共图书馆			文化馆			博物馆			文化站		
地区序列	S_{ij}累计	S_i累计	地区序列	S_{ij}累计	S_i累计	地区序列	S_{ij}累计	S_i累计	地区序列	S_{ij}累计	S_i累计	地区序列	S_{ij}累计	S_i累计
自贡市	35.59%	13.15%	泸州市	14.90%	10.38%	甘孜藏族自治州	28.07%	13.36%	德阳市	52.83%	28.24%	资阳市	66.48%	34.87%
攀枝花市	70.44%	26.30%	成都市	27.89%	20.76%	达州市	50.57%	26.72%	成都市	94.55%	56.48%	凉山彝族自治州	117.13%	69.74%
内江市	94.26%	39.45%	内江市	39.49%	31.14%	宜宾市	71.38%	40.08%	广安市	129.64%	84.72%	雅安市	165.75%	104.61%
达州市	113.78%	52.60%	乐山市	51.07%	41.52%	泸州市	91.12%	53.44%	广元市	164.54%	112.96%	南充市	210.84%	139.48%
南充市	130.90%	65.75%	达州市	62.37%	51.90%	攀枝花市	109.09%	66.80%	巴中市	196.20%	141.20%	泸州市	255.72%	174.35%
成都市	147.03%	78.90%	遂宁市	73.55%	62.28%	凉山彝族自治州	126.80%	80.16%	绵阳市	225.85%	169.44%	绵阳市	300.59%	209.22%
凉山彝族自治州	162.43%	92.05%	雅安市	84.38%	72.66%	内江市	144.20%	93.52%	自贡市	255.13%	197.68%	甘孜藏族自治州	345.22%	244.09%
阿坝藏族羌族自治州	176.85%	105.20%	广安市	95.02%	83.04%	雅安市	160.90%	106.88%	乐山市	283.24%	225.92%	宜宾市	388.57%	278.96%
宜宾市	191.01%	118.35%	宜宾市	105.61%	93.42%	遂宁市	177.08%	120.24%	遂宁市	309.06%	254.16%	阿坝藏族羌族自治州	431.51%	313.83%
甘孜藏族自治州	203.15%	131.50%	阿坝藏族羌族自治州	115.89%	103.80%	阿坝藏族羌族自治州	193.18%	133.60%	眉山市	334.01%	282.40%	乐山市	474.31%	348.70%
遂宁市	213.75%	144.65%	眉山市	126.07%	114.18%	广安市	207.98%	146.96%	雅安市	357.86%	310.64%	广元市	516.34%	383.57%
绵阳市	224.08%	157.80%	攀枝花市	136.24%	124.56%	乐山市	222.67%	160.32%	南充市	377.59%	338.88%	巴中市	557.67%	418.44%
眉山市	233.06%	170.95%	广元市	145.42%	134.94%	眉山市	237.24%	173.68%	攀枝花市	396.20%	367.12%	眉山市	598.99%	453.31%
巴中市	238.30%	184.10%	德阳市	154.24%	145.32%	巴中市	250.86%	187.04%	泸州市	413.33%	395.36%	广安市	638.46%	488.18%
广元市	242.29%	197.25%	巴中市	162.39%	155.70%	德阳市	263.19%	200.40%	阿坝藏族羌族自治州	429.59%	423.60%	达州市	675.33%	523.05%
泸州市	245.64%	210.40%	甘孜藏族自治州	170.35%	166.08%	南充市	273.41%	213.76%	资阳市	445.80%	451.84%	遂宁市	711.55%	557.92%

（续）

地区序列	艺术表演团体 S_{ij}累计	S_i累计	地区序列	公共图书馆 S_{ij}累计	S_i累计	地区序列	文化馆 S_{ij}累计	S_i累计	地区序列	博物馆 S_{ij}累计	S_i累计	地区序列	文化站 S_{ij}累计	S_i累计
乐山市	248.46%	223.55%	南充市	178.19%	176.46%	广元市	283.31%	227.12%	内江市	458.01%	480.08%	内江市	746.51%	592.79%
资阳市	250.66%	236.70%	凉山彝族自治州	185.97%	186.84%	成都市	292.70%	240.48%	宜宾市	469.09%	508.32%	德阳市	770.61%	627.66%
德阳市	252.58%	249.85%	绵阳市	192.98%	197.22%	自贡市	301.88%	253.84%	达州市	478.90%	536.56%	成都市	790.39%	662.53%
广安市	252.58%	263.00%	资阳市	199.99%	207.60%	绵阳市	310.02%	267.20%	凉山彝族自治州	487.37%	564.80%	自贡市	809.56%	697.40%
雅安市	252.58%	276.15%	自贡市	206.76%	217.98%	资阳市	318.12%	280.56%	甘孜藏族自治州	494.58%	593.04%	攀枝花市	827.96%	732.27%

表 7-15　2017 年四川省部分文化创意产业区位熵值序列整理结果

地区序列	艺术表演团体 S_{ij}累计	S_i累计	地区序列	公共图书馆 S_{ij}累计	S_i累计	地区序列	文化馆 S_{ij}累计	S_i累计	地区序列	博物馆 S_{ij}累计	S_i累计	地区序列	文化站 S_{ij}累计	S_i累计
自贡市	34.47%	13.72%	泸州市	13.98%	10.18%	甘孜藏族自治州	27.12%	12.80%	德阳市	50.46%	28.21%	资阳市	55.42%	35.09%
攀枝花市	65.45%	27.44%	成都市	26.29%	20.36%	宜宾市	49.10%	25.60%	成都市	91.84%	56.42%	乐山市	110.18%	70.18%
内江市	92.26%	41.16%	雅安市	37.67%	30.54%	泸州市	70.61%	38.40%	巴中市	128.04%	84.63%	凉山彝族自治州	163.50%	105.27%
成都市	110.88%	54.88%	内江市	48.83%	40.72%	达州市	90.94%	51.20%	广安市	162.25%	112.84%	雅安市	214.81%	140.36%
达州市	128.31%	68.60%	阿坝藏族羌族自治州	59.81%	50.90%	凉山彝族自治州	109.98%	64.00%	广元市	196.22%	141.05%	南充市	259.25%	175.45%
南充市	144.74%	82.32%	遂宁市	70.69%	61.08%	内江市	127.23%	76.80%	绵阳市	227.79%	169.26%	甘孜藏族自治州	303.47%	210.54%
宜宾市	158.06%	96.04%	眉山市	81.56%	71.26%	攀枝花市	144.07%	89.60%	自贡市	258.06%	197.47%	绵阳市	346.58%	245.63%

城市				城市		城市		城市		
阿坝藏族羌族自治州	171.12%	109.76%	92.37%	81.44%	阿坝藏族羌族自治州	159.80%	102.40%	遂宁市	284.33%	225.68%	眉山市	389.49%	280.72%
乐山市	183.53%	123.48%	102.86%	91.62%	雅安市	175.04%	115.20%	眉山市	308.60%	253.89%	达州市	432.31%	315.81%
甘孜藏族自治州	194.71%	137.20%	113.25%	101.80%	遂宁市	189.86%	128.00%	雅安市	330.67%	282.10%	宜宾市	474.90%	350.90%
凉山彝族自治州	205.08%	150.92%	123.55%	111.98%	广安市	204.50%	140.80%	资阳市	351.97%	310.31%	泸州市	516.48%	385.99%
遂宁市	215.21%	164.64%	133.16%	122.16%	德阳市	218.12%	153.60%	南充市	372.82%	338.52%	广元市	557.75%	421.08%
绵阳市	224.79%	178.36%	142.54%	132.34%	眉山市	231.32%	166.40%	泸州市	393.25%	366.73%	广安市	598.41%	456.17%
眉山市	233.53%	192.08%	151.75%	142.52%	巴中市	243.63%	179.20%	阿坝藏族羌族自治州	413.43%	394.94%	阿坝藏族羌族自治州	638.47%	491.26%
广元市	238.67%	205.80%	160.96%	152.70%	资阳市	254.82%	192.00%	攀枝花市	431.31%	423.15%	巴中市	677.75%	526.35%
巴中市	243.55%	219.52%	169.39%	162.88%	南充市	265.29%	204.80%	乐山市	448.18%	451.36%	遂宁市	715.65%	561.44%
资阳市	246.44%	233.24%	177.20%	173.06%	广元市	275.70%	217.60%	宜宾市	459.99%	479.57%	内江市	751.59%	596.53%
泸州市	248.95%	246.96%	184.52%	183.24%	自贡市	284.66%	230.40%	达州市	469.02%	507.78%	德阳市	775.96%	631.62%
德阳市	250.90%	260.68%	191.78%	193.42%	乐山市	293.43%	243.20%	内江市	477.86%	535.99%	攀枝花市	799.45%	666.71%
广安市	250.90%	274.40%	199.04%	203.60%	绵阳市	301.92%	256.00%	凉山彝族自治州	486.69%	564.20%	成都市	818.80%	701.80%
雅安市	250.90%	288.12%	206.24%	213.78%	成都市	310.26%	268.80%	甘孜藏族自治州	494.79%	592.41%	自贡市	837.85%	736.89%

从表7-12~表7-15可以看出，艺术表演团体在攀枝花市、自贡市、内江市、成都市、南充市、达州市从2014年到2017年的区位熵值都大于1，成为四川省艺术表演团体的主要集聚区，其中攀枝花市在2014年区位熵值最大达到了2.8472。2017年艺术表演团体区集聚度最高的是自贡市，区位熵值为2.5121；公共图书馆在泸州市、成都市、雅安市从2014年到2017年的区位熵值都大于1，是四川省公共图书馆的主要集聚地区，其中泸州市在2014年的集聚度最高，区位熵值达到了1.5363，自贡市2014年的区位熵值最小，为0.5305；2017年公共图书馆区集聚度最高的是泸州市，区位熵值为1.3735。文化馆在甘孜藏族自治州、达州市、宜宾市、泸州市从2014年到2017年的区位熵值都大于1，每年区位熵值都排在前6位，是四川省文化馆的主要集聚地区，在四川省大部分地区的文化馆区位熵值都大于1，都具有明显的集聚现象。甘孜藏族自治州2014年文化馆集聚度最高，区位熵值达到了2.7276；成都市2017年文化馆集聚度相对最低，区位熵值只有0.6517；2017年时文化馆区位熵值大于1的地方总共有13个；博物馆在德阳市、绵阳市、成都市、自贡市、巴中市、广安市、广元市从2014年到2017年的区位熵值都大于1，是四川省博物馆的主要集聚地区，其中德阳市2017年博物馆集聚度达到最高，区位熵值为1.7887，甘孜藏族自治州2014年集聚度最低，区位熵值只有0.1889。文化站在资阳市、凉山彝族自治州从2014年到2017年的区位熵值都大于1，且每年都排在前3位，是四川省文化站的主要集聚地区。四川省文化站除了成都市、自贡市、攀枝花市、德阳市、遂宁市，其余市或者州从2014年到2017年区位熵值都大于1，表现出明显的集聚趋势。

根据表7-12~表7-15，将各地区总产值（总就业人数）的累积百分比，即S_i累计百分比绘制在x坐标轴上，将各区域产值（从业人员）的累计百分比，即S_{ij}累计百分比绘制在y坐标轴上，构建出区域集聚曲线。区域集聚曲线与45°直线所围成的面积，与所在三角形面积的比值就是Hoover系数。Hoover系数值在[0，1]范围内，越接近1表示区域集中度越高；相反，越接近0表示在各区域内分布越均匀。区域集聚曲线如图7-11~图7-14所示。

如图7-11所示，计算每条曲线与45°直线围成的面积，再与曲线所在的三角形面积相比

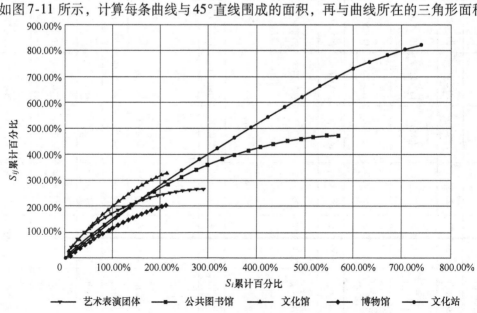

图7-11 2014年四川省部分文化创意产业区域集聚曲线图

得出Hoover系数。由此可以得到2014年艺术表演团体的Hoover系数值为0.3263，公共图书馆的系数值为0.1029，文化馆的系数值为0.3514，博物馆的系数值为0.1796，文化站的系数值为0.2715。

如图7-12所示，计算每条曲线与45°直线围成的面积，再与曲线所在的三角形面积相比得出Hoover系数。由此可以得到2015年艺术表演团体的Hoover系数值为0.2953，公共图书馆的系数值为0.0498，文化馆的系数值为0.3801，博物馆的系数值为0.0603，文化站的系数值为0.2739。

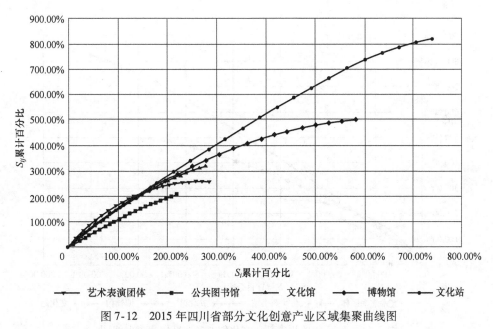

图7-12　2015年四川省部分文化创意产业区域集聚曲线图

如图7-13所示，计算每条曲线与45°直线围成的面积，再与曲线所在的三角形面积相

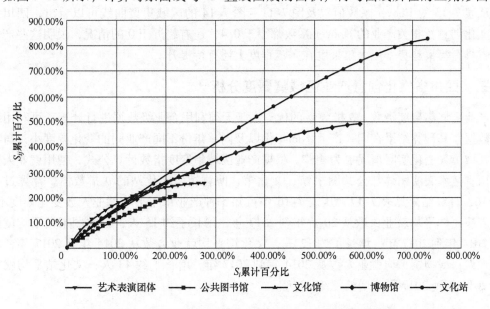

图7-13　2016年四川省部分文化创意产业区域集聚曲线图

比,得出 Hoover 系数。因此得到 2016 年艺术表演团体的 Hoover 系数值为 0.3298,公共图书馆的系数值为 0.0595,文化馆的系数值为 0.3434,博物馆的系数值为 0.0540,文化站的 Hoover 系数值为 0.3311。

如图 7-14 所示,计算每条曲线与 45°直线围成的面积,再与曲线所在的三角形面积相比,得出 Hoover 系数。由此可以得到 2016 年艺术表演团体的 Hoover 系数值为 0.247,公共图书馆的系数值为 0.062,文化馆的系数值为 0.373,博物馆的系数值为 0.067,文化站的系数值为 0.032。

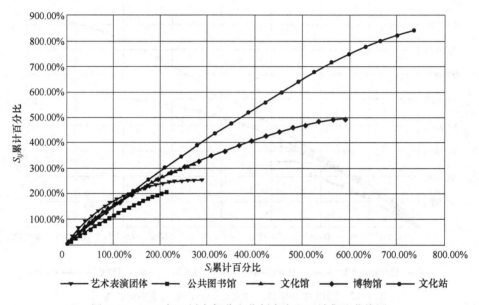

图 7-14 2017 年四川省部分文化创意产业区域集聚曲线图

从表 7-15 的 Hoover 系数值以及图 7-11~图 7-14 的区域集聚曲线可以看出,四川省的这些文化创意及相关产业的 Hoover 系数都小于 0.4,还有趋近于 0 的情况,说明这些产业在四川省具有集聚趋势,但是集聚度在一定程度上还有待提升。

三、四川省文化创意产业区域集聚度分析

产业区域集聚度指数(θ 指数)的优点在于无须利用企业级数据进行计算,可利用统计年鉴数据,其计算结果在同一产业不同年份以及同一年份不同产业间的变化幅度小,与我国产业区域集聚变化实际情况更为相符。根据产业区域集聚度指数计算公式,使用就业人数计算四川省艺术表演团体、公共图书馆、文化馆、博物馆、文化站的 θ 指数值。计算过程见表 7-16,计算结果见表 7-17。从表 7-16 中可知 5 种产业每年平均就业人数变化幅度不大:艺术表演团体平均就业人数从 2014 年到 2017 年,增长了约 15 人;公共图书馆平均就业人数从 2014 年到 2017 年,增长了约 12 人;文化馆平均就业人数从 2014 年到 2017 年,增长了约 6 人;博物馆平均就业人数从 2014 年到 2017 年,增长了约 43 人;文化站平均就业人数从 2014 年到 2017 年,增长了约 38 人。

表 7-16　根据就业人数计算四川省部分文化创意产业区域集聚度指数值过程

年份\产业	艺术表演团体		公共图书馆		文化馆		博物馆		文化站	
	k	$\bar{x}$	k	$\bar{x}$	k	$\bar{x}$	k	$\bar{x}$	k	$\bar{x}$
2014 年	8	140.2381	3	102.4762	6	138.1905	6	275.9524	6	358.3810
2015 年	8	141.0952	1	107.6667	5	138.3810	5	290.8095	6	368.7619
2016 年	8	143.0952	2	112.9048	5	145.4286	4	307.2381	5	379.4762
2017 年	5	154.9048	2	114.9048	5	144.5238	4	318.4762	6	396.1905

表 7-17　根据就业人数计算四川省部分文化创意产业区域集聚度指数值结果

产业\年份 θ 指数	2014 年	2015 年	2016 年	2017 年
艺术表演团体	0.2626	0.2623	0.2691	0.3287
公共图书馆	0.2524	0.2832	0.2847	0.2772
文化馆	0.1528	0.1639	0.1848	0.1763
博物馆	0.3010	0.3065	0.3428	0.3407
文化站	0.1531	0.1539	0.1677	0.1636

将上述数据绘制为折线图,可得到 2014 年到 2017 年四川省创意产业区域集中度指数图(见图 7-15)。

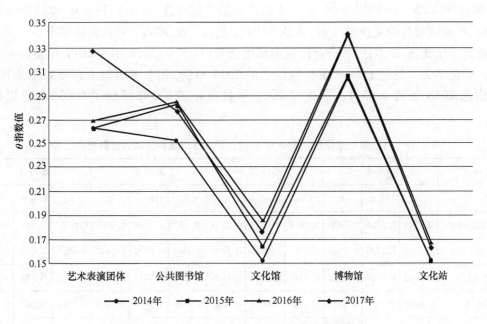

图 7-15　四川省文化创意产业区域集聚度指数图

结合表 7-17 和图 7-15 可以看出，所有产业的区域集聚度指数值都大于 0，说明分布不均匀，有集聚现象存在。艺术表演团体的区域集聚度指数，从 2014 年到 2017 年呈现增长趋势，表明集聚程度在增加；从 2014 年到 2016 年 θ 值都小于 0.3，集聚度较低，在 2017 年 θ 值达到了 0.3287，相对于前 3 年有所增加。公共图书馆的区域集聚度指数四年都较低，全部小于 0.3，前三年成增长趋势，2017 年 θ 值有所减小。文化馆区域集聚度指数从 2014 年至 2016 年呈增长趋势，2017 年有所减小；4 年来文化馆的 θ 值都小于 0.2，表明有集聚现象，但是集聚程度较低。博物馆的区域集聚度指数从 2014 年到 2017 年呈增长趋势，2017 年略微减小，4 年来博物馆的 θ 值都是大于 0.3 但是小于 0.4 的，集聚度处于不低也不高的中间水平。文化站每年的区域集聚度指数在这 5 种产业里都是较低的，从 2014 年到 2016 年在缓慢增长，2017 年有略微的减小趋势，且 4 年的 θ 值都小于 0.2，集聚度较低。

对三种指标的计算结果进行整理（见表 7-18）。从整理结果中可以看出，四川省部分文化创意产业四年来有集聚趋势但是集聚度都不高，并且集聚度整体变化缓慢。2014 年到 2017 年的行业集中度变化趋势与产业区域集聚度指数的变化趋势不完全吻合，但是整体发展趋势相似。Hoover 系数的变化趋势与上两种指标的整体发展趋势有所区别。如从各行业四年变化趋势看，艺术表演团体的产业集中度指数（CR_4）和产业区域集聚度指数（θ），计算结果显示集聚度整体在增加，而 Hoover 系数显示的却是集聚度在减小。公共图书馆从 2014 年到 2017 年的产业集中度指数（CR_4）和产业区域集聚度指数（θ）显示集聚度整体在上升，而 Hoover 系数显示集聚度在下降。博物馆从 2014 年到 2017 年的集中度指数（CR_4）和产业区域集聚度指数（θ）变化程度较小，呈现集聚度增加的趋势；而 Hoover 系数值却显示集聚度在减小，并且 Hoover 系数值波动较大，如从 2014 年的 0.1796 到 2015 年的 0.0603，但 2014 年到 2015 年的产业集中度指数（CR_4）只从 0.6022 变化到了 0.588，产业区域集聚度指数（θ）从 0.3010 变化到了 0.3065，变化幅度都很小。文化站的行业集中度指数（CR_4）和产业区域集聚度指数（θ）从 2014 年到 2017 年整体变化较平稳，变化不大，但是 Hoover 系数值显示的 2014 年到 2017 年的集中程度在急剧变化，最大值是 2016 年的 0.3311，最低在 2017 年数值接近 0，降低到了 0.032，变化程度较大。

表 7-18 行业集中度指数、Hoover 系数、产业区域集聚度指数计算结果比较

三种指标\产业	年份	2014 年			2015 年			2016 年			2017 年		
		CR_4	Hoover	θ	CR_4	Hoover	θ	CR_4	Hoover	θ	CR_4	Hoover	θ
艺术表演团体		0.5725	0.3263	0.2626	0.5845	0.2953	0.2623	0.596	0.3298	0.2691	0.6127	0.247	0.3287
公共图书馆		0.4791	0.1029	0.2524	0.4777	0.0498	0.2832	0.4943	0.0595	0.2847	0.4861	0.062	0.2772
文化馆		0.3952	0.3514	0.1528	0.3957	0.3801	0.1639	0.4253	0.3434	0.1848	0.4119	0.373	0.1763
博物馆		0.6022	0.1796	0.3010	0.588	0.0603	0.3065	0.6139	0.054	0.3428	0.6114	0.067	0.3407
文化站		0.3941	0.2715	0.1531	0.3911	0.2739	0.1539	0.3974	0.3311	0.1677	0.3915	0.032	0.1636

本章小结

本章主要研究四川省的文化创意产业发展。首先分析了四川省文化创意产业的发展现状，四川省是多民族聚集地，富有各类文化资源。2018年，成都市文化体制改革和文化产业发展领导小组公布了31家首批成都市文创产业园区。研究四川省文化创意产业的集中度及其集聚效应，有助于把握文化创意产业的本质，更好地提升文化创意产业的竞争水平。其次对四川省文化创意产业发展相关数据进行选择，通过对历年四川省统计年鉴分析，列出了2014年至2017年四川省各主要城市中艺术表演团体、公共图书馆、文化馆、博物馆、文化站的就业人数。最后进行了集聚度测算分析，计算出了四年的产业集中度指数、Hoover系数以及产业区域集聚指数；对2014年至2017年的三种指标进行表格分析、曲线图比较分析，2014年到2017年的行业集中度变化趋势与产业区域集聚度指数的变化趋势不完全吻合，但是整体发展趋势相似，Hoover系数的变化趋势与其他两种指标的整体发展趋势有所区别。分析得出2014年至2017年，四川省文化创意产业分布不均匀，有集聚现象存在，但是集聚度都不高，并且整体变化缓慢。

第八章
四川省文化创意产业的关联性实证研究

第一节　四川省文化创意产业数据来源

一、四川省文化创意产业的投入产出表

本文以投入产出模型为研究工具，对四川省文化创意产业的关联性进行分析。通过对四川省投入产出表的分析，以及对文化创意产业关联和波及效应的各种系数进行计算，可以了解文化创意产业与其他部门产业关联效应的强度、相互波及影响作用大小，从而进一步定量地分析研究文化创意产业对产业结构和国民经济的影响。根据四川省文化创意产业的数据，以四川省投入产出表中的产业门类为参照，将四川省42个产业部门投入产出表中的产业划分为三次产业，具体产业门类见表8-1。

表8-1　四川省三次产业行业分类

产业门类	行业分类
第一产业（代码01）	农、林、牧、渔产品和服务
第二产业（代码02—28）	煤炭采选产品，石油和天然气开采产品，金属矿采选产品，非金属矿和其他矿采选产品，食品和烟草，纺织品，纺织、服装、鞋帽、皮革、羽绒及其制品，木材加工品和家具，造纸、印刷和文教、体育用品，石油、炼焦产品和核燃料加工品，化学产品，非金属矿物制品，金属冶炼和压延加工品，金属制品，通用设备，专用设备，交通运输设备，电气、机械和器材，通信设备、计算机和其他电子设备，仪器仪表，其他制造产品，废品废料，金属制品、机械和设备修理服务，电力、热力的生产和供应，燃气生产和供应，水的生产和供应，建筑
第三产业（代码29—42）	批发和零售，交通运输、仓储和邮政，住宿和餐饮，信息传输、软件和信息技术服务，金融，房地产，租赁和商务服务，科学研究和技术服务，水利、环境和公共设施管理，居民服务、修理和其他服务，教育，卫生和社会工作，文化、体育和娱乐，公共管理、社会保障和社会组织

注：根据四川省42个部门投入产出表中的产业门类编制。

四川省的投入产出表每五年编制一次。根据四川省统计局、四川省发展和改革委员会、四川省经济和信息化委员会、四川省财政厅《关于切实做好2017年投入产出调查工作的通知》（川统计〔2017〕17号）精神，2017年成都市投入产出调查工作全面开展。按照国家和省要求，2019年12月底以前完成2017年投入产出表编制，并开展投入产出分析应用等工作（注：本书完稿时四川省2017年投入产出表还没有统计完毕）。

本文通过对2007年和2012年投入产出表的分析，进一步明确了投入产出表的结构，基

于对各产业与其他产业的投入和消耗、中间使用、最终使用和增加值的理解，结合投入产出计算方法，以 2012 年四川省投入产出表为起始点，利用 2012—2018 年四川省统计年鉴中的各产业投入与产出数据和最终使用数据，运用投入产出表构成的计算方法，生成了 2014 年、2016 年、2018 年的投入产出表。

二、四川省文化创意产业投入产出数据处理

四川省三次产业行业分类的各产业部门中并没有包含文化创意产业。本文根据《国民经济行业分类》（GB/T 4754—2017）和《文化及相关产业分类（2018）》，结合四川省文化创意产业分类目录，选取文化、体育和娱乐，教育，科学研究和技术服务，信息传输、软件和信息技术服务四类产业部门，组成四川省文化创意产业。四类产业部门与现阶段四川省文化创意产业中的支柱性产业，包括软件、网络及计算机服务，传媒行业中的新闻出版、电视、电影，文博旅游，演艺娱乐，文学艺术创作等，匹配度较高。因此，本书实证部分直接将这四类产业合并为文化创意产业，进一步研究文化创意产业与其他产业的产业关联和波及效应。

为更有效地进行投入产出模型分析，将投入产出表数据进行了组合，表现在：将第二产业中通用设备行业和专用设备行业合并为通用、专用设备制造业；第二产业中金属制品、机械和设备修理服务与第三产业中居民服务、修理和其他服务合并为第三产业的综合服务业，整理后的 37 个行业见表 8-2。

表 8-2　整理后的产业门类及行业分类

产业门类	行业分类
第一产业（代码 01）	农、林、牧、渔产品和服务
第二产业（代码 02—26）	煤炭采选产品，石油和天然气开采产品，金属矿采选产品，非金属矿和其他矿采选产品，食品和烟草，纺织品，纺织、服装、鞋帽、皮革、羽绒及其制品，木材加工品和家具，造纸、印刷和文教、体育用品，石油、炼焦产品和核燃料加工品，化学产品，非金属矿物制品，金属冶炼和压延加工品，金属制品，通用、专用设备制造业，交通运输设备，电气、机械和器材，通信设备、计算机和其他电子设备，仪器仪表，其他制造产品，废品废料，电力、热力的生产和供应，燃气生产和供应，水的生产和供应，建筑
第三产业（代码 27—37）	批发和零售，交通运输、仓储和邮政，住宿和餐饮，金融，房地产，租赁和商务服务，水利、环境和公共设施管理，综合服务业，卫生和社会工作，公共管理、社会保障和社会组织，文化创意产业

整理后的投入产出表包含 37 个产业部门。第一产业未发生变化，仍只包含农林牧渔产品和服务部门；第二产业通过合并产业的投入和消耗值变为 25 个产业部门；第三产业包含 11 个产业部门。

第二节　四川省文化创意产业关联效益分析

一、四川省文化创意产业后向关联分析

文化创意产业后向关联分为后向直接关联和后向完全关联，分别由直接消耗系数和完全消耗系数反映。文化创意产业对于某产业部门的直接消耗系数，表示在生产经营过程中文化

创意产业生产产品或服务时所需某产业部门提供的价值量与文化创意产业的总消耗量的比值，可以反映文化创意产业对于其他部门发展拉动作用的大小[1]。文化创意产业对三次产业的完全消耗系数能够反映文化创意产业生产单位最终产品对三次产业的全部直接消耗量和全部间接消耗量的总和，其完全消耗系数是直接消耗系数和全部间接消耗系数之和[2]。

（一）文化创意产业对三次产业的后向关联分析

1. 三次产业直接后向关联分析

以四川省 2012 年、2014 年、2016 年和 2018 年投入产出表为计算依据，运用直接消耗系数运算公式，计算得到四川省 2012 年、2014 年、2016 年和 2018 年文化创意产业对三次产业直接消耗系数见表 8-3。

表 8-3　2012 年、2014 年、2016 年和 2018 年四川省文化创意产业对三次产业的直接消耗系数

时间 产业	2012 年	2014 年	2016 年	2018 年
第一产业	0.00376	0.00562	0.00655	0.00702
第二产业	0.23324	0.24950	0.25966	0.27004
第三产业	0.24481	0.27133	0.30213	0.33431

根据表 8-3 的数据，四川省文化创意产业对第一产业的直接消耗系数 2012 年、2014 年、2016 年和 2018 年分别为 0.00376、0.00562、0.00655、0.00702，说明四川省文化创意产业对于第一产业产品和服务的直接消耗量较小（几乎没有什么消耗）；对第二产业的直接消耗系数 2012 年、2014 年、2016 年和 2018 年分别为 0.23324、0.24950、0.25966、0.27004；对第三产业的直接消耗系数均为最大，2012 年、2014 年、2016 年和 2018 年直接消耗系数分别为 0.24481、0.27133、0.30213、0.33431，这说明四川省文化创意产业对第三产业的直接依赖度最高，对第三产业的直接拉动作用最大。

根据四川省 2012 年、2014 年、2016 年和 2018 年文化创意产业对三次产业直接消耗系数表，分析 2012 年、2014 年、2016 年和 2018 年四川省文化创意产业对三次产业直接消耗系数的动态变化，如图 8-1 所示。

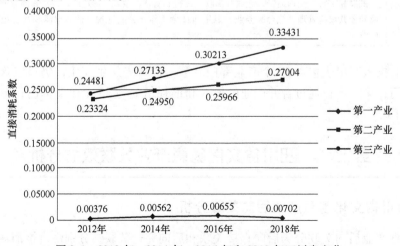

图 8-1　2012 年、2014 年、2016 年和 2018 年四川省文化创意产业对三次产业的直接消耗系数

从图 8-1 可知，2012 年、2014 年、2016 年和 2018 年四川省文化创意产业对第一产业的直接消耗系数几乎没有变化，且均处于较低的水平，说明对第一产业几乎没有直接消耗。四川省文化创意产业对第二产业的直接消耗系数自 2012 年开始就处于相对较高的水平，2012 年文化创意产业对第二产业需求占比 23.32%，2012 年、2014 年、2016 年和 2018 年直接消耗系数一直保持上升的趋势。四川省文化创意产业对第三产业的直接消耗系数在 2012 年与对第二产业的相差不大，往后几年其增加速度明显大于对第二产业的，而且差距越来越大。2018 年四川省文化创意产业对第三次产业的需求占比达到 33.43%，远大于对第二产业的需求。通过进一步对直接消耗系数增长趋势的数据分析，以 2012 年四川省文化创意产业对三次产业的直接消耗系数为计算基础，得出 2014 年、2016 年和 2018 年直接消耗系数增加值趋势图和增加值同比增长率，如图 8-2 和图 8-3 所示。

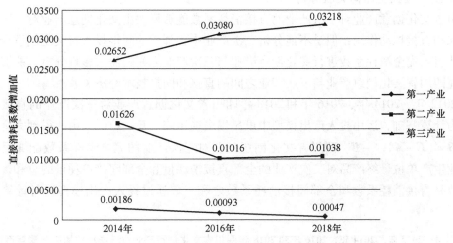

图 8-2　2014 年、2016 年和 2018 年四川省文化创意产业对三次产业的直接消耗系数增加值

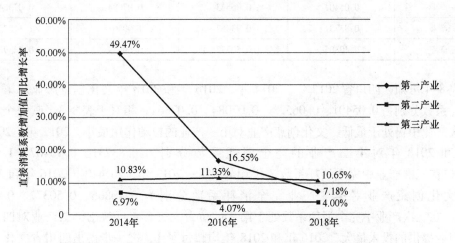

图 8-3　2014 年、2016 年和 2018 年四川省文化创意产业对三次产业的直接消耗系数增加值同比增长率

结合图 8-2 和图 8-3 进一步分析可知，四川省文化创意产业对三次产业的直接消耗系数中，对第三产业的直接消耗系数增加值 3 年均为最大，并且一直处于增加的状态。通过图 8-3 发现，其增加值同比增长率一直保持稳定的趋势，同比增长率保持在 10.50%～11.50%，极差不超过 1%。说明第三产业对四川省文化创意产业的直接推动作用处于稳定加速的状态。2014 年至 2018 年四川省文化创意产业对第二产业的直接消耗系数的增加值呈现逐年下降的趋势，其增长率趋势与增加值趋势相同，2014 年至 2016 年下降较快，2016 年至 2018 年趋于相对平稳。说明第二产业对四川省文化创意产业的直接推动作用处于变化的加速状态，且其增加的速度在逐年减小。四川省文化创意产业对第一产业的直接消耗系数很小，增加值也在逐年减小，增加值同比增长率变化幅度较大，趋于一种不稳定的状态，说明四川省文化创意产业对第一产业的拉动作用不明显，几乎没影响。

2. 三次产业完全后向关联分析

四川省文化创意产业对三次产业的直接消耗系数能够反映出文化创意产业对三次产业的直接需求和直接拉动作用，但是不能分析三次产业中各部门的间接投入对文化创意产业的影响。因此引入完全消耗系数进行文化创意产业与三次产业之间的需求影响分析，能够更为全面地研究四川省文化创意产业与三次产业之间的直接和间接技术经济关系。

以 2012 年、2014 年、2016 年和 2018 年四川省文化创意产业对三次产业的直接消耗系数矩阵为计算基础，运用投入产出模型中里昂惕夫逆矩阵 $(E-A)^{-1}$，由此得到完全消耗系数矩阵 $B=(E-A)^{-1}-E$。四川省文化创意产业对三次产业的完全消耗系数能够反映文化创意产业生产单位最终产品对三次产业的全部直接消耗量和全部间接消耗量的总和，其完全消耗系数是直接消耗系数和全部间接消耗系数之和[1]。通过投入产出模型进行计算的结果见表 8-4。

表 8-4 2012 年、2014 年、2016 年和 2018 年四川省文化创意产业对三次产业的完全消耗系数

产业＼时间	2012 年	2014 年	2016 年	2018 年
第一产业	0.05401	0.06523	0.07084	0.07364
第二产业	0.83731	0.93467	1.00501	1.11872
第三产业	0.40805	0.50377	0.60659	0.72395

从表 8-4 可知，四川省 2012 年、2014 年、2016 年和 2018 年文化创意产业对第一产业完全消耗系数分别为 0.05401、0.06523、0.07084、0.07364，相对于表 8-3，其完全消耗系数在三次产业中仍处于最低，文化创意产业对第一产业的拉动作用最小。2012 年、2014 年、2016 年和 2018 年对第二产业的完全消耗系数分别为 0.83731、0.93467、1.00501、1.11872，在三次产业中完全消耗系数 3 年均为最大。2012 年、2014 年、2016 年和 2018 年四川省文化创意产业对第三产业完全消耗系数分别为 0.40805、0.50377、0.60659、0.72395，在三次产业中完全消耗系数处于第二的位置。表 8-4 反映出第二产业对四川省文化创意产业提供的投入最大，2016 年和 2018 年均超过了 1，进一步得出四川省文化创意产业对第二产业的完全需求较高。为了更好地分析三次产业各部门的间接投入对四川省文化创意产业的影响，对表 8-3 和表 8-4 的数据进行处理后得到 2012 年、2014 年、2016 年和 2018

年四川省文化创意产业对三次产业的全部间接消耗系数表，见表8-5。

表8-5　2012年、2014年、2016年和2018年四川省文化创意产业对三次产业的全部间接消耗系数

时间 产业	2012年	2014年	2016年	2018年
第一产业	0.05025	0.05961	0.06429	0.06662
第二产业	0.60407	0.68517	0.74535	0.84868
第三产业	0.16324	0.23244	0.30446	0.38964

根据表8-3和表8-5的数据，生成直接消耗系数和间接消耗系数分析图，如图8-4～图8-6所示，由此对比分析四川省文化创意产业对三次产业直接和间接的消耗情况。

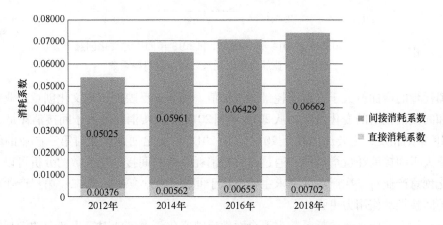

图8-4　2012年、2014年、2016年和2018年四川省文化创意产业对第一产业的直接消耗系数和间接消耗系数

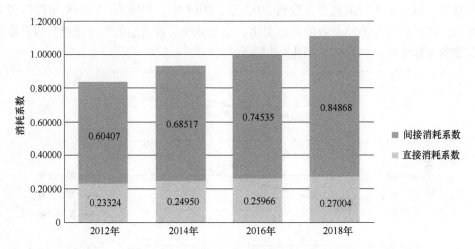

图8-5　2012年、2014年、2016年、2018年四川省文化创意产业对第二产业的直接消耗系数和间接消耗系数

根据图8-4～图8-6可知，四川省文化创意产业对第一、第二产业的间接消耗系数大于直接消耗系数，即四川省文化创意产业对第一、第二产业的间接消耗量大于直接消耗量，而

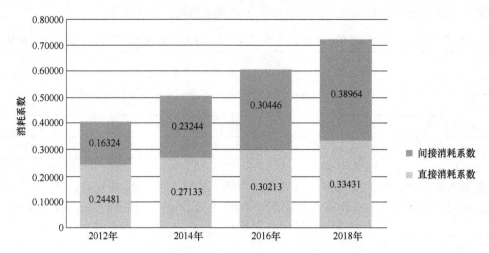

图 8-6 2012 年、2014 年、2016 年和 2018 年四川省文化创意产业
对第三产业的直接消耗系数和间接消耗系数

且间接消耗量的增加值大于直接消耗量的增加值。图 8-6 反映四川省文化创意产业对第三产业直接和间接消耗量的变化情况，从 2012 年到 2014 年直接消耗量大于间接消耗量，而 2016 年到 2018 年则相反，主要原因在于 2014 年至 2018 年文化创意产业对第三产业的间接消耗量增加值大于间接消耗量增加值。通过对直接消耗系数和间接消耗系数的分析可以看出，四川省文化创意产业对三次产业的需求主要来自于间接消耗，第一、第二、第三产业对文化创意产业的间接推动作用力更强。

完全消耗系数比直接消耗系数更能全面地反映文化创意产业对三次产业的消耗情况。在分析四川省文化创意产业的后项关联时，四川省文化创意产业对三次产业的完全消耗系数成为核心指标。以表 8-4 为出发点，分析 2012 年、2014 年、2016 年和 2018 年四川省文化创意产业对三次产业完全消耗系数的动态变化、完全消耗系数增加值的变化趋势以及增加值同比增长率的变动情况，如图 8-7 ~ 图 8-9 所示。

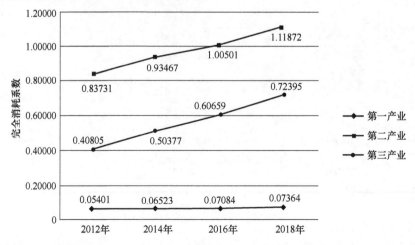

图 8-7 2012 年、2014 年、2016 年和 2018 年四川省文化创意产业
对三次产业的完全消耗系数

从图 8-7 可知，四川省文化创意产业对三次产业的完全消耗系数中，第二产业各年的完全消耗系数均位于第一，其次为第三产业，最后为第一产业。第一产业对四川省文化创意产业的完全投入值每年都较低，最大投入占比为 7.36%。与其直接消耗系数进行对比，能够更明确地反映四川省文化创意产业对第一产业，即农林牧渔产品和服务产业部门的拉动作用较小，两产业之间后向关联强度不大，后向关联效应不明显。与直接消耗系数不同，四川省文化创意产业对第二产业的完全消耗系数在 2012 年就达到 0.83731，相对于 2012 年对第三产业的完全消耗系数 0.40805，数值上是其两倍。从 2012 年到 2018 年，对第二产业的完全消耗系数呈逐年增长的趋势，2016 年后完全消耗系数超过了 1。分析表明，从 2012 年到 2018 年四川省文化创意产业对第三产业的完全消耗系数呈逐年增长的趋势，2018 年达到最大，第三产业的投入占比达 72.40%。总体上，四川省文化创意产业在生产经营过程中消耗的货物或服务的价值量主要来自于第二产业，对第二产业的后向关联强度均超过第一和第三产业，对第二产业的依赖性最高。

结合图 8-8 和图 8-9 可知，四川省文化创意产业对三次产业的完全消耗系数中，第三产业的完全消耗系数增加值在 2014 年时与第二产业基本相同，略低于第二产业；2014 年至 2018 年呈逐年增加的趋势，2016 年达到 0.10282，2018 年为 0.11736，均高于第二产业。图 8-9 反映出四川省文化创意产业对第三产业的完全消耗系数的增加值同比增长率呈逐年下降的趋势，同比增长率保持在 19.35%~23.46%，变化幅度为不超过 5%，能够反映四川省文化创意产业对第三产业的拉动作用处于相对稳定的加速状态，波动幅度不大。四川省文化创意产业对第二产业的完全消耗系数的增加值从 2014 年到 2016 年呈现下降趋势，2016 年过后又逐渐回升，到 2018 年达到 0.11371，且高于 2014 年的增加值。其同比增长率趋势与增加值趋势相同，2014 年到 2016 年下降较快，2016 年到 2018 年又快速上升，2018 年时基本和 2014 年相当。说明四川省文化创意产业对第二产业的拉动作用处于不太稳定的加速状态，波动性较大。四川省文化创意产业对第一产业的完全消耗系数很小，增加值也在逐年减小，增加值的同比增长率呈下降趋势，下降的比例比较大。完全消耗系数的动态变化能够同样反映出四川省文化创意产业对第一产业的拉动作用不明显。

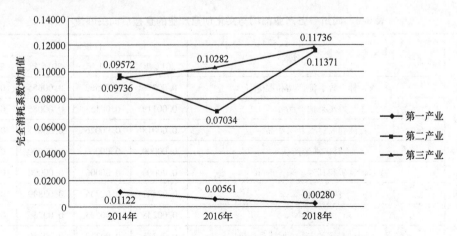

图 8-8　2014 年、2016 年和 2018 年四川省文化创意产业对三次产业的完全消耗系数增加值

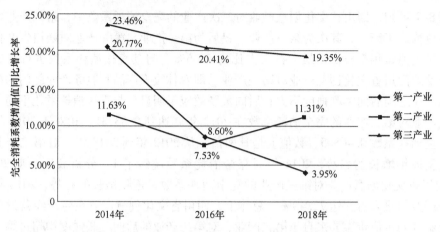

图 8-9 2014 年、2016 年和 2018 年四川省文化创意产业
对三次产业的完全消耗系数增加值同比增长率

通过研究四川省文化创意产业对第一、第二、第三产业的直接消耗系数、间接消耗系数和完全消耗系数、系数增加值及增加值同比增长率，结果表明：①四川省文化创意产业对三次产业的消耗主要来自于各产业的间接投入，即总体上间接消耗系数大于直接消耗系数。②四川省文化创意产业对三次产业的消耗主要来自于第二产业，即与第二产业后向完全关联最强，其次为第三产业，最后为第一产业。③从四川省文化创意产业对三次产业的后向关联性变化趋势角度分析，文化创意产业对第三产业的后向关联呈逐渐增强的趋势，且保持相对稳定的状态；四川省文化创意产业对第二产业的后向关联也呈逐渐增强的趋势，该趋势的强度低于第三产业且稳定性不好；四川省文化创意产业对第一产业的后向关联较弱，稳定性差。

（二）文化创意产业

为了进一步研究四川省文化创意产业与三次产业中各产业部门的后向关联情况，通过投入产出模型、整理后的投入产出表，计算出 2012 年、2014 年、2016 年和 2018 年四川省文化创意产业与四川省 37 个产业部门的直接消耗系数和完全消耗系数，见表 8-6 和表 8-7。

表 8-6 四川省各产业部门与文化创意产业的直接后向关联度

产业类型	产业名称	直接消耗系数			
		2012 年	2014 年	2016 年	2018 年
第一产业	农、林、牧、渔产品和服务	0.00376	0.00562	0.00655	0.00702
第二产业各产业部门细分	煤炭采选产品	0.00119	0.00153	0.00085	0.00074
	石油和天然气开采产品	0.00018	0.00026	0.00013	0.00011
	金属矿采选产品	0.00000	0.00000	0.00000	0.00000
	非金属矿和其他矿采选产品	0.00000	0.00000	0.00000	0.00000
	食品和烟草	0.02407	0.02735	0.02899	0.02768
	纺织品	0.00238	0.00295	0.00266	0.00243
	纺织、服装、鞋帽、皮革、羽绒及其制品	0.00355	0.00377	0.00360	0.00338
	木材加工品和家具	0.00551	0.00646	0.00681	0.00705
	造纸、印刷和文教、体育用品	0.03441	0.03729	0.03873	0.03988

(续)

产业类型	产业名称	直接消耗系数			
		2012年	2014年	2016年	2018年
第二产业各产业部门细分	石油、炼焦产品和核燃料加工品	0.00527	0.00267	0.00137	0.00111
	化学产品	0.01259	0.01359	0.01158	0.00757
	非金属矿物制品	0.00265	0.00283	0.00293	0.00280
	金属冶炼和压延加工品	0.00111	0.00135	0.00147	0.00131
	金属制品	0.00265	0.00283	0.00268	0.00280
	通用、专用设备制造业	0.00926	0.00967	0.00977	0.00957
	交通运输设备	0.00814	0.00891	0.00845	0.00788
	电气、机械和器材	0.03848	0.04160	0.04410	0.04202
	通信设备、计算机和其他电子设备	0.03724	0.04178	0.05087	0.06904
	仪器仪表	0.01287	0.01243	0.01214	0.01192
	其他制造产品	0.00163	0.00168	0.00174	0.00177
	废品废料	0.00000	0.00000	0.00000	0.00000
	电力、热力的生产和供应	0.02062	0.01980	0.01919	0.01878
	燃气生产和供应	0.00077	0.00085	0.00080	0.00090
	水的生产和供应	0.00305	0.00327	0.00315	0.00325
	建筑	0.00562	0.00663	0.00764	0.00804
第三产业各产业部门细分	批发和零售	0.02637	0.02904	0.03170	0.03347
	交通运输、仓储和邮政	0.02008	0.02043	0.02060	0.02095
	住宿和餐饮	0.04311	0.05215	0.06119	0.07203
	金融	0.02481	0.03028	0.03484	0.03849
	房地产	0.01176	0.01334	0.01756	0.01966
	租赁和商务服务	0.01918	0.02064	0.02211	0.02406
	水利、环境和公共设施管理	0.00048	0.00090	0.00132	0.00300
	综合服务业	0.01547	0.01678	0.01809	0.02071
	卫生和社会工作	0.00147	0.00249	0.00283	0.00301
	公共管理、社会保障和社会组织	0.00067	0.00200	0.00300	0.00367
	文化创意产业	0.08141	0.08327	0.08889	0.09526

表8-7 四川省各产业部门与文化创意产业的完全后向关联度

产业类型	产业名称	完全消耗系数			
		2012年	2014年	2016年	2018年
第一产业	农、林、牧、渔产品和服务	0.05401	0.06523	0.07084	0.07364
第二产业各产业部门细分	煤炭采选产品	0.03446	0.03719	0.03172	0.03081
	石油和天然气开采产品	0.02014	0.02379	0.01795	0.01704
	金属矿采选产品	0.01535	0.01967	0.02183	0.02471

(续)

产业类型	产业名称	完全消耗系数			
		2012 年	2014 年	2016 年	2018 年
第二产业各产业部门细分	非金属矿和其他矿采选产品	0.01142	0.01577	0.01795	0.02085
	食品和烟草	0.06739	0.07589	0.08014	0.07674
	纺织品	0.01258	0.01401	0.01329	0.01272
	纺织、服装、鞋帽、皮革、羽绒及其制品	0.00994	0.01041	0.01004	0.00957
	木材加工品和家具	0.01526	0.01768	0.01858	0.01919
	造纸、印刷和文教、体育用品	0.07090	0.07681	0.07977	0.08213
	石油、炼焦产品和核燃料加工品	0.02906	0.02855	0.02830	0.02825
	化学产品	0.09236	0.09840	0.08633	0.06218
	非金属矿物制品	0.01484	0.01610	0.01685	0.01591
	金属冶炼和压延加工品	0.07707	0.08535	0.08949	0.08397
	金属制品	0.01609	0.01643	0.01616	0.01638
	通用、专用设备制造业	0.03477	0.04057	0.04202	0.03912
	交通运输设备	0.02602	0.02763	0.02666	0.02546
	电气、机械和器材	0.06386	0.06883	0.07280	0.06949
	通信设备、计算机和其他电子设备	0.11219	0.14966	0.22459	0.37444
	仪器仪表	0.01775	0.01629	0.01532	0.01459
	其他制造产品	0.00328	0.00340	0.00358	0.00366
	废品废料	0.00459	0.00497	0.00549	0.00574
	电力、热力的生产和供应	0.07053	0.06813	0.06633	0.06513
	燃气生产和供应	0.00237	0.00247	0.00240	0.00255
	水的生产和供应	0.00622	0.00673	0.00644	0.00666
	建筑	0.00887	0.00994	0.01098	0.01143
第三产业各产业部门细分	批发和零售	0.05414	0.07935	0.09616	0.11297
	交通运输、仓储和邮政	0.03996	0.06243	0.07366	0.10736
	住宿和餐饮	0.06424	0.07984	0.10064	0.11624
	金融	0.06319	0.07326	0.08764	0.09914
	房地产	0.01918	0.02669	0.04022	0.05149
	租赁和商务服务	0.03143	0.03448	0.03562	0.04477
	水利、环境和公共设施管理	0.00147	0.00207	0.00386	0.00624
	综合服务业	0.02738	0.02758	0.02781	0.02821
	卫生和社会工作	0.00191	0.00576	0.00672	0.00864
	公共管理、社会保障和社会组织	0.00128	0.00510	0.00702	0.00829
	文化创意产业	0.10387	0.10721	0.12724	0.14060

1. 各产业直接后向关联分析

根据表 8-6 数据,将各年的直接消耗系数排序,得到表 8-8 至表 8-11。

表8-8 2012年四川省文化创意产业对三次产业细分行业的直接消耗系数及排序

细分行业	直接消耗系数	排序	细分行业	直接消耗系数	排序
文化创意产业	0.08141	1	石油、炼焦产品和核燃料加工品	0.00527	20
住宿和餐饮	0.04311	2	农、林、牧、渔产品和服务	0.00376	21
电气、机械和器材	0.03848	3	纺织、服装、鞋帽、皮革、羽绒及其制品	0.00355	22
通信设备、计算机和其他电子设备	0.03724	4	水的生产和供应	0.00305	23
造纸、印刷和文教、体育用品	0.03441	5	金属制品	0.00265	24
批发和零售	0.02637	6	非金属矿物制品	0.00265	25
金融	0.02481	7	纺织品	0.00238	26
食品和烟草	0.02407	8	其他制造产品	0.00163	27
电力、热力的生产和供应	0.02062	9	卫生和社会工作	0.00147	28
交通运输、仓储和邮政	0.02008	10	煤炭采选产品	0.00119	29
租赁和商务服务	0.01918	11	金属冶炼和压延加工品	0.00111	30
综合服务业	0.01547	12	燃气生产和供应	0.00077	31
仪器仪表	0.01287	13	公共管理、社会保障和社会组织	0.00067	32
化学产品	0.01259	14	水利、环境和公共设施管理	0.00048	33
房地产	0.01176	15	石油和天然气开采产品	0.00018	34
通用、专用设备制造业	0.00926	16	金属矿采选产品	0.00000	35
交通运输设备	0.00814	17	非金属矿和其他矿采选产品	0.00000	36
建筑	0.00562	18	废品废料	0.00000	37
木材加工品和家具	0.00551	19	—	—	—

表8-9 2014年四川省文化创意产业对三次产业细分行业的直接消耗系数及排序

细分行业	直接消耗系数	排序	细分行业	直接消耗系数	排序
文化创意产业	0.08327	1	农、林、牧、渔产品和服务	0.00562	20
住宿和餐饮	0.05215	2	纺织、服装、鞋帽、皮革、羽绒及其制品	0.00377	21
通信设备、计算机和其他电子设备	0.04178	3	水的生产和供应	0.00327	22
电气、机械和器材	0.04160	4	纺织品	0.00295	23
造纸、印刷和文教、体育用品	0.03729	5	非金属矿物制品	0.00283	24
金融	0.03028	6	金属制品	0.00283	25
批发和零售	0.02904	7	石油、炼焦产品和核燃料加工品	0.00267	26
食品和烟草	0.02735	8	卫生和社会工作	0.00249	27
租赁和商务服务	0.02064	9	公共管理、社会保障和社会组织	0.00200	28
交通运输、仓储和邮政	0.02043	10	其他制造产品	0.00168	29
电力、热力的生产和供应	0.01980	11	煤炭采选产品	0.00153	30
综合服务业	0.01678	12	金属冶炼和压延加工品	0.00135	31
化学产品	0.01359	13	水利、环境和公共设施管理	0.00090	32
房地产	0.01334	14	燃气生产和供应	0.00085	33
仪器仪表	0.01243	15	石油和天然气开采产品	0.00026	34
通用、专用设备制造业	0.00967	16	金属矿采选产品	0.00000	35
交通运输设备	0.00891	17	非金属矿和其他矿采选产品	0.00000	36
建筑	0.00663	18	废品废料	0.00000	37
木材加工品和家具	0.00646	19	—	—	—

表8-10 2016年四川省文化创意产业对三次产业细分行业的直接消耗系数及排序

细分行业	直接消耗系数	排序	细分行业	直接消耗系数	排序
文化创意产业	0.08889	1	农、林、牧、渔产品和服务	0.00655	20
住宿和餐饮	0.06119	2	纺织、服装、鞋帽、皮革、羽绒及其制品	0.00360	21
通信设备、计算机和其他电子设备	0.05087	3	水的生产和供应	0.00315	22
电气、机械和器材	0.04410	4	公共管理、社会保障和社会组织	0.00300	23
造纸、印刷和文教、体育用品	0.03873	5	非金属矿物制品	0.00293	24
金融	0.03484	6	卫生和社会工作	0.00283	25
批发和零售	0.03170	7	金属制品	0.00268	26
食品和烟草	0.02899	8	纺织品	0.00266	27
租赁和商务服务	0.02211	9	其他制造产品	0.00174	28
交通运输、仓储和邮政	0.02060	10	金属冶炼和压延加工品	0.00147	29
电力、热力的生产和供应	0.01919	11	石油、炼焦产品和核燃料加工品	0.00137	30
综合服务业	0.01809	12	水利、环境和公共设施管理	0.00132	31
房地产	0.01756	13	煤炭采选产品	0.00085	32
仪器仪表	0.01214	14	燃气生产和供应	0.00080	33
化学产品	0.01158	15	石油和天然气开采产品	0.00013	34
通用、专用设备制造业	0.00977	16	金属矿采选产品	0.00000	35
交通运输设备	0.00845	17	非金属矿和其他矿采选产品	0.00000	36
建筑	0.00764	18	废品废料	0.00000	37
木材加工品和家具	0.00681	19	—	—	—

表8-11 2018年四川省文化创意产业对三次产业细分行业的直接消耗系数及排序

细分行业	直接消耗系数	排序	细分行业	直接消耗系数	排序
文化创意产业	0.09526	1	农、林、牧、渔产品和服务	0.00702	20
住宿和餐饮	0.07203	2	公共管理、社会保障和社会组织	0.00367	21
通信设备、计算机和其他电子设备	0.06904	3	纺织、服装、鞋帽、皮革、羽绒及其制品	0.00338	22
电气、机械和器材	0.04202	4	水的生产和供应	0.00325	23
造纸、印刷和文教、体育用品	0.03988	5	卫生和社会工作	0.00301	24
金融	0.03849	6	水利、环境和公共设施管理	0.00300	25
批发和零售	0.03347	7	金属制品	0.00280	26
食品和烟草	0.02768	8	非金属矿物制品	0.00280	27
租赁和商务服务	0.02406	9	纺织品	0.00243	28
交通运输、仓储和邮政	0.02095	10	其他制造产品	0.00177	29
综合服务业	0.02071	11	金属冶炼和压延加工品	0.00131	30
房地产	0.01966	12	石油、炼焦产品和核燃料加工品	0.00111	31
电力、热力的生产和供应	0.01878	13	燃气生产和供应	0.00090	32
仪器仪表	0.01192	14	煤炭采选产品	0.00074	33
通用、专用设备制造业	0.00957	15	石油和天然气开采产品	0.00011	34
建筑	0.00804	16	金属矿采选产品	0.00000	35
交通运输设备	0.00788	17	非金属矿和其他矿采选产品	0.00000	36
化学产品	0.00757	18	废品废料	0.00000	37
木材加工品和家具	0.00705	19	—	—	—

第八章 四川省文化创意产业的关联性实证研究

通过对表8-8～表8-11的分析可以发现，四川省文化创意产业对三次产业细分行业的直接消耗系数中，2012年排在前7位的产业部门依次为文化创意产业，住宿和餐饮，电气、机械和器材，通信设备、计算机和其他电子设备，造纸、印刷和文教、体育用品，批发和零售，金融；2014年、2016年和2018年直接消耗系数前7位排序一致，依次为文化创意产业，住宿和餐饮，通信设备、计算机和其他电子设备，电气、机械和器材，造纸、印刷和文教、体育用品，金融，批发和零售。说明四川省文化创意产业的后项关联产业部门，从2012年到2018年变化不大，后项关联强度次序变动不大。2012年至2018年四川省文化创意产业对自身的后项关联均为最强，反映出四川地区文化创意产业对其组成的产业部门（文化、体育和娱乐，教育，科学研究和技术服务，信息传输、软件和信息技术服务）的产品或服务需求最大、消耗最多，对这四类产业部门的拉动作用力最强。对住宿和餐饮，通信设备、计算机和其他电子设备，电气、机械和器材，造纸、印刷和文教、体育用品，金融，批发和零售6类产业部门也具有较多的需求。另一方面，2012年至2018年四川省文化创意产业对石油和天然气开采产品行业、金属矿采选产品行业、非金属矿和其他矿采选产品行业、废品废料行业的直接消耗系数几乎为0，表明文化创意产业对这几类产业产品没有需求。

根据表8-6直接消耗系数的数据，制成与四川省文化创意产业后向直接关联较强的6类产业部门消耗系数变化图，分析其相关联的产业部门后关联性强度变化，如图8-10和图8-11所示。

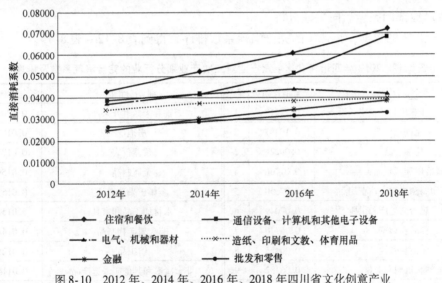

图8-10 2012年、2014年、2016年、2018年四川省文化创意产业
对关联较强产业部门直接消耗系数

从图8-10可以发现，四川省文化创意产业对这6类产业部门的后项关联强度基本上呈逐年上升的趋势，除电气、机械和器材在2016年到2018年有所下降外，其余产业部门各年均处于递增的趋势。其中，通信设备、计算机和其他电子设备行业，住宿和餐饮行业后向关联强度增加比较明显。结合图8-11可以看出，通信设备、计算机和其他电子设备行业，住宿和餐饮行业的直接消耗系数增加值逐年上升，其他4类产业部门则有下降的趋势。通信设备、计算机和其他电子设备行业增加速度最快，说明四川省文化创意产业在生产经营过程中的单位总产出对通信设备、计算机和其他电子设备行业单位总产出直接消耗最大，进一步反映了智慧城市中现代信息技术的发展对文化创意产业具有促进作用。

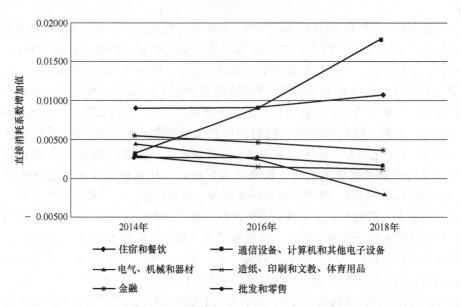

图 8-11 2014 年、2016 年、2018 年四川省文化创意产业
对关联较强产业部门的直接消耗系数增加值

2. 各产业部门完全后向关联分析

根据表 8-7 的数据,将各年的完全消耗系数排序,得到表 8-12 ~ 表 8-15。

表 8-12 2012 年四川省文化创意产业对三次产业细分行业的完全消耗系数及排序

细分行业	完全消耗系数	排序	细分行业	完全消耗系数	排序
通信设备、计算机和其他电子设备	0.11219	1	石油和天然气开采产品	0.02013	20
文化创意产业	0.10387	2	房地产	0.01918	21
化学产品	0.09224	3	仪器仪表	0.01774	22
金属冶炼和压延加工品	0.07706	4	金属制品	0.01599	23
造纸、印刷和文教、体育用品	0.07090	5	金属矿采选产品	0.01535	24
电力、热力的生产和供应	0.07049	6	木材加工品和家具	0.01527	25
食品和烟草	0.06740	7	非金属矿物制品	0.01482	26
住宿和餐饮	0.06425	8	纺织品	0.01258	27
电气、机械和器材	0.06382	9	非金属矿和其他矿采选产品	0.01141	28
金融	0.06319	10	纺织、服装、鞋帽、皮革、羽绒及其制品	0.00995	29
批发和零售	0.05414	11	建筑	0.00887	30
农、林、牧、渔产品和服务	0.05402	12	水的生产和供应	0.00622	31
交通运输、仓储和邮政	0.03997	13	废品废料	0.00462	32
通用、专用设备制造业	0.03478	14	其他制造产品	0.00326	33
煤炭采选产品	0.03445	15	燃气生产和供应	0.00237	34
租赁和商务服务	0.03142	16	卫生和社会工作	0.00193	35
石油、炼焦产品和核燃料加工品	0.02905	17	水利、环境和公共设施管理	0.00147	36
交通运输设备	0.02603	18	公共管理、社会保障和社会组织	0.00128	37
综合服务业	0.02739	19	—	—	—

表8-13　2014年四川省文化创意产业对三次产业细分行业的完全消耗系数及排序

细分行业	完全消耗系数	排序	细分行业	完全消耗系数	排序
通信设备、计算机和其他电子设备	0.14966	1	房地产	0.02669	20
文化创意产业	0.10721	2	石油和天然气开采产品	0.02379	21
化学产品	0.09840	3	金属矿采选产品	0.01967	22
金属冶炼和压延加工品	0.08535	4	木材加工品和家具	0.01768	23
住宿和餐饮	0.07984	5	金属制品	0.01643	24
批发和零售	0.07935	6	仪器仪表	0.01629	25
造纸、印刷和文教、体育用品	0.07681	7	非金属矿物制品	0.01610	26
食品和烟草	0.07589	8	非金属矿和其他矿采选产品	0.01577	27
金融	0.07326	9	纺织品	0.01401	28
电气、机械和器材	0.06883	10	纺织、服装、鞋帽、皮革、羽绒及其制品	0.01041	29
电力、热力的生产和供应	0.06813	11	建筑	0.00994	30
农、林、牧、渔产品和服务	0.06523	12	水的生产和供应	0.00673	31
交通运输、仓储和邮政	0.06243	13	卫生和社会工作	0.00576	32
通用、专用设备制造业	0.04057	14	公共管理、社会保障和社会组织	0.00510	33
煤炭采选产品	0.03719	15	废品废料	0.00497	34
租赁和商务服务	0.03448	16	其他制造产品	0.00340	35
石油、炼焦产品和核燃料加工品	0.02855	17	燃气生产和供应	0.00247	36
交通运输设备	0.02763	18	水利、环境和公共设施管理	0.00207	37
综合服务业	0.02758	19	—	—	—

表8-14　2016年四川省文化创意产业对三次产业细分行业的完全消耗系数及排序

细分行业	完全消耗系数	排序	细分行业	完全消耗系数	排序
通信设备、计算机和其他电子设备	0.22459	1	交通运输设备	0.02666	20
文化创意产业	0.12724	2	金属矿采选产品	0.02183	21
住宿和餐饮	0.10064	3	木材加工品和家具	0.01858	22
批发和零售	0.09616	4	非金属矿和其他矿采选产品	0.01795	23
金属冶炼和压延加工品	0.08949	5	石油和天然气开采产品	0.01795	24
金融	0.08764	6	非金属矿物制品	0.01685	25
化学产品	0.08633	7	金属制品	0.01616	26
食品和烟草	0.08014	8	仪器仪表	0.01532	27
造纸、印刷和文教、体育用品	0.07977	9	纺织品	0.01329	28
交通运输、仓储和邮政	0.07366	10	建筑	0.01098	29
电气、机械和器材	0.07280	11	纺织、服装、鞋帽、皮革、羽绒及其制品	0.01004	30
农、林、牧、渔产品和服务	0.07084	12	公共管理、社会保障和社会组织	0.00702	31
电力、热力的生产和供应	0.06633	13	卫生和社会工作	0.00672	32
通用、专用设备制造业	0.04202	14	水的生产和供应	0.00644	33
房地产	0.04022	15	废品废料	0.00549	34
租赁和商务服务	0.03562	16	水利、环境和公共设施管理	0.00386	35
煤炭采选产品	0.03172	17	其他制造产品	0.00358	36
石油、炼焦产品和核燃料加工品	0.02830	18	燃气生产和供应	0.00240	37
综合服务业	0.02781	19	—	—	—

表8-15 2018年四川省文化创意产业对三次产业细分行业的完全消耗系数及排序

细分行业	完全消耗系数	排序	细分行业	完全消耗系数	排序
通信设备、计算机和其他电子设备	0.37444	1	交通运输设备	0.02546	20
文化创意产业	0.14060	2	金属矿采选产品	0.02471	21
住宿和餐饮	0.11624	3	非金属矿和其他矿采选产品	0.02085	22
批发和零售	0.11297	4	木材加工品和家具	0.01919	23
交通运输、仓储和邮政	0.10736	5	石油和天然气开采产品	0.01704	24
金融	0.09914	6	金属制品	0.01638	25
金属冶炼和压延加工品	0.08397	7	非金属矿物制品	0.01591	26
造纸、印刷和文教、体育用品	0.08213	8	仪器仪表	0.01459	27
食品和烟草	0.07674	9	纺织品	0.01272	28
农、林、牧、渔产品和服务	0.07364	10	建筑	0.01143	29
电气、机械和器材	0.06949	11	纺织、服装、鞋帽、皮革、羽绒及其制品	0.00957	30
电力、热力的生产和供应	0.06513	12	卫生和社会工作	0.00864	31
化学产品	0.06218	13	公共管理、社会保障和社会组织	0.00829	32
房地产	0.05149	14	水的生产和供应	0.00666	33
租赁和商务服务	0.04477	15	水利、环境和公共设施管理	0.00624	34
通用、专用设备制造业	0.03912	16	废品废料	0.00574	35
煤炭采选产品	0.03081	17	其他制造产品	0.00366	36
石油、炼焦产品和核燃料加工品	0.02825	18	燃气生产和供应	0.00255	37
综合服务业	0.02821	19	—	—	—

根据表8-12~表8-15，生成2012年、2014年、2016年和2018年完全消耗系数前13位产业部门排序表，见表8-16。

表8-16 2012、2014年、2016年和2018年完全消耗系数前13位产业部门排序

排序	2012年	2014年	2016年	2018年
1	通信设备、计算机和其他电子设备	通信设备、计算机和其他电子设备	通信设备、计算机和其他电子设备	通信设备、计算机和其他电子设备
2	文化创意产业	文化创意产业	文化创意产业	文化创意产业
3	化学产品	化学产品	住宿和餐饮	住宿和餐饮
4	金属冶炼和压延加工品	金属冶炼和压延加工品	批发和零售	批发和零售
5	造纸、印刷和文教、体育用品	住宿和餐饮	金属冶炼和压延加工品	交通运输、仓储和邮政
6	电力、热力的生产和供应	批发和零售	金融	金融
7	食品和烟草	造纸、印刷和文教、体育用品	化学产品	金属冶炼和压延加工品
8	住宿和餐饮	食品和烟草	食品和烟草	造纸、印刷和文教、体育用品
9	电气、机械和器材	金融	造纸、印刷和文教、体育用品	食品和烟草

(续)

排序	2012年	2014年	2016年	2018年
10	金融	电气、机械和器材	交通运输、仓储和邮政	农、林、牧、渔产品和服务
11	批发和零售	电力、热力的生产和供应	电气、机械和器材	电气、机械和器材
12	农、林、牧、渔产品和服务	农、林、牧、渔产品和服务	农、林、牧、渔产品和服务	电力、热力的生产和供应
13	交通运输、仓储和邮政	交通运输、仓储和邮政	电力、热力的生产和供应	化学产品

以表8-16为基础，结合表8-7，选取通信设备、计算机和其他电子设备，化学产品，金属冶炼和压延加工品，住宿和餐饮，金融，批发和零售6个后向完全关联较强的产业部门，研究四川省文化创意产业对它们完全消耗系数的变化情况，结果如图8-12和图8-13所示。

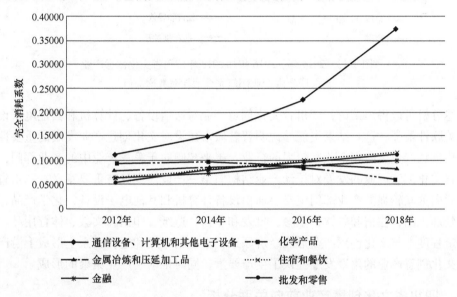

图 8-12　2012 年、2014 年、2016 年和 2018 年四川省文化创意产业
对关联较强产业部门完全消耗系数

从表8-16中看出，四川省文化创意产业对这13类产业部门的完全消耗系数具有一定波动性。从图8-12中可以看出，2012年、2014年、2016年和2018年四川省文化创意产业对通信设备、计算机和其他电子设备的完全消耗系数最大，且呈递增趋势。而对于第二产业中的化学产品，其完全消耗系数从2012年到2014年稍有增长，2014年到2018年呈减少趋势，在2018年排名最后。第二产业中的金属冶炼和压延加工品行业，完全消耗系数从2012年到2016年稍有增长，2016年到2018年逐渐减少，到2018年排名倒数第二。第三产业中的住宿和餐饮、金融、批发和零售行业，从2012到2018年完全消耗系数均呈递增趋势。根据图8-13消耗系数增加值变化趋势，第二产业的通信设备、计算机和其他电子设备，完全消耗系数增加值的增长速度较快，化学产品、金属冶炼和压延加工品行业呈减少趋势。第三产业的住宿和餐饮、金融、批发和零售行业，完全消耗系数的增加值均处于相对稳定的状态。

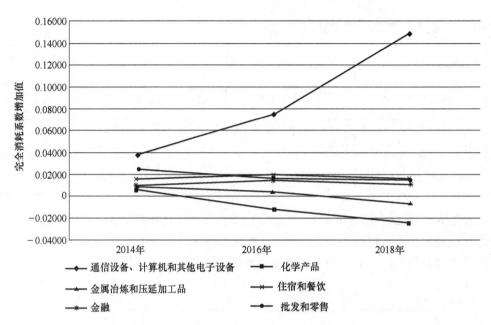

图8-13 2014年、2016年和2018年四川省文化创意产业
对关联较强产业部门完全消耗系数增加值

上述分析可以得出结论：四川省文化创意产业对通信设备、计算机和其他电子设备的后向完全关联性最强，这一结果更能够说明智慧城市建设对文化创意产业发展的重要性；四川省与文化创意产业后向完全关联较强的行业，越来越倾向于第三产业中的产业部门，这反映出四川省文化创意产业的发展对拉动产业结构向第三产业演变具有重要意义；四川省文化创意产业后向关联较强的产业部门主要有通信设备计算机和其他电子设备，化学产品，金属冶炼和压延加工品，住宿和餐饮，金融，批发和零售，造纸、印刷和文教、体育用品。这些产业在一定程度上与文化创意产业形成经济联系，在空间布局和逻辑关系上形成上游产业链关系，为文化创意产业的集聚发展提供了生产要素，同时推动了产业集聚的形成。

二、四川省文化创意产业前向关联分析

（一）文化创意产业对三次产业前向关联分析

1. 三次产业直接前向关联分析

产业的前向关联效应能够反映某产业技术上的改进、价格的上涨或下降时，对下游产业的直接影响，即对下游产业推动作用的大小。通常用直接分配系数和完全分配系数来衡量某产业的前向直接和完全关联强度[3]。

文化创意产业对某产业部门的直接分配系数，表示在生产经营过程中文化创意产业生产的货物或服务提供给该产业部门直接使用的价值量与其总产出的比值，直接分配系数的大小反映产业部门之间前向直接关联的强弱，同时能够体现文化创意产业发展对该产业部门推动作用的大小。以四川省2012年—2018年投入产出表为计算依据，运用投入产出模型中的直接消耗系数运算公式，计算得到四川省2012年、2014年、2016年和2018年文化创意产业对三次产业的直接分配系数表见表8-17。

表8-17 2012年、2014年、2016年和2018年四川省文化创意产业对三次产业的直接分配系数

时间 产业	2012年	2014年	2016年	2018年
第一产业	0.01891	0.02313	0.02523	0.02681
第二产业	0.16290	0.17547	0.19207	0.20225
第三产业	0.17146	0.22155	0.28053	0.34203

从表8-17可以看到，2012年、2014年、2016年和2018年四川省文化创意产业对第一产业的直接分配系数分别为0.01891、0.02313、0.02523、0.02681，比第二、第三产业的直接分配系数小，在三次产业中处于最低水平。由此可以反映出四川省文化创意产业对第一产业的直接供给量较低，直接推动作用力较小。2012年、2014年、2016年、2018年四川省文化创意产业对第二产业的直接分配系数分别为0.16290、0.17547、0.19207、0.20225。四川省文化创意产业对第三产业的直接分配系数，从2012年到2018年均是最大，2018年投入的使用量占其总产出的34.20%，进一步说明四川省文化创意产业对第三产业的前向直接关联性最大，其发展对第三产业的直接需求有很大影响。

根据表8-17中三次产业各年的直接分配系数，生成四川省文化创意产业对第一、第二、第三产业的直接分配系数的变化图、分配系数增加值的变化图以及分配系数增加值同比增长率的变化图，如图8-14~图8-16所示。

根据图8-14可以看到，四川省文化创意产业对第一、第二、第三产业的直接分配系数，从2012年到2018年均呈增加趋势。其中，第三产业增加的幅度最大；2012年第三产业的直接分配系数与第二产业的相差不大，到2018年时已远大于第二产业的，达到0.34203。第一产业直接分配系数的增加趋势不明显，从2012年到2018年基本没变化。

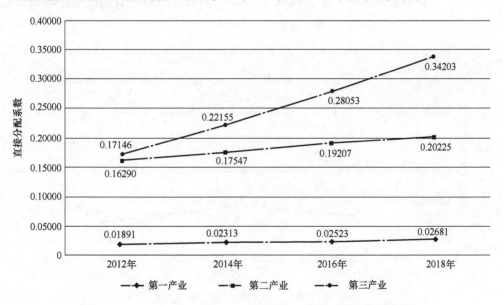

图8-14 2012年、2014年、2016年和2018年四川省文化创意产业对三次产业的直接分配系数

从图 8-15 可进一步知道，第三产业直接分配系数增加值从 2014 年到 2018 年均处于最高水平，而且呈递增趋势；第二产业从 2014 年到 2016 年增加值在增加，从 2016 年到 2018 年增加值在减少；第一产业的直接分配系数增加值从 2014 年到 2018 年均最低，且增加值呈下降趋势。

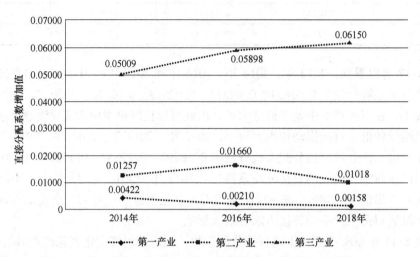

图 8-15　2014 年、2016 年和 2018 年四川省文化创意产业
对三次产业直接分配系数增加值

2014 年至 2018 年四川省文化创意产业对三次产业的直接分配系数的增加值同比增长率如图 8-16 所示。可知四川省文化创意产业对第一、第三产业的直接分配系数的增加值同比增长率均在下降，第一产业下降幅度为 16.06%，第三产业的下降幅度 7.29%。第二产业先上升再降低，具有一定波动性，在 2016 年其直接分配系数的增加值同比增长率达到最高，为 9.46%。

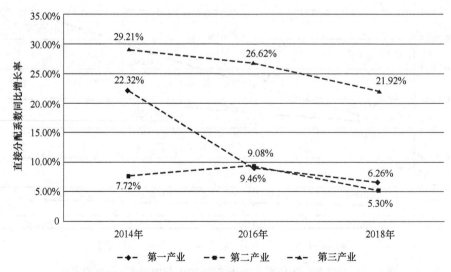

图 8-16　2014 年、2016 年和 2018 年四川省文化创意产业
对三次产业直接分配系数增加值同比增长率

上述分析可以得知：①四川省文化创意产业对第三产业的前向直接关联强度最大，强度每年都在递增，同比增长率变化波动性不大，处于相对稳定的状态，反映出四川省文化创意产业对第三产业的前向直接关联性在三次产业中处于最佳地位。②四川省文化创意产业对第二产业的前向直接关联强度递增速度越来越小，说明四川省文化创意产业对第二产业的发展有一定推动作用，但作用强度相对于第三产业较弱。③四川省文化创意产业对第一产业的直接推动作用很弱，几乎不产生影响。

2. 三次产业完全前向关联分析

从四川省文化创意产业对第一、第二、第三产业直接分配系数的研究中，可以较好地分析出文化创意产业对三次产业的直接推动作用及变化趋势，同时能够看出文化创意产业对三次产业直接投入比例的大小；但是不能从中看出三次产业中的间接分配与文化创意产业的投入之间的关系。四川省文化创意产业对三次产业的完全分配系数揭示了文化创意产业与三次产业之间的直接和间接的联系，它更全面、更深刻地反映相互依存的数量关系。以四川省2012年、2014年、2016年和2018年文化创意产业对三次产业的直接分配系数矩阵为基础，运用投入产出模型中的里昂惕夫逆矩阵 $(E-R)^{-1}$，得到完全分配系数矩阵 $D=(E-R)^{-1}-E$。完全分配系数计算结果见表8-18。

表8-18 2012年、2014年、2016年和2018年四川省文化创意产业对三次产业的完全分配系数

时间 产业	2012年	2014年	2016年	2018年
第一产业	0.04102	0.04533	0.04749	0.04910
第二产业	0.53331	0.54881	0.57425	0.59266
第三产业	0.26295	0.32719	0.39743	0.47430

从表8-18可知，四川省2012年、2014年、2016年和2018年文化创意产业对第一产业的完全分配系数分别为0.04102、0.04533、0.04749、0.04910，第一产业的完全分配系数在三次产业中处于最低水平，反映出文化创意产业对第一产业的投入量最小。2012年、2014年、2016年和2018年对第二产业的完全分配系数分别为0.53331、0.54881、0.57425、0.59266，在三次产业中均为最大，反映出第二产业对四川省文化创意产业的需求量最大，从另一方面说明四川省文化创意产业对第二产业的推动作用力最强，前向完全关联强度最大。2012年、2014年、2016年和2018年四川省文化创意产业对第三产业的完全分配系数分别0.26295、0.32719、0.39743、0.47430，在三次产业中处于第二的位置。根据表8-17和表8-18，得到2012年、2014年、2016年和2018年四川省文化创意产业对三次产业的间接分配系数表8-19，进一步分析文化创意产业间接投入的作用。

表8-19 2012年、2014年、2016年和2018年四川省文化创意产业对三次产业间接分配系数

产业	2012年	2014年	2016年	2018年
第一产业	0.02211	0.02220	0.02226	0.02229
第二产业	0.37041	0.37334	0.38218	0.39041
第三产业	0.09149	0.10564	0.11690	0.13227

根据表 8-17 和表 8-19 的数据，得到四川省文化创意产业对三次产业的直接分配系数和间接分配系数占比分析图，如图 8-17 ~ 图 8-19 所示，由此对比分析 2012 年、2014 年、2016 年和 2018 年三次产业直接和间接的分配情况。

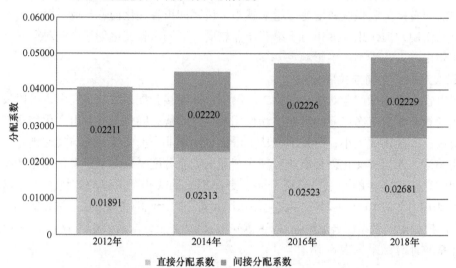

图 8-17　2012 年、2014 年、2016 年和 2018 年四川省文化创意产业对第一产业的直接分配系数和间接分配系数

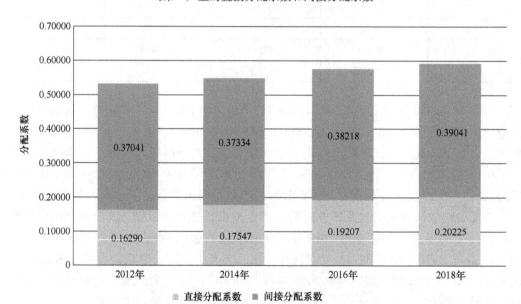

图 8-18　2012 年、2014 年、2016 年和 2018 年四川省文化创意产业对第二产业的直接分配系数和间接分配系数

通过图 8-17 ~ 图 8-19 可知，2012 年、2014 年、2016 年和 2018 年四川省文化创意产业对第一、第二、第三产业的直接分配和间接分配存在差异性。2012 年四川省文化创意产业对第一产业的直接投入量小于间接投入量，其余年份直接投入量均大于间接投入量。2012年、2014 年、2016 年和 2018 年四川省文化创意产业对第二产业的直接投入量均小于间接投

第八章 四川省文化创意产业的关联性实证研究

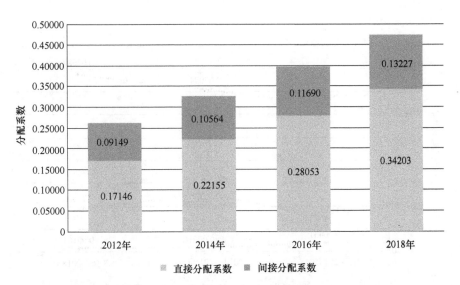

图 8-19　2012 年、2014 年、2016 年和 2018 年四川省文化创意产业
对第三产业的直接分配系数和间接分配系数

入量，反映出四川省文化创意产业对第二产业的间接推动作用更加明显。四川省文化创意产业对第三产业的直接和间接分配情况与第二产业相反，表现为文化创意产业对第三产业的直接推动作用更强。

四川省文化创意产业对三次产业的完全分配系数能够揭示直接和间接的联系，能够更全面、更深刻地反映文化创意产业与第一、第二、第三产业之间相互依存的关系，能够更好地体现前向关联性。由表 8-18 得到 2012 年到 2018 年四川省文化创意产业对三次产业完全分配系数的动态变化、完全分配系数增加值的变化趋势以及增加值同比增长率的变动情况，如图 8-20 ~ 图 8-22 所示。

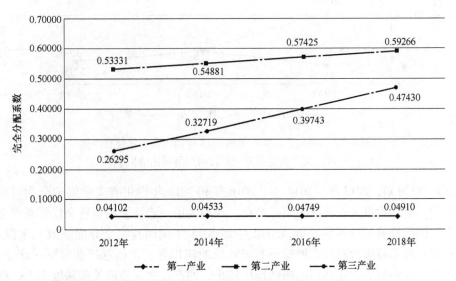

图 8-20　2012 年、2014 年、2016 年、2018 年四川省文化创意产业
对三次产业完全分配系数

143

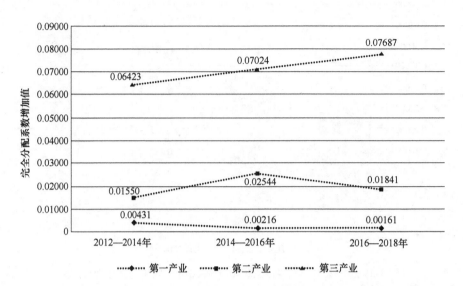

图 8-21　2014 年、2016 年和 2018 年四川省文化创意产业
对三次产业完全分配系数增加值

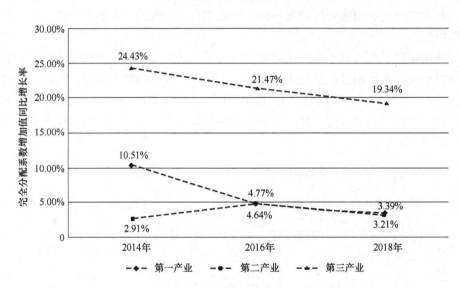

图 8-22　2014 年、2016 年和 2018 年四川省文化创意产业
对三次产业完全分配系数增加值同比增长率

从图 8-20 可知，2012 年、2014 年、2016 年和 2018 年四川省文化创意产业对第二产业的完全分配系数均为最大，其次为第三产业，最后为第一产业。四川省文化创意产业对第一产业的完全供给价值量每年都较低，2012 年到 2018 年期间其完全分配系数几乎没有变化，结合其直接分配系数进行对比，能够更明确地反映四川省文化创意产业对第一产业，即农、林、牧、渔产品和服务产业部门的推动作用较小，两产业之间前向关联强度不大，前向关联效应不明显。四川省文化创意产业对第二产业的完全分配系数，与直接分配系数不同，在 2012 年大于第一产业和第二产业，并且呈递增趋势。对第三产业的完全分配系数，2012 年

至2018年呈递增趋势，2018年达到最大，对第三产业的投入占比达47.43%。总体来看，四川省文化创意产业生产的货物或服务提供给第二产业的完全使用价值量最大，对第二产业的前向完全关联强度均超过第一和第三产业，对第二产业的推动作用力最强。

从完全分配系统增加值及增加值同比增长率角度分析，四川省文化创意产业对三次产业的完全分配系数中，第三产业完全分配系数的增加值分别为0.06423、0.07024、0.07687，均大于第二和第一产业。同比增长率保持在19.34%~24.43%之间，变化幅度相对较小，反映出四川省文化创意产业对第三产业的推动作用处于相对稳定的加速状态，波动性不大。四川省文化创意产业对第二产业的完全分配系数的增加值从2014年到2016年呈现递增趋势，2016年过后又逐渐减少，到2018年为0.01841，其同比增长率趋势与增加值趋势一致。2014年至2016年上升较快，2016年至2018年又呈下降趋势，到2018年基本恢复到2014年的增长率，反映出四川省文化创意产业对第二产业的推动作用趋于不太稳定的加速状态，波动性较大。四川省文化创意产业对第一产业的完全分配系数很小，增加值逐年减少，增加值同比增长率变化呈逐年下降的趋势，从完全消耗系数的动态变化可以看出四川省文化创意产业对第一产业的推动作用不明显，前向完全关联效应没有明显的增强趋势。

以37个产业部门的投入产出表为研究依据，利用投入产出分析法，通过分析四川省文化创意产业对第一、第二、第三产业的直接分配系数和完全分配系数、系数增加值及增加值同比增长率，得到如下研究结果：①四川省文化创意产业在三次产业中投入最大的是第二产业，即与第二产业前向完全关联最强，其次为第三产业，最后为第一产业。②从前向关联性变化趋势角度分析，四川省文化创意产业对第三产业的前向关联呈逐渐增强的趋势，且保持相对稳定的状态；四川省文化创意产业对第二产业的前向关联也呈逐渐增强的趋势，但该趋势的强度低于第三产业，且波动性较大；四川省文化创意产业对第一产业的前向关联较弱。

（二）文化创意产业对各产业前向关联分析

为了进一步研究四川省文化创意产业与三次产业中各产业部门的前向关联情况，通过投入产出模型、分配系数计算公式，得到2012年、2014年、2016年和2018年四川省文化创意产业与四川省37个产业部门的直接分配系数和完全分配系数，见表8-20和表8-21。

表8-20 四川省各产业部门与文化创意产业的直接分配系数

产业类型	产业名称	直接分配系数			
		2012年	2014年	2016年	2018年
第一产业	农、林、牧、渔产品和服务	0.01891	0.02313	0.02523	0.02681
第二产业各产业部门细分	煤炭采选产品	0.00942	0.01124	0.01079	0.01033
	石油和天然气开采产品	0.00252	0.00432	0.00143	0.00098
	金属矿采选产品	0.00522	0.00330	0.00638	0.00590
	非金属矿和其他矿采选产品	0.00535	0.00320	0.00664	0.00449
	食品和烟草	0.01735	0.02170	0.02534	0.02643
	纺织品	0.00156	0.00171	0.00163	0.00157
	纺织、服装、鞋帽、皮革、羽绒及其制品	0.00231	0.00246	0.00234	0.00219
	木材加工品和家具	0.00190	0.00219	0.00230	0.00238
	造纸、印刷和文教、体育用品	0.00223	0.00249	0.00262	0.00251

（续）

产业类型	产业名称	直接分配系数			
		2012年	2014年	2016年	2018年
第二产业各产业部门细分	石油、炼焦产品和核燃料加工品	0.00114	0.00077	0.00040	0.00033
	化学产品	0.01306	0.01470	0.01453	0.01617
	非金属矿物制品	0.00571	0.00596	0.00633	0.00615
	金属冶炼和压延加工品	0.00797	0.01073	0.01165	0.01211
	金属制品	0.00119	0.00123	0.00120	0.00122
	通用、专用设备制造业	0.00826	0.01249	0.01460	0.01566
	交通运输设备	0.00750	0.00959	0.00917	0.00969
	电气、机械和器材	0.00210	0.00231	0.00274	0.00267
	通信设备、计算机和其他电子设备	0.00578	0.00733	0.00888	0.01276
	仪器仪表	0.00016	0.00011	0.00000	0.00000
	其他制造产品	0.00008	0.00005	0.00000	0.00000
	废品废料	0.00001	0.00000	0.00000	0.00000
	电力、热力的生产和供应	0.00549	0.00500	0.00647	0.00795
	燃气生产和供应	0.00022	0.00024	0.00023	0.00026
	水的生产和供应	0.00034	0.00043	0.00034	0.00035
	建筑	0.05603	0.05192	0.05606	0.06015
第三产业各产业部门细分	批发和零售	0.02099	0.02859	0.03619	0.04760
	交通运输、仓储和邮政	0.00585	0.01406	0.01816	0.02090
	住宿和餐饮	0.00412	0.00816	0.01219	0.01945
	金融	0.02033	0.03692	0.05765	0.07423
	房地产	0.00600	0.00703	0.00980	0.01119
	租赁和商务服务	0.00533	0.00556	0.00578	0.00608
	水利、环境和公共设施管理	0.00119	0.00130	0.00142	0.00190
	综合服务业	0.00508	0.00646	0.00783	0.01058
	卫生和社会工作	0.00310	0.00408	0.00441	0.00457
	公共管理、社会保障和社会组织	0.01808	0.02613	0.03821	0.05029
	文化创意产业	0.08139	0.08326	0.08889	0.09524

表8-21 四川省各产业部门与文化创意产业的完全分配系数

产业类型	产业名称	完全分配系数			
		2012年	2014年	2016年	2018年
第一产业	农、林、牧、渔产品和服务	0.04102	0.04533	0.04749	0.04910
第二产业各产业部门细分	煤炭采选产品	0.02194	0.02601	0.02499	0.02418
	石油和天然气开采产品	0.00660	0.00943	0.00490	0.00419
	金属矿采选产品	0.01218	0.00810	0.01463	0.01259

(续)

产业类型	产业名称	完全分配系数			
		2012年	2014年	2016年	2018年
第二产业各产业部门细分	非金属矿和其他矿采选产品	0.01191	0.00730	0.01467	0.01007
	食品和烟草	0.05534	0.06274	0.06644	0.06890
	纺织品	0.00869	0.00939	0.00904	0.00876
	纺织、服装、鞋帽、皮革、羽绒及其制品	0.00747	0.00782	0.00754	0.00895
	木材加工品和家具	0.00899	0.01049	0.01106	0.01331
	造纸、印刷和文教、体育用品	0.00949	0.01028	0.01068	0.01147
	石油、炼焦产品和核燃料加工品	0.00747	0.00656	0.00565	0.00546
	化学产品	0.05073	0.05635	0.05578	0.06420
	非金属矿物制品	0.02676	0.02835	0.03072	0.02953
	金属冶炼和压延加工品	0.04371	0.04908	0.05087	0.05033
	金属制品	0.00907	0.00940	0.00914	0.00936
	通用、专用设备制造业	0.03583	0.03848	0.03980	0.04046
	交通运输设备	0.02667	0.02883	0.02840	0.02894
	电气、机械和器材	0.01298	0.01306	0.01324	0.01321
	通信设备、计算机和其他电子设备	0.02941	0.02424	0.02682	0.03027
	仪器仪表	0.00089	0.00079	0.00000	0.00000
	其他制造产品	0.00055	0.00047	0.00035	0.00000
	废品废料	0.00010	0.00000	0.00000	0.00000
	电力、热力的生产和供应	0.02670	0.02546	0.02919	0.03291
	燃气生产和供应	0.00320	0.00376	0.00371	0.00438
	水的生产和供应	0.00176	0.00092	0.00176	0.00179
	建筑	0.11487	0.11150	0.11487	0.11940
第三产业各产业部门细分	批发和零售	0.03207	0.03937	0.04667	0.05762
	交通运输、仓储和邮政	0.01517	0.03330	0.04237	0.04841
	住宿和餐饮	0.01476	0.01850	0.02225	0.03349
	金融	0.03005	0.04525	0.06424	0.07943
	房地产	0.01072	0.01188	0.01498	0.01653
	租赁和商务服务	0.01003	0.01028	0.01053	0.01086
	水利、环境和公共设施管理	0.00231	0.00246	0.00261	0.00319
	综合服务业	0.01218	0.01305	0.01393	0.01742
	卫生和社会工作	0.00681	0.01062	0.01190	0.01253
	公共管理、社会保障和社会组织	0.02497	0.03521	0.05057	0.06593
	文化创意产业	0.10388	0.10727	0.11738	0.12889

1. 各产业部门直接前向关联分析

根据表8-20四川省文化创意产业对各产业部门的直接分配系数，得到2012年、2014年、2016年和2018年直接分配系数及排序表，见表8-22~表8-25。

表 8-22 2012 年四川省文化创意产业对三次产业细分行业的直接分配系数及排序

细 分 行 业	直接分配系数	排序	细 分 行 业	直接分配系数	排序
文化创意产业	0.08139	1	金属矿采选产品	0.00522	20
建筑	0.05603	2	非金属矿和其他矿采选产品	0.00508	21
批发和零售	0.02099	3	住宿和餐饮	0.00412	22
金融	0.02033	4	卫生和社会工作	0.00310	23
农、林、牧、渔产品和服务	0.01891	5	石油和天然气开采产品	0.00252	24
公共管理、社会保障和社会组织	0.01808	6	石油、炼焦产品和核燃料加工品	0.00231	25
食品和烟草	0.01735	7	造纸、印刷和文教、体育用品	0.00223	26
化学产品	0.01306	8	电气、机械和器材	0.00210	27
煤炭采选产品	0.00942	9	木材加工品和家具	0.00190	28
通用、专用设备制造业	0.00826	10	纺织品	0.00156	29
金属冶炼和压延加工品	0.00797	11	金属制品	0.00119	30
交通运输设备	0.00750	12	水利、环境和公共设施管理	0.00119	31
综合服务业	0.00600	13	纺织、服装、鞋帽、皮革、羽绒及其制品	0.00114	32
交通运输、仓储和邮政	0.00585	14	水的生产和供应	0.00034	33
通信设备、计算机和其他电子设备	0.00578	15	燃气生产和供应	0.00022	34
非金属矿物制品	0.00571	16	仪器仪表	0.00016	35
电力、热力的生产和供应	0.00549	17	其他制造产品	0.00008	36
房地产	0.00535	18	废品废料	0.00001	37
租赁和商务服务	0.00533	19	—	—	—

表 8-23 2014 年四川省文化创意产业对三次产业细分行业的直接分配系数及排序

细 分 行 业	直接分配系数	排序	细 分 行 业	直接分配系数	排序
文化创意产业	0.08326	1	电力、热力的生产和供应	0.00500	20
建筑	0.05192	2	石油和天然气开采产品	0.00432	21
金融	0.03692	3	卫生和社会工作	0.00408	22
批发和零售	0.02859	4	金属矿采选产品	0.00330	23
公共管理、社会保障和社会组织	0.02613	5	非金属矿和其他矿采选产品	0.00320	24
农、林、牧、渔产品和服务	0.02313	6	造纸、印刷和文教、体育用品	0.00249	25
食品和烟草	0.02170	7	纺织、服装、鞋帽、皮革、羽绒及其制品	0.00246	26
化学产品	0.01470	8	电气、机械和器材	0.00231	27
交通运输、仓储和邮政	0.01406	9	木材加工品和家具	0.00219	28
通用、专用设备制造业	0.01249	10	纺织品	0.00171	29
煤炭采选产品	0.01124	11	水利、环境和公共设施管理	0.00130	30
金属冶炼和压延加工品	0.01073	12	金属制品	0.00123	31
交通运输设备	0.00959	13	石油、炼焦产品和核燃料加工品	0.00077	32
住宿和餐饮	0.00816	14	水的生产和供应	0.00043	33
通信设备、计算机和其他电子设备	0.00733	15	燃气生产和供应	0.00024	34
房地产	0.00703	16	仪器仪表	0.00011	35
综合服务业	0.00646	17	其他制造产品	0.00005	36
非金属矿物制品	0.00596	18	废品废料	0.00000	37
租赁和商务服务	0.00556	19	—	—	—

表 8-24 2016 年四川省文化创意产业对三次产业细分行业的直接分配系数及排序

细分行业	直接分配系数	排序	细分行业	直接分配系数	排序
文化创意产业	0.08889	1	金属矿采选产品	0.00638	20
金融	0.05765	2	非金属矿物制品	0.00633	21
建筑	0.05606	3	租赁和商务服务	0.00578	22
公共管理、社会保障和社会组织	0.03821	4	卫生和社会工作	0.00441	23
批发和零售	0.03619	5	电气、机械和器材	0.00274	24
食品和烟草	0.02534	6	造纸、印刷和文教、体育用品	0.00262	25
农、林、牧、渔产品和服务	0.02523	7	纺织、服装、鞋帽、皮革、羽绒及其制品	0.00234	26
交通运输、仓储和邮政	0.01816	8	木材加工品和家具	0.00230	27
通用、专用设备制造业	0.01460	9	纺织品	0.00163	28
化学产品	0.01453	10	石油和天然气开采产品	0.00143	29
住宿和餐饮	0.01219	11	水利、环境和公共设施管理	0.00142	30
金属冶炼和压延加工品	0.01165	12	金属制品	0.00120	31
煤炭采选产品	0.01079	13	石油、炼焦产品和核燃料加工品	0.00040	32
房地产	0.00980	14	水的生产和供应	0.00034	33
交通运输设备	0.00917	15	燃气生产和供应	0.00023	34
通信设备、计算机和其他电子设备	0.00888	16	其他制造产品	0.00000	35
综合服务业	0.00783	17	仪器仪表	0.00000	36
非金属矿和其他矿采选产品	0.00664	18	废品废料	0.00000	37
电力、热力的生产和供应	0.00647	19	—	—	—

表 8-25 2018 年四川省文化创意产业对三次产业细分行业的直接分配系数及排序

细分行业	直接分配系数	排序	细分行业	直接分配系数	排序
文化创意产业	0.09524	1	租赁和商务服务	0.00608	20
金融	0.07423	2	金属矿采选产品	0.00590	21
建筑	0.06015	3	卫生和社会工作	0.00457	22
公共管理、社会保障和社会组织	0.05029	4	非金属矿和其他矿采选产品	0.00449	23
批发和零售	0.04760	5	电气、机械和器材	0.00267	24
农、林、牧、渔产品和服务	0.02681	6	造纸、印刷和文教、体育用品	0.00251	25
食品和烟草	0.02643	7	木材加工品和家具	0.00238	26
交通运输、仓储和邮政	0.02090	8	纺织、服装、鞋帽、皮革、羽绒及其制品	0.00219	27
住宿和餐饮	0.01945	9	水利、环境和公共设施管理	0.00190	28
化学产品	0.01617	10	纺织品	0.00157	29
通用、专用设备制造业	0.01566	11	金属制品	0.00122	30
通信设备、计算机和其他电子设备	0.01276	12	石油和天然气开采产品	0.00098	31
金属冶炼和压延加工品	0.01211	13	水的生产和供应	0.00035	32
房地产	0.01119	14	石油、炼焦产品和核燃料加工品	0.00033	33
综合服务业	0.01058	15	燃气生产和供应	0.00026	34
煤炭采选产品	0.01033	16	仪器仪表	0.00000	35
交通运输设备	0.00969	17	其他制造产品	0.00000	36
电力、热力的生产和供应	0.00795	18	废品废料	0.00000	37
非金属矿物制品	0.00615	19	—	—	—

从表 8-22 ~ 表 8-25 可以发现，四川省文化创意产业的前向直接关联较强的产业部门有建筑，批发和零售，金融，农、林、牧、渔产品和服务，公共管理、社会保障和社会组织，食品和烟草。2012 年到 2018 年期间，对这六类产业部门按直接分配系数大小排序，结果反映出一定的变动性。根据表 8-20 的直接分配系数数据，做出这六类较强的产业部门直接分配系数的变化图及直接分配系数增加值变化图，如图 8-23、图 8-24 所示。燃气生产和供应、仪器仪表、其他制造产品和废品废料四类产业部门对文化创意产业的投入占比很小，其前向直接关联强度几乎没有。

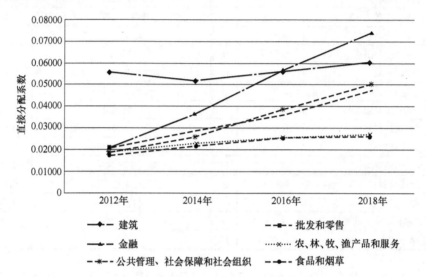

图 8-23　2012 年、2014 年、2016 年和 2018 年四川省文化创意产业对关联较强的产业部门直接分配系数

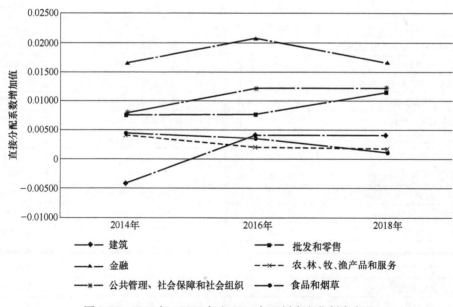

图 8-24　2014 年、2016 年和 2018 年四川省文化创意产业对关联较强的产业部门直接分配系数增加值

图 8-23 可以看到，2012 年与四川省文化创意产业前向直接关联最强的行业为建筑业，2012 年至 2014 年建筑业的直接分配系数处于下降趋势，2014 年到 2018 年处于上升趋势。批发和零售，金融，农、林、牧、渔产品和服务，公共管理、社会保障和社会组织，食品和烟草五类行业，在 2012 年时直接分配系数相差不大，2012 年至 2018 年都呈上升趋势，2016 年时文化创意产业对金融业的直接分配系数超过了建筑业。结合图 8-24 可以发现，第三产业中的金融，公共管理、社会保障和社会组织，批发零售行业，直接分配系数增加值均位于前列，而直接分配系数较高的建筑业，其增加值相对较低。通过对直接分配系数及其增加值变化图进行分析，得到的结论：2012 年至 2018 年四川省文化创意产业对关联性较强的行业，总体上其关联性强度仍在增加。其中，与建筑业的前向关联性总体水平较高，而前向关联性强度递增最快的为金融业。

2. 各产业部门完全前向关联分析

根据表 8-21 数据，对各年的完全分配系数排序，得到表 8-26 至表 8-29。

表 8-26 2012 年四川省文化创意产业对三次产业细分行业的完全分配系数及排序

细分行业	完全分配系数	排序	细分行业	完全分配系数	排序
建筑	0.11487	1	金属矿采选产品	0.01216	20
文化创意产业	0.10388	2	非金属矿和其他矿采选产品	0.01185	21
食品和烟草	0.05532	3	房地产	0.01072	22
化学产品	0.05067	4	租赁和商务服务	0.01004	23
金属冶炼和压延加工品	0.04364	5	造纸、印刷和文教、体育用品	0.00948	24
农、林、牧、渔产品和服务	0.04101	6	金属制品	0.00904	25
通用、专用设备制造业	0.03583	7	木材加工品和家具	0.00898	26
批发和零售	0.03207	8	纺织品	0.00869	27
金融	0.03006	9	石油、炼焦产品和核燃料加工品	0.00746	28
通信设备、计算机和其他电子设备	0.02937	10	纺织、服装、鞋帽、皮革、羽绒及其制品	0.00746	29
非金属矿物制品	0.02671	11	卫生和社会工作	0.00680	30
电力、热力的生产和供应	0.02669	12	石油和天然气开采产品	0.00659	31
交通运输设备	0.02666	13	燃气生产和供应	0.00318	32
公共管理、社会保障和社会组织	0.02498	14	水利、环境和公共设施管理	0.00232	33
煤炭采选产品	0.02191	15	水的生产和供应	0.00176	34
交通运输、仓储和邮政	0.01515	16	仪器仪表	0.00089	35
住宿和餐饮	0.01476	17	其他制造产品	0.00055	36
电气、机械和器材	0.01296	18	废品废料	0.00000	37
综合服务业	0.01216	19	—	—	—

表8-27 2014年四川省文化创意产业对三次产业细分行业的完全分配系数及排序

细分行业	完全分配系数	排序	细分行业	完全分配系数	排序
建筑	0.11150	1	房地产	0.01188	20
文化创意产业	0.10727	2	卫生和社会工作	0.01062	21
食品和烟草	0.06274	3	木材加工品和家具	0.01049	22
化学产品	0.05635	4	租赁和商务服务	0.01028	23
金属冶炼和压延加工品	0.04908	5	造纸、印刷和文教、体育用品	0.01028	24
农、林、牧、渔产品和服务	0.04533	6	石油和天然气开采产品	0.00943	25
金融	0.04525	7	金属制品	0.00940	26
批发和零售	0.03937	8	纺织品	0.00939	27
通用、专用设备制造业	0.03848	9	金属矿采选产品	0.00810	28
公共管理、社会保障和社会组织	0.03521	10	纺织、服装、鞋帽、皮革、羽绒及其制品	0.00782	29
交通运输、仓储和邮政	0.03330	11	非金属矿和其他矿采选产品	0.00730	30
交通运输设备	0.02883	12	石油、炼焦产品和核燃料加工品	0.00656	31
非金属矿物制品	0.02835	13	燃气生产和供应	0.00376	32
煤炭采选产品	0.02601	14	水利、环境和公共设施管理	0.00246	33
电力、热力的生产和供应	0.02546	15	水的生产和供应	0.00092	34
通信设备、计算机和其他电子设备	0.02424	16	仪器仪表	0.00079	35
住宿和餐饮	0.01850	17	其他制造产品	0.00047	36
电气、机械和器材	0.01306	18	废品废料	0.00000	37
综合服务业	0.01305	19	—	—	—

表8-28 2016年四川省文化创意产业对三次产业细分行业的完全分配系数及排序

细分行业	完全分配系数	排序	细分行业	完全分配系数	排序
文化创意产业	0.11738	1	金属矿采选产品	0.01463	20
建筑	0.11487	2	综合服务业	0.01393	21
食品和烟草	0.06644	3	电气、机械和器材	0.01324	22
金融	0.06424	4	卫生和社会工作	0.01190	23
化学产品	0.05578	5	木材加工品和家具	0.01106	24
金属冶炼和压延加工品	0.05087	6	造纸、印刷和文教、体育用品	0.01068	25
公共管理、社会保障和社会组织	0.05057	7	租赁和商务服务	0.01053	26
农、林、牧、渔产品和服务	0.04749	8	金属制品	0.00914	27
批发和零售	0.04667	9	纺织品	0.00904	28
交通运输、仓储和邮政	0.04237	10	纺织、服装、鞋帽、皮革、羽绒及其制品	0.00754	29
通用、专用设备制造业	0.03980	11	石油、炼焦产品和核燃料加工品	0.00565	30
非金属矿物制品	0.03072	12	石油和天然气开采产品	0.00490	31
电力、热力的生产和供应	0.02919	13	燃气生产和供应	0.00371	32
交通运输设备	0.02840	14	水利、环境和公共设施管理	0.00261	33
通信设备、计算机和其他电子设备	0.02682	15	水的生产和供应	0.00176	34
煤炭采选产品	0.02499	16	其他制造产品	0.00035	35
住宿和餐饮	0.02225	17	仪器仪表	0.00000	36
房地产	0.01498	18	废品废料	0.00000	37
非金属矿和其他矿采选产品	0.01467	19	—	—	—

表8-29 2018年四川省文化创意产业对三次产业细分行业的完全分配系数及排序

细分行业	完全分配系数	排序	细分行业	完全分配系数	排序
文化创意产业	0.12889	1	木材加工品和家具	0.01331	20
建筑	0.11940	2	电气、机械和器材	0.01321	21
金融	0.07943	3	金属矿采选产品	0.01259	22
食品和烟草	0.06890	4	卫生和社会工作	0.01253	23
公共管理、社会保障和社会组织	0.06593	5	造纸、印刷和文教、体育用品	0.01147	24
化学产品	0.06420	6	租赁和商务服务	0.01086	25
批发和零售	0.05762	7	非金属矿和其他矿采选产品	0.01007	26
金属冶炼和压延加工品	0.05033	8	金属制品	0.00936	27
农、林、牧、渔产品和服务	0.04910	9	纺织、服装、鞋帽、皮革、羽绒及其制品	0.00895	28
交通运输、仓储和邮政	0.04841	10	纺织品	0.00876	29
通用、专用设备制造业	0.04046	11	石油、炼焦产品和核燃料加工品	0.00546	30
住宿和餐饮	0.03349	12	燃气生产和供应	0.00438	31
电力、热力的生产和供应	0.03291	13	石油和天然气开采产品	0.00419	32
通信设备、计算机和其他电子设备	0.03027	14	水利、环境和公共设施管理	0.00319	33
非金属矿物制品	0.02953	15	水的生产和供应	0.00179	34
交通运输设备	0.02894	16	仪器仪表	0.00000	35
煤炭采选产品	0.02418	17	其他制造产品	0.00000	36
综合服务业	0.01742	18	废品废料	0.00000	37
房地产	0.01653	19	—	—	—

表8-26至表8-29反映出，四川省文化创意产业前向完全关联较高的行业有建筑，食品和烟草，化学产品，金属冶炼和压延加工品，农、林、牧、渔产品和服务，通用、专用设备制造业，批发和零售，金融；水的生产和供应、仪器仪表、其他制造产品和废品废料对文化创意产业几乎没有需求，其完全分配系数几乎为零。结合表8-21的完全分配系数数据，制作前向完全关联较强的产业部门的完全分配系数变化图及完全分配系数增加值变化图，如图8-25和图8-26所示。

从图8-25可以看出，建筑业在2012年至2018年期间完全分配系数在这8类行业中均排列第一，波动幅度范围在0.79%，完全分配系数基本保持不变；第一产业的农、林、牧、渔产品和服务与第二产业中食品和烟草，化学产品，金属冶炼和压延加工品，通用、专用设备制造业，2012年至2018年期间完全分配系数变动幅度较小，而且这几类行业之间的完全分配系数也相差不大；2012年第三产业中批发和零售、金融行业的完全分配系数在这几类行业之中为倒数第二和第一，此后呈上升趋势，2018年金融业上升到第二，批发和零售为第五。结合图8-26可以发现，金融业的完全分配系数增加值最大，2014年至2016年增加值呈增加的状态，到2018年增加值又下滑到2014年的水平；批发和零售行业在2014年至2018年期间，完全分配系数增加值呈递增趋势；建筑业的完全分配系数增加值在2014年最小，2014年至2016年上升较快，2016年至2018年趋于平稳；食品和烟草，化学产品，金属冶炼和压延加工品，农林牧渔产品和服务，通用、专用设备制造业5类行业中，除化学产品的完全分配系数增加值有上下浮动外，其余行业均呈下降趋势。

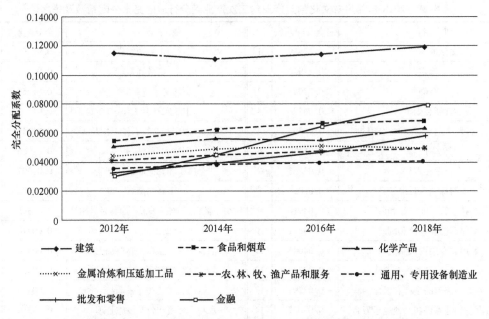

图 8-25　2012 年、2014 年、2016 年和 2018 年四川省文化创意产业
对关联较强产业部门完全分配系数

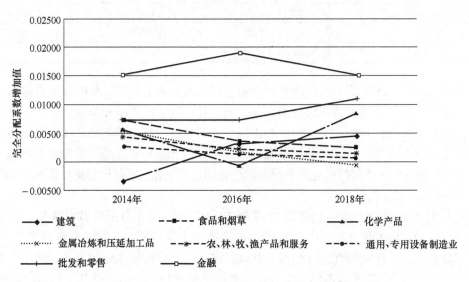

图 8-26　2014 年、2016 年和 2018 年四川省文化创意产业
对关联较强产业部门完全分配系数增加值

上述研究可以得出：①现阶段四川省文化创意产业前向关联性较强的产业多数为第二产业中的行业部门，四川省文化创意产业对建筑业的推动作用最大。②四川省文化创意产业的发展对第一产业和第二产业中行业部门的推动作用处于一种稳定状态。③四川省文化创意产业的发展对第三产业的影响越来越大，金融、批发和零售等行业对文化创意产业的产值投入需求占比逐年升高。④从产业结构转型和经济结构的角度分析，四川省文化创意产业的产值主要投入到了第二产业的行业部门中，其发展对第二产业的经济影响较大，但影响程度有减

弱的趋势；对第三产业的产值投入逐年增大，能够说明文化创意产业的发展能够加快产业结构向服务型的第三产业转变。⑤从产业集聚的角度看，四川省文化创意产业的前项关联产业，如建筑业、金融、批发零售业为文化创意产业产品的消费提供了市场平台，为四川省文化创意产业集聚区的发展奠定了稳固的消费需求基础。

本章小结

本章以2012年至2018年四川省投入产出表为计算依据，运用产业关联理论模型对四川省文化创意产业的关联性进行实证研究，包括对三次产业的后向关联分析、前向关联分析，对各产业的后向关联分析以及各产业前向关联分析。

研究结果表明，四川省文化创意产业对三次产业的消耗需求主要来自于各产业的间接投入，对第二产业后向关联最强，其次为第三产业，最后为第一产业；对第二产业的后向关联虽然呈逐渐增强的趋势，但该趋势的强度低于第三产业且波动性较大。四川省文化创意产业对三次产业中投入最大的是第二产业，其次为第三产业，最后为第一产业；对第三产业的前向关联呈逐渐增强的趋势，趋势保持相对稳定的状态，对第二产业的前向关联虽然呈逐渐增强的趋势，但该趋势的强度低于第三产业且不稳定；四川省文化创意产业对第一产业的前向关联较弱。

四川省文化创意产业对通信设备、计算机和其他电子设备的后向关联性最强；对第三产业中的产业部门后向关联强度普遍较高，通信设备计算机和其他电子设备、化学产品、金属冶炼和压延加工品、住宿和餐饮、金融、批发和零售等行业与文化创意产业形成了较好的经济联系。与四川省文化创意产业前向关联性较强的产业多数为第二产业中的行业部门，四川省文化创意产业对建筑业的推动作用最大，对第三产业的影响越来越大，金融、批发和零售等行业对文化创意产业的产值投入需求占比逐年升高。

本章研究结果为后续文化创意产业发展建议及对策的提出提供了依据，能够使相应的对策和建议更加合理与科学。

参考文献

[1] 董承章. 投入产出分析 [M]. 北京：中国财政经济出版社，2000.
[2] 陈红霞，杨洋，郭文文. 基于产业关联的北京市文化创意产业相对地位评价 [J]. 城市发展研究，2017，24（7）：56-62.
[3] 杨成凤，韩会然，宋金平. 功能疏解视角下北京市产业关联度研究：基于投入产出模型的分析 [J]. 经济地理，2017，37（6）：100-106.

第九章
四川省文化创意产业波及效应分析

第一节 四川省文化创意产业的影响力分析

产业影响力是通过产业之间的经济联系及其波及效应,某产业的产出、供应和销售活动会影响其他产业的经济活动。产业影响力由产业影响力系数来衡量,影响力系数的意义:在整个国民经济范围内,某一产业部门在生产过程中增加了一个单位的最终产品时,该产品对国民经济其他产业部门所产生的生产需求的影响程度,这种影响表现为某产业对其他产业的拉动效应[1]。

以投入产出表为计算依据,根据里昂惕夫逆矩阵 $(E-A)^{-1}$ (A 为四川省文化创意产业对三次产业中各产业部门的直接消耗系数矩阵),运用投入产出模型,计算出2012年、2014年、2016年和2018年37个产业部门的影响力及影响力系数,见表9-1和表9-2。

表9-1 2012年、2014年、2016年和2018年37个产业部门的影响力

产业类型	产业名称	影响力			
		2012年	2014年	2016年	2018年
第一产业	农、林、牧、渔产品和服务	1.94767	2.02311	2.06084	2.08439
第二产业各产业部门细分	煤炭采选产品	2.84210	3.08970	2.59449	2.51196
	石油和天然气开采产品	2.55505	2.57711	2.54182	2.53631
	金属矿采选产品	2.75645	3.06212	3.16401	3.36779
	非金属矿和其他矿采选产品	2.84252	3.07519	3.19152	3.34663
	食品和烟草	2.56781	2.60842	2.68965	2.67340
	纺织品	3.05408	3.25545	3.33285	3.40919
	纺织、服装、鞋帽、皮革、羽绒及其制品	3.15629	3.34606	3.44094	3.50420
	木材加工品和家具	3.18388	3.37406	3.44538	3.49292
	造纸、印刷和文教、体育用品	2.97613	3.06806	3.11402	3.15079
	石油、炼焦产品和核燃料加工品	3.07627	3.31925	3.44075	3.46504
	化学产品	3.04863	3.21277	3.40973	3.60669
	非金属矿物制品	3.07655	3.14878	3.19212	3.13795
	金属冶炼和压延加工品	3.30169	3.51128	3.72087	3.82567
	金属制品	3.31847	3.52286	3.62505	3.65912

(续)

产业类型	产业名称	影响力			
		2012年	2014年	2016年	2018年
第二产业各产业部门细分	通用、专用设备制造业	3.39722	3.63451	3.83224	3.93111
	交通运输设备	3.44958	3.51463	3.47560	3.42682
	电气、机械和器材	3.43044	3.49026	3.53811	3.49823
	通信设备、计算机和其他电子设备	3.48641	3.84985	4.09214	4.21329
	仪器仪表	3.32234	3.46942	3.56747	3.64101
	其他制造产品	3.09458	3.13690	3.19332	3.22153
	废品废料	1.36355	1.36083	1.35720	1.35539
	电力、热力的生产和供应	2.90489	2.81259	2.74336	2.69721
	燃气生产和供应	2.89353	2.83572	2.87426	2.79717
	水的生产和供应	2.59963	2.63923	2.61660	2.63420
	建筑	3.18272	3.41586	3.64901	3.99873
第三产业各产业部门细分	批发和零售	1.92112	2.05316	2.11918	2.15219
	交通运输、仓储和邮政	2.45515	2.19265	2.06140	1.66766
	住宿和餐饮	2.38557	2.50605	2.58636	2.70684
	金融	1.73569	1.91485	2.02951	2.14417
	房地产	1.73395	1.84264	1.94045	2.03827
	租赁和商务服务	2.87950	3.00047	3.04079	3.10128
	水利、环境和公共设施管理	2.54044	2.65726	2.69620	2.72735
	综合服务业	2.62914	2.74725	2.82599	2.94410
	卫生和社会工作	2.52102	2.64517	2.72794	2.82725
	公共管理、社会保障和社会组织	2.05043	2.14621	2.22283	2.29946
	文化创意产业	2.29936	2.50958	2.72970	3.04025

表9-2 2012年、2014年、2016年和2018年37个产业部门的影响力系数

产业类型	产业名称	影响力系数			
		2012年	2014年	2016年	2018年
第一产业	农、林、牧、渔产品和服务	0.74484	0.74739	0.74866	0.77221
第二产业各产业部门细分	煤炭采选产品	1.08690	1.14723	1.02657	1.00646
	石油和天然气开采产品	0.97713	0.94880	0.99412	1.00120
	金属矿采选产品	1.05415	1.13964	1.16813	1.22513
	非金属矿和其他矿采选产品	1.08706	1.14124	1.16832	1.20444
	食品和烟草	0.98200	0.97993	0.97577	0.97661
	纺织品	1.16797	1.20616	1.28356	1.35990
	纺织、服装、鞋帽、皮革、羽绒及其制品	1.20705	1.23897	1.25493	1.26557
	木材加工品和家具	1.21761	1.26483	1.28254	1.29434

(续)

产业类型	产业名称	影响力系数			
		2012年	2014年	2016年	2018年
第二产业各产业部门细分	造纸、印刷和文教、体育用品	1.13816	1.15422	1.16225	1.16867
	石油、炼焦产品和核燃料加工品	1.17645	1.18642	1.19140	1.19240
	化学产品	1.16588	1.18883	1.21636	1.24389
	非金属矿物制品	1.17656	1.19129	1.20012	1.18908
	金属冶炼和压延加工品	1.26266	1.30061	1.33857	1.35754
	金属制品	1.26908	1.30464	1.32243	1.32835
	通用、专用设备制造业	1.29920	1.34715	1.38711	1.39710
	交通运输设备	1.31922	1.32917	1.32320	1.31574
	电气、机械和器材	1.31190	1.32397	1.33363	1.32558
	通信设备、计算机和其他电子设备	1.33330	1.43189	1.53048	1.68822
	仪器仪表	1.27056	1.30679	1.33095	1.34906
	其他制造产品	1.18346	1.18955	1.19768	1.20174
	废品废料	0.52146	0.51535	0.50720	0.50313
	电力、热力的生产和供应	1.11091	1.08709	1.06922	1.05730
	燃气生产和供应	1.10657	1.09336	1.10216	1.08455
	水的生产和供应	0.99417	1.00096	0.99708	1.00010
	建筑	1.21716	1.30104	1.40170	1.60301
第三产业各产业部门细分	批发和零售	0.73469	0.78421	0.80896	0.82134
	交通运输、仓储和邮政	0.93892	0.90274	0.88464	0.83037
	住宿和餐饮	0.91231	0.85713	0.82035	0.76518
	金融	0.66378	0.70394	0.75214	0.83246
	房地产	0.66311	0.68247	0.69990	0.71732
	租赁和商务服务	1.10120	1.12290	1.13014	1.14099
	水利、环境和公共设施管理	0.97154	1.00724	1.01914	1.02866
	综合服务业	1.00546	1.03484	1.05443	1.08381
	卫生和社会工作	0.96411	0.97832	0.98778	0.99915
	公共管理、社会保障和社会组织	0.78414	0.81730	0.84382	0.85267
	文化创意产业	0.87934	0.93774	1.02533	1.14211

一、各产业影响力变化情况

结合表9-1相关数据，分析2012年至2018年的影响力变化情况，见表9-3~表9-6。

表 9-3　2012 年各产业细分行业的影响力及排序

细分行业	影响力	排序	细分行业	影响力	排序
通信设备、计算机和其他电子设备	3.48641	1	非金属矿和其他矿采选产品	2.84252	20
交通运输设备	3.44958	2	煤炭采选产品	2.84210	21
电气、机械和器材	3.43044	3	金属矿采选产品	2.75645	22
通用、专用设备制造业	3.39722	4	综合服务业	2.62914	23
仪器仪表	3.32234	5	水的生产和供应	2.59963	24
金属制品	3.31847	6	食品和烟草	2.56781	25
金属冶炼和压延加工品	3.30169	7	石油和天然气开采产品	2.55505	26
木材加工品和家具	3.18388	8	水利、环境和公共设施管理	2.54044	27
建筑	3.18272	9	卫生和社会工作	2.52102	28
纺织、服装、鞋帽、皮革、羽绒及其制品	3.15629	10	交通运输、仓储和邮政	2.45515	29
其他制造产品	3.09458	11	住宿和餐饮	2.38557	30
非金属矿物制品	3.07655	12	文化创意产业	2.29936	31
石油、炼焦产品和核燃料加工品	3.07627	13	公共管理、社会保障和社会组织	2.05043	32
纺织品	3.05408	14	农、林、牧、渔产品和服务	1.94767	33
化学产品	3.04863	15	批发和零售	1.92112	34
造纸、印刷和文教、体育用品	2.97613	16	金融	1.73569	35
电力、热力的生产和供应	2.90489	17	房地产	1.73395	36
燃气生产和供应	2.89353	18	废品废料	1.36355	37
租赁和商务服务	2.87950	19	—	—	—

表 9-4　2014 年各产业细分行业的影响力及排序

细分行业	影响力	排序	细分行业	影响力	排序
通信设备、计算机和其他电子设备	3.84985	1	租赁和商务服务	3.00047	20
通用、专用设备制造业	3.63451	2	燃气生产和供应	2.83572	21
金属制品	3.52286	3	电力、热力的生产和供应	2.81259	22
交通运输设备	3.51463	4	综合服务业	2.74725	23
金属冶炼和压延加工品	3.51128	5	水利、环境和公共设施管理	2.65726	24
电气、机械和器材	3.49026	6	卫生和社会工作	2.64517	25
仪器仪表	3.46942	7	水的生产和供应	2.63923	26
建筑	3.41586	8	食品和烟草	2.60842	27
木材加工品和家具	3.37406	9	石油和天然气开采产品	2.57711	28
纺织、服装、鞋帽、皮革、羽绒及其制品	3.34606	10	住宿和餐饮	2.37023	29
石油、炼焦产品和核燃料加工品	3.31925	11	文化创意产业	2.50605	30
纺织品	3.25545	12	交通运输、仓储和邮政	2.19265	31
化学产品	3.21277	13	公共管理、社会保障和社会组织	2.14621	32
非金属矿物制品	3.14878	14	批发和零售	2.05316	33
其他制造产品	3.13690	15	农、林、牧、渔产品和服务	2.02311	34
煤炭采选产品	3.08970	16	金融	1.91485	35
非金属矿和其他矿采选产品	3.07519	17	房地产	1.84264	36
造纸、印刷和文教、体育用品	3.06806	18	废品废料	1.36083	37
金属矿采选产品	3.06212	19	—	—	—

表 9-5　2016 年各产业细分行业的影响力及排序

细 分 行 业	影响力	排序	细 分 行 业	影响力	排序
通信设备、计算机和其他电子设备	4.09214	1	燃气生产和供应	2.87426	20
通用、专用设备制造业	3.83224	2	综合服务业	2.82599	21
金属冶炼和压延加工品	3.72087	3	电力、热力的生产和供应	2.74336	22
建筑	3.64901	4	文化创意产业	2.72970	23
金属制品	3.62505	5	卫生和社会工作	2.72794	24
仪器仪表	3.56747	6	水利、环境和公共设施管理	2.69620	25
电气、机械和器材	3.53811	7	食品和烟草	2.68965	26
交通运输设备	3.47560	8	水的生产和供应	2.61660	27
木材加工品和家具	3.44538	9	煤炭采选产品	2.59449	28
纺织、服装、鞋帽、皮革、羽绒及其制品	3.44094	10	住宿和餐饮	2.58636	29
石油、炼焦产品和核燃料加工品	3.44075	11	石油和天然气开采产品	2.54182	30
化学产品	3.40973	12	公共管理、社会保障和社会组织	2.22283	31
纺织品	3.33285	13	批发和零售	2.11918	32
其他制造产品	3.19332	14	交通运输、仓储和邮政	2.06140	33
非金属矿物制品	3.19212	15	农、林、牧、渔产品和服务	2.06084	34
非金属矿和其他矿采选产品	3.19152	16	金融	2.02951	35
金属矿采选产品	3.16401	17	房地产	1.94045	36
造纸、印刷和文教、体育用品	3.11402	18	废品废料	1.35720	37
租赁和商务服务	3.04079	19	—	—	—

表 9-6　2018 年各产业细分行业的影响力及排序

细 分 行 业	影响力	排序	细 分 行 业	影响力	排序
通信设备、计算机和其他电子设备	4.21329	1	文化创意产业	3.04025	20
建筑	3.99873	2	综合服务业	2.94410	21
通用、专用设备制造业	3.93111	3	卫生和社会工作	2.82725	22
金属冶炼和压延加工品	3.82567	4	燃气生产和供应	2.79717	23
金属制品	3.65912	5	水利、环境和公共设施管理	2.72735	24
仪器仪表	3.64101	6	住宿和餐饮	2.70684	25
化学产品	3.60669	7	电力、热力的生产和供应	2.69721	26
纺织、服装、鞋帽、皮革、羽绒及其制品	3.50420	8	食品和烟草	2.67340	27
电气、机械和器材	3.49823	9	水的生产和供应	2.63420	28
木材加工品和家具	3.49292	10	石油和天然气开采产品	2.53631	29
石油、炼焦产品和核燃料加工品	3.46504	11	煤炭采选产品	2.51196	30
交通运输设备	3.42682	12	公共管理、社会保障和社会组织	2.29946	31
纺织品	3.40919	13	批发和零售	2.15219	32
金属矿采选产品	3.36779	14	金融	2.14417	33
非金属矿和其他矿采选产品	3.34663	15	农、林、牧、渔产品和服务	2.08439	34
其他制造产品	3.22153	16	房地产	2.03827	35
造纸、印刷和文教、体育用品	3.15079	17	交通运输、仓储和邮政	1.66766	36
非金属矿物制品	3.13795	18	废品废料	1.35539	37
租赁和商务服务	3.10128	19	—	—	—

二、各产业影响力系数变化情况

结合表9-2相关数据,分析2012年至2018年的影响力变化情况,见表9-7~表9-10所示。

表9-7 2012年各产业细分行业的影响力系数及排序

细分行业	影响力系数	排序	细分行业	影响力系数	排序
通信设备、计算机和其他电子设备	1.33330	1	非金属矿和其他矿采选产品	1.08706	20
交通运输设备	1.31922	2	煤炭采选产品	1.08690	21
电气、机械和器材	1.31190	3	金属矿采选产品	1.05415	22
通用、专用设备制造业	1.29920	4	综合服务业	1.00546	23
仪器仪表	1.27056	5	水的生产和供应	0.99417	24
金属制品	1.26908	6	食品和烟草	0.98200	25
金属冶炼和压延加工品	1.26266	7	石油和天然气开采产品	0.97713	26
木材加工品和家具	1.21761	8	水利、环境和公共设施管理	0.97154	27
建筑	1.21716	9	卫生和社会工作	0.96411	28
纺织、服装、鞋帽、皮革、羽绒及其制品	1.20705	10	交通运输、仓储和邮政	0.93892	29
其他制造产品	1.18346	11	住宿和餐饮	0.91231	30
非金属矿物制品	1.17656	12	文化创意产业	0.87934	31
石油、炼焦产品和核燃料加工品	1.17645	13	公共管理、社会保障和社会组织	0.78414	32
纺织品	1.16797	14	农、林、牧、渔产品和服务	0.74484	33
化学产品	1.16588	15	批发和零售	0.73469	34
造纸、印刷和文教、体育用品	1.13816	16	金融	0.66378	35
电力、热力的生产和供应	1.11091	17	房地产	0.66311	36
燃气生产和供应	1.10657	18	废品废料	0.52146	37
租赁和商务服务	1.10120	19	—	—	—

表9-8 2014年各产业细分行业的影响力系数及排序

细分行业	影响力系数	排序	细分行业	影响力系数	排序
通信设备、计算机和其他电子设备	1.43189	1	租赁和商务服务	1.12290	20
通用、专用设备制造业	1.34715	2	燃气生产和供应	1.09336	21
交通运输设备	1.32917	3	电力、热力的生产和供应	1.08709	22
电气、机械和器材	1.32397	4	综合服务业	1.03484	23
仪器仪表	1.30679	5	水利、环境和公共设施管理	1.00724	24
金属制品	1.30464	6	水的生产和供应	1.00096	25
建筑	1.30104	7	食品和烟草	0.97993	26
金属冶炼和压延加工品	1.30061	8	卫生和社会工作	0.97832	27
木材加工品和家具	1.26483	9	石油和天然气开采产品	0.94880	28
纺织、服装、鞋帽、皮革、羽绒及其制品	1.23897	10	文化创意产业	0.93774	29
纺织品	1.20616	11	交通运输、仓储和邮政	0.90274	30
非金属矿物制品	1.19129	12	住宿和餐饮	0.85713	31
其他制造产品	1.18955	13	公共管理、社会保障和社会组织	0.81730	32
化学产品	1.18883	14	批发和零售	0.78421	33
石油、炼焦产品和核燃料加工品	1.18642	15	农、林、牧、渔产品和服务	0.74739	34
造纸、印刷和文教、体育用品	1.15422	16	金融	0.70394	35
煤炭采选产品	1.14723	17	房地产	0.68247	36
非金属矿和其他矿采选产品	1.14124	18	废品废料	0.51535	37
金属矿采选产品	1.13964	19	—	—	—

表 9-9　2016 年各产业细分行业的影响力系数及排序

细分行业	影响力系数	排序	细分行业	影响力系数	排序
通信设备、计算机和其他电子设备	1.53048	1	燃气生产和供应	1.10216	20
建筑	1.40170	2	电力、热力的生产和供应	1.06922	21
通用、专用设备制造业	1.38711	3	综合服务业	1.05443	22
金属冶炼和压延加工品	1.33857	4	煤炭采选产品	1.02657	23
电气、机械和器材	1.33363	5	文化创意产业	1.02533	24
仪器仪表	1.33095	6	水利、环境和公共设施管理	1.01914	25
交通运输设备	1.32320	7	水的生产和供应	0.99708	26
金属制品	1.32243	8	石油和天然气开采产品	0.99412	27
纺织品	1.28356	9	卫生和社会工作	0.98778	28
木材加工品和家具	1.28254	10	食品和烟草	0.97577	29
纺织、服装、鞋帽、皮革、羽绒及其制品	1.25493	11	交通运输、仓储和邮政	0.88464	30
化学产品	1.21636	12	公共管理、社会保障和社会组织	0.84382	31
非金属矿物制品	1.20012	13	住宿和餐饮	0.82035	32
其他制造产品	1.19768	14	批发和零售	0.80896	33
石油、炼焦产品和核燃料加工品	1.19540	15	金融	0.75214	34
非金属矿和其他矿采选产品	1.16832	16	农、林、牧、渔产品和服务	0.74866	35
金属矿采选产品	1.16813	17	房地产	0.69990	36
造纸、印刷和文教、体育用品	1.16225	18	废品废料	0.50720	37
租赁和商务服务	1.13014	19	—	—	—

表 9-10　2018 年各产业细分行业的影响力系数及排序

细分行业	影响力系数	排序	细分行业	影响力系数	排序
通信设备、计算机和其他电子设备	1.68822	1	租赁和商务服务	1.14099	20
建筑	1.60301	2	燃气生产和供应	1.08455	21
通用、专用设备制造业	1.39710	3	综合服务业	1.08381	22
纺织品	1.35990	4	电力、热力的生产和供应	1.05730	23
金属冶炼和压延加工品	1.35754	5	水利、环境和公共设施管理	1.02866	24
仪器仪表	1.34906	6	煤炭采选产品	1.00646	25
金属制品	1.32835	7	石油和天然气开采产品	1.00120	26
电气、机械和器材	1.32558	8	水的生产和供应	1.00010	27
交通运输设备	1.31574	9	卫生和社会工作	0.99915	28
木材加工品和家具	1.29434	10	食品和烟草	0.97661	29
纺织、服装、鞋帽、皮革、羽绒及其制品	1.26557	11	公共管理、社会保障和社会组织	0.85267	30
化学产品	1.24389	12	金融	0.83246	31
金属矿采选产品	1.22513	13	交通运输、仓储和邮政	0.83037	32
非金属矿和其他矿采选产品	1.20444	14	批发和零售	0.82134	33
其他制造产品	1.20174	15	农、林、牧、渔产品和服务	0.77221	34
石油、炼焦产品和核燃料加工品	1.19240	16	住宿和餐饮	0.76518	35
非金属矿物制品	1.18908	17	房地产	0.71732	36
造纸、印刷和文教、体育用品	1.16867	18	废品废料	0.50313	37
文化创意产业	1.14211	19	—	—	—

三、文化创意产业与其他产业影响力系数对比分析

根据表9-7至表9-10，整理出2012年、2014年、2016年和2018年影响力系数前20位产业部门排序表，如表9-11所示。

表9-11　2012年、2014年、2016年和2018年影响力系数前20位产业部门排序表

排序	2012年	2014年	2016年	2018年
1	通信设备、计算机和其他电子设备	通信设备、计算机和其他电子设备	通信设备、计算机和其他电子设备	通信设备、计算机和其他电子设备
2	交通运输设备	通用、专用设备制造业	建筑	建筑
3	电气、机械和器材	交通运输设备	通用、专用设备制造业	通用、专用设备制造业
4	通用、专用设备制造业	电气、机械和器材	金属冶炼和压延加工品	纺织品
5	仪器仪表	仪器仪表	电气、机械和器材	金属冶炼和压延加工品
6	金属制品	金属制品	仪器仪表	仪器仪表
7	金属冶炼和压延加工品	建筑	交通运输设备	金属制品
8	木材加工品和家具	金属冶炼和压延加工品	金属制品	电气、机械和器材
9	建筑	木材加工品和家具	纺织品	交通运输设备
10	纺织、服装、鞋帽、皮革、羽绒及其制品	纺织、服装、鞋帽、皮革、羽绒及其制品	木材加工品和家具	木材加工品和家具
11	其他制造产品	纺织品	纺织、服装、鞋帽、皮革、羽绒及其制品	纺织、服装、鞋帽、皮革、羽绒及其制品
12	非金属矿物制品	非金属矿物制品	化学产品	化学产品
13	石油、炼焦产品和核燃料加工品	其他制造产品	非金属矿物制品	金属矿采选产品
14	纺织品	化学产品	其他制造产品	非金属矿和其他矿采选产品
15	化学产品	石油、炼焦产品和核燃料加工品	石油、炼焦产品和核燃料加工品	其他制造产品
16	造纸、印刷和文教、体育用品	造纸、印刷和文教、体育用品	非金属矿和其他矿采选产品	石油、炼焦产品和核燃料加工品
17	电力、热力的生产和供应	煤炭采选产品	金属矿采选产品	非金属矿物制品
18	燃气生产和供应	非金属矿和其他矿采选产品	造纸、印刷和文教、体育用品	造纸、印刷和文教、体育用品
19	租赁和商务服务	金属矿采选产品	租赁和商务服务	文化创意产业
20	非金属矿和其他矿采选产品	租赁和商务服务	燃气生产和供应	租赁和商务服务

根据上述表格，选取2012年四川省文化创意产业及影响力系数排名前9的产业，即通信设备、计算机和其他电子设备，交通运输设备，电气、机械和器材，通用、专用设备制造

业，仪器仪表，金属制品，金属冶炼和压延加工品，木材加工品和家具，建筑行业。分析 2012 年至 2018 年这 10 类产业（影响力系数排名前 9 的产业和文化创意产业）的影响力系数及其增加值变化情况，如图 9-1 和图 9-2 所示。

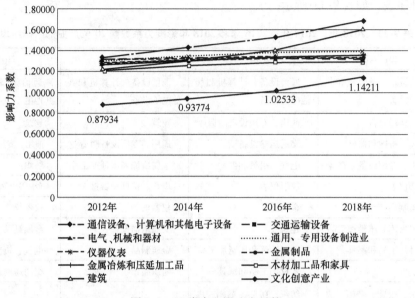

图 9-1 10 类产业影响力系数

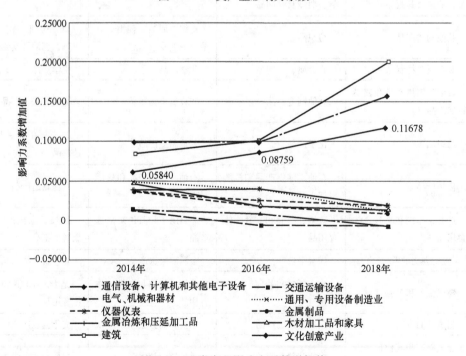

图 9-2 10 类产业影响力系数增加值

根据图 9-1 和图 9-2 可知，影响力系数排名前 9 的产业部门，在 2012 年到 2018 年期间影响力系数都比较高且都超过了 1，表明这 9 类产业部门每增加一个单位的产品生产，将消耗四川省国民经济部门大于 1 的产品需求，对四川省国民经济其他部门的拉动作用超过了全社会平均值，所产生的波及影响程度超过社会平均影响水平。2012 年，四川省文化创意产业每增加一个单位的产品生产，将消耗四川省国民经济部门 0.87934 的产品需求，其对其他产业部门发展的影响力要低于全部产业的平均影响力水平。2012 年至 2018 年文化创意产业的影响力系数呈逐年增加的趋势，2016 年超过 1 达到 1.02533。从影响力系数增加值的角度分析，2012 年至 2018 年期间，通信设备、计算机和其他电子设备产业，建筑产业和文化创意产业的增加值排列前三，且逐年呈递增的趋势；文化创意产业排名第三，其增加值处于稳定增长的状态；交通运输设备，电气、机械和器材等产业部门的影响力系数增加值均逐年下降。

通过对影响力系数的分析可得：四川省文化创意产业对其他产业部门的影响力逐年增强，对四川省经济发展的整体拉动作用在加速增大；四川省文化创意产业成为四川省经济的新增长点，对经济结构转型的影响较大。

第二节　四川省文化创意产业的感应度分析

一、四川省文化创意产业的感应度计算

感应度反映文化创意产业的产出、供应和销售活动受到其他产业经济活动的影响程度，可用来进一步分析当国民经济各部门每增加一个单位的最终使用时，文化创意产业为其他部门生产所提供的产出量大小[2]。以投入产出表数据为基础，利用投入产出模型，计算出四川省 37 个产业部门的感应度及感应度系数，见表 9-12 和表 9-13。

表 9-12　2012 年、2014 年、2016 年和 2018 年 37 个产业部门的感应度

产业类型	产业名称	感应度			
		2012 年	2014 年	2016 年	2018 年
第一产业	农、林、牧、渔产品和服务	4.35982	4.65332	4.80006	4.91746
第二产业各产业部门细分	煤炭采选产品	4.07900	4.60010	4.86065	5.06909
	石油和天然气开采产品	3.61262	4.14745	4.68229	5.05668
	金属矿采选产品	2.62792	3.29542	3.62918	3.89618
	非金属矿和其他矿采选产品	2.68156	3.32081	3.83220	4.19018
	食品和烟草	3.27515	3.87533	4.35548	4.88364
	纺织品	2.53541	2.90772	3.09387	3.28002
	纺织、服装、鞋帽、皮革、羽绒及其制品	1.72916	1.82733	1.87642	1.90914
	木材加工品和家具	2.02139	2.38200	2.56231	2.67049
	造纸、印刷和文教、体育用品	2.90160	3.35503	3.67243	3.98983
	石油、炼焦产品和核燃料加工品	3.15891	3.22763	3.26200	3.28605
	化学产品	8.35146	9.70137	10.37632	10.71380
	非金属矿物制品	2.28864	2.38555	2.44369	2.37101
	金属冶炼和压延加工品	7.57757	8.39258	8.80008	9.00383
	金属制品	2.21314	2.11547	2.09106	1.99340

(续)

产业类型	产业名称	感应度			
		2012年	2014年	2016年	2018年
第二产业各产业部门细分	通用、专用设备制造业	3.65294	4.11191	4.49439	4.59000
	交通运输设备	2.53010	2.66036	2.72549	2.75805
	电气、机械和器材	2.47271	2.98134	3.23565	3.36280
	通信设备、计算机和其他电子设备	4.02018	5.52406	6.27600	7.10313
	仪器仪表	1.32175	1.24676	1.19676	1.15927
	其他制造产品	1.18904	1.25542	1.32181	1.37713
	废品废料	1.42876	1.50350	1.54087	1.57077
	电力、热力的生产和供应	5.48987	6.25760	6.64147	6.83340
	燃气生产和供应	1.19340	0.83230	0.65175	0.56148
	水的生产和供应	1.27184	1.47560	1.57749	1.74050
	建筑	1.25152	1.30102	1.54853	1.84555
第三产业各产业部门细分	批发和零售	3.06912	4.41255	4.74840	4.83237
	交通运输、仓储和邮政	2.52862	3.10355	3.39101	3.53474
	住宿和餐饮	2.46167	2.51616	2.62515	2.84313
	金融	3.83294	4.48311	4.93823	5.01408
	房地产	1.45711	1.60607	1.74014	1.87421
	租赁和商务服务	1.75111	1.81504	1.87896	2.00682
	水利、环境和公共设施管理	1.16301	1.28792	1.38705	1.49609
	综合服务业	1.99157	2.07679	2.14496	2.19950
	卫生和社会工作	1.04132	1.00809	0.98594	0.95936
	公共管理、社会保障和社会组织	1.05317	1.10633	1.14886	1.19140
	文化创意产业	2.39374	2.87436	3.45111	4.89298

表9-13 2012年、2014年、2016年和2018年37个产业部门的感应度系数

产业类型	产业名称	感应度系数			
		2012年	2014年	2016年	2018年
第一产业	农、林、牧、渔产品和服务	1.66732	1.67415	1.68165	1.69066
第二产业各产业部门细分	煤炭采选产品	1.55993	1.65503	1.70258	1.74063
	石油和天然气开采产品	1.38157	1.54888	1.71618	1.83330
	金属矿采选产品	1.00499	1.20286	1.30180	1.38095
	非金属矿和其他矿采选产品	1.02551	1.24943	1.42857	1.55397
	食品和烟草	1.25251	1.46549	1.63587	1.82329
	纺织品	0.96961	1.04866	1.13560	1.22255
	纺织、服装、鞋帽、皮革、羽绒及其制品	0.66128	0.65107	0.63983	0.62635
	木材加工品和家具	0.77304	0.86232	0.90696	0.93374

(续)

产业类型	产业名称	感应度系数			
		2012年	2014年	2016年	2018年
第二产业各产业部门细分	造纸、印刷和文教、体育用品	1.10966	1.21138	1.28258	1.35378
	石油、炼焦产品和核燃料加工品	1.20806	1.19010	1.18113	1.17485
	化学产品	3.19384	3.88744	4.23424	4.47700
	非金属矿物制品	0.87524	0.96143	1.00452	1.02607
	金属冶炼和压延加工品	2.89788	3.34710	3.57170	3.68401
	金属制品	0.84637	0.74136	0.68885	0.58384
	通用、专用设备制造业	1.39699	1.66795	1.80343	1.87118
	交通运输设备	0.96758	1.00076	1.01734	1.02564
	电气、机械和器材	0.94564	1.08264	1.15114	1.18539
	通信设备、计算机和其他电子设备	1.53743	2.28777	3.26320	4.33618
	仪器仪表	0.50548	0.34327	0.19729	0.05130
	其他制造产品	0.45472	0.44724	0.43975	0.43352
	废品废料	0.54640	0.53534	0.52980	0.52538
	电力、热力的生产和供应	2.09948	2.33519	2.41376	2.49233
	燃气生产和供应	0.45639	0.27278	0.18097	0.13507
	水的生产和供应	0.48639	0.53304	0.55637	0.59369
	建筑	0.47862	0.49488	0.52741	0.56644
第三产业各产业部门细分	批发和零售	1.17372	1.79871	2.11121	2.37163
	交通运输、仓储和邮政	0.96702	1.30730	1.47744	1.56251
	住宿和餐饮	0.94141	1.11549	1.46363	1.98585
	金融	1.46583	1.62128	1.73009	1.83890
	房地产	0.55724	0.59724	0.63323	0.66923
	租赁和商务服务	0.66967	0.69463	0.71958	0.76949
	水利、环境和公共设施管理	0.44515	0.53025	0.59833	0.67321
	综合服务业	0.76163	0.85503	0.92975	0.98953
	卫生和社会工作	0.39823	0.36931	0.35002	0.32688
	公共管理、社会保障和社会组织	0.40276	0.41171	0.42066	0.42961
	文化创意产业	0.91543	1.25349	1.65916	2.67333

二、四川省文化创意产业的感应度变化

1. 各产业感应度变化情况

结合表9-12相关数据,分析2012年、2014年、2016年和2018年的感应度顺序变化情况,结果见表9-14至表9-17。

表 9-14 2012 年各产业细分行业的感应度及排序

细 分 行 业	感应度	排序	细 分 行 业	感应度	排序
化学产品	8.35146	1	住宿和餐饮	2.46167	20
金属冶炼和压延加工品	7.57757	2	文化创意产业	2.39374	21
电力、热力的生产和供应	5.48987	3	非金属矿物制品	2.28864	22
农、林、牧、渔产品和服务	4.35982	4	金属制品	2.21314	23
煤炭采选产品	4.07900	5	木材加工品和家具	2.02139	24
通信设备、计算机和其他电子设备	4.02018	6	综合服务业	1.99157	25
金融	3.83294	7	租赁和商务服务	1.75111	26
通用、专用设备制造业	3.65294	8	纺织、服装、鞋帽、皮革、羽绒及其制品	1.72916	27
石油和天然气开采产品	3.61262	9	房地产	1.45711	28
食品和烟草	3.27515	10	废品废料	1.42876	29
石油、炼焦产品和核燃料加工品	3.15891	11	仪器仪表	1.32175	30
批发和零售	3.06912	12	水的生产和供应	1.27184	31
造纸、印刷和文教、体育用品	2.90160	13	建筑	1.25152	32
非金属矿和其他矿采选产品	2.68156	14	燃气生产和供应	1.19340	33
金属矿采选产品	2.62792	15	其他制造产品	1.18904	34
纺织品	2.53541	16	水利、环境和公共设施管理	1.16401	35
交通运输设备	2.53010	17	公共管理、社会保障和社会组织	1.05317	36
交通运输、仓储和邮政	2.52862	18	卫生和社会工作	1.04132	37
电气、机械和器材	2.47271	19	—	—	—

表 9-15 2014 年各产业细分行业的感应度及排序

细 分 行 业	感应度	排序	细 分 行 业	感应度	排序
化学产品	9.70137	1	交通运输设备	2.66036	20
金属冶炼和压延加工品	8.39258	2	住宿和餐饮	2.51616	21
电力、热力的生产和供应	6.25760	3	非金属矿物制品	2.38555	22
通信设备、计算机和其他电子设备	5.52406	4	木材加工品和家具	2.38200	23
农、林、牧、渔产品和服务	4.65332	5	金属制品	2.11547	24
煤炭采选产品	4.60010	6	综合服务业	2.07679	25
金融	4.48311	7	纺织、服装、鞋帽、皮革、羽绒及其制品	1.82733	26
批发和零售	4.41255	8	租赁和商务服务	1.81504	27
石油和天然气开采产品	4.14745	9	房地产	1.60607	28
通用、专用设备制造业	4.11191	10	废品废料	1.50350	29
食品和烟草	3.87533	11	水的生产和供应	1.47560	30
造纸、印刷和文教、体育用品	3.35503	12	建筑	1.30102	31
非金属矿和其他矿采选产品	3.32081	13	水利、环境和公共设施管理	1.28792	32
金属矿采选产品	3.29542	14	其他制造产品	1.25542	33
石油、炼焦产品和核燃料加工品	3.22763	15	仪器仪表	1.24676	34
交通运输、仓储和邮政	3.10355	16	公共管理、社会保障和社会组织	1.10633	35
电气、机械和器材	2.98134	17	卫生和社会工作	1.00809	36
纺织品	2.90772	18	燃气生产和供应	0.83230	37
文化创意产业	2.87436	19	—	—	—

第九章 四川省文化创意产业波及效应分析

表 9-16 2016 年各产业细分行业的感应度及排序

细分行业	感应度	排序	细分行业	感应度	排序
化学产品	10.37632	1	交通运输设备	2.72549	20
金属冶炼和压延加工品	8.80008	2	住宿和餐饮	2.62515	21
电力、热力的生产和供应	6.64147	3	木材加工品和家具	2.56231	22
通信设备、计算机和其他电子设备	6.27600	4	非金属矿物制品	2.44369	23
金融	4.93823	5	综合服务业	2.14496	24
煤炭采选产品	4.86065	6	金属制品	2.09106	25
农、林、牧、渔产品和服务	4.80006	7	租赁和商务服务	1.87896	26
批发和零售	4.74840	8	纺织、服装、鞋帽、皮革、羽绒及其制品	1.87642	27
石油和天然气开采产品	4.68229	9	房地产	1.74014	28
通用、专用设备制造业	4.49439	10	水的生产和供应	1.57749	29
食品和烟草	4.35548	11	建筑	1.54853	30
非金属矿和其他矿采选产品	3.83220	12	废品废料	1.54087	31
造纸、印刷和文教、体育用品	3.67243	13	水利、环境和公共设施管理	1.38705	32
金属矿采选产品	3.62918	14	其他制造产品	1.32181	33
文化创意产业	3.45111	15	仪器仪表	1.19676	34
交通运输、仓储和邮政	3.39101	16	公共管理、社会保障和社会组织	1.14886	35
石油、炼焦产品和核燃料加工品	3.26200	17	卫生和社会工作	0.98594	36
电气、机械和器材	3.23565	18	燃气生产和供应	0.65175	37
纺织品	3.09387	19	—	—	—

表 9-17 2018 年各产业细分行业的感应度及排序

细分行业	感应度	排序	细分行业	感应度	排序
化学产品	10.71380	1	住宿和餐饮	2.84313	20
金属冶炼和压延加工品	9.00383	2	交通运输设备	2.75805	21
通信设备、计算机和其他电子设备	7.10313	3	木材加工品和家具	2.67049	22
电力、热力的生产和供应	6.83340	4	非金属矿物制品	2.37101	23
煤炭采选产品	5.06909	5	综合服务业	2.19950	24
石油和天然气开采产品	5.05668	6	租赁和商务服务	2.00682	25
金融	5.01408	7	金属制品	1.99340	26
农、林、牧、渔产品和服务	4.91746	8	纺织、服装、鞋帽、皮革、羽绒及其制品	1.90914	27
文化创意产业	4.89298	9	房地产	1.87421	28
食品和烟草	4.88364	10	建筑	1.84555	29
批发和零售	4.83237	11	水的生产和供应	1.74050	30
通用、专用设备制造业	4.59000	12	废品废料	1.57077	31
非金属矿和其他矿采选产品	4.19018	13	水利、环境和公共设施管理	1.49609	32
造纸、印刷和文教、体育用品	3.98983	14	其他制造产品	1.37713	33
金属矿采选产品	3.89618	15	公共管理、社会保障和社会组织	1.19140	34
交通运输、仓储和邮政	3.53474	16	仪器仪表	1.15927	35
电气、机械和器材	3.36280	17	卫生和社会工作	0.95936	36
石油、炼焦产品和核燃料加工品	3.28605	18	燃气生产和供应	0.56148	37
纺织品	3.28002	19	—	—	—

2. 各产业感应度系数变化情况

结合表 9-13 相关数据，分析 2012 年至 2018 年的影响力顺序变化情况，结果见表 9-18 ~ 表 9-21。

表 9-18 2012 年三次产业细分行业的感应度系数及排序

细分行业	感应度系数	排序	细分行业	感应度系数	排序
化学产品	3.19384	1	住宿和餐饮	0.94141	20
金属冶炼和压延加工品	2.89788	2	文化创意产业	0.91543	21
电力、热力的生产和供应	2.09948	3	非金属矿物制品	0.87524	22
农、林、牧、渔产品和服务	1.66732	4	金属制品	0.84637	23
煤炭采选产品	1.55993	5	木材加工品和家具	0.77304	24
通信设备、计算机和其他电子设备	1.53743	6	综合服务业	0.76163	25
金融	1.46583	7	租赁和商务服务	0.66967	26
通用、专用设备制造业	1.39699	8	纺织、服装、鞋帽、皮革、羽绒及其制品	0.66128	27
石油和天然气开采产品	1.38157	9	房地产	0.55724	28
食品和烟草	1.25251	10	废品废料	0.54640	29
石油、炼焦产品和核燃料加工品	1.20806	11	仪器仪表	0.50548	30
批发和零售	1.17372	12	水的生产和供应	0.48639	31
造纸、印刷和文教、体育用品	1.10966	13	建筑	0.47862	32
非金属矿和其他矿采选产品	1.02551	14	燃气生产和供应	0.45639	33
金属矿采选产品	1.00499	15	其他制造产品	0.45472	34
纺织品	0.96961	16	水利、环境和公共设施管理	0.44515	35
交通运输设备	0.96758	17	公共管理、社会保障和社会组织	0.40276	36
交通运输、仓储和邮政	0.96702	18	卫生和社会工作	0.39823	37
电气、机械和器材	0.94564	19	—	—	—

表 9-19 2014 年三次产业细分行业的感应度系数及排序

细分行业	感应度系数	排序	细分行业	感应度系数	排序
化学产品	3.88744	1	纺织品	1.04866	20
金属冶炼和压延加工品	3.34710	2	交通运输设备	1.00076	21
电力、热力的生产和供应	2.33519	3	非金属矿物制品	0.96143	22
通信设备、计算机和其他电子设备	2.28777	4	木材加工品和家具	0.86232	23
批发和零售	1.79871	5	综合服务业	0.85503	24
农、林、牧、渔产品和服务	1.67415	6	金属制品	0.74136	25
通用、专用设备制造业	1.66795	7	租赁和商务服务	0.69463	26
煤炭采选产品	1.65503	8	纺织、服装、鞋帽、皮革、羽绒及其制品	0.65107	27
金融	1.62128	9	房地产	0.59724	28
石油和天然气开采产品	1.54888	10	废品废料	0.53534	29
食品和烟草	1.46549	11	水的生产和供应	0.53304	30
交通运输、仓储和邮政	1.30730	12	水利、环境和公共设施管理	0.53025	31
文化创意产业	1.25349	13	建筑	0.49488	32
非金属矿和其他矿采选产品	1.24943	14	其他制造产品	0.44724	33
造纸、印刷和文教、体育用品	1.21138	15	公共管理、社会保障和社会组织	0.41171	34
金属矿采选产品	1.20286	16	卫生和社会工作	0.36931	35
石油、炼焦产品和核燃料加工品	1.19010	17	仪器仪表	0.34327	36
住宿和餐饮	1.11549	18	燃气生产和供应	0.27278	37
电气、机械和器材	1.08264	19			

表 9-20　2016 年三次产业细分行业的感应度系数及排序

细分行业	感应度系数	排序	细分行业	感应度系数	排序
化学产品	4.23424	1	纺织品	1.13560	20
金属冶炼和压延加工品	3.57170	2	交通运输设备	1.01734	21
通信设备、计算机和其他电子设备	3.26320	3	非金属矿物制品	1.00452	22
电力、热力的生产和供应	2.41376	4	综合服务业	0.92975	23
批发和零售	2.11121	5	木材加工品和家具	0.90696	24
通用、专用设备制造业	1.80343	6	租赁和商务服务	0.71958	25
金融	1.73009	7	金属制品	0.68885	26
石油和天然气开采产品	1.71618	8	纺织、服装、鞋帽、皮革、羽绒及其制品	0.63983	27
煤炭采选产品	1.70258	9	房地产	0.63323	28
农、林、牧、渔产品和服务	1.68165	10	水利、环境和公共设施管理	0.59833	29
文化创意产业	1.65916	11	水的生产和供应	0.55637	30
食品和烟草	1.63587	12	废品废料	0.52980	31
交通运输、仓储和邮政	1.47744	13	建筑	0.52741	32
住宿和餐饮	1.46363	14	其他制造产品	0.43975	33
非金属矿和其他矿采选产品	1.42857	15	公共管理、社会保障和社会组织	0.42066	34
金属矿采选产品	1.30180	16	卫生和社会工作	0.35002	35
造纸、印刷和文教、体育用品	1.28258	17	仪器仪表	0.19729	36
石油、炼焦产品和核燃料加工品	1.18113	18	燃气生产和供应	0.18097	37
电气、机械和器材	1.15114	19	—	—	—

表 9-21　2018 年三次产业细分行业的感应度系数及排序

细分行业	感应度系数	排序	细分行业	感应度系数	排序
化学产品	4.47700	1	石油、炼焦产品和核燃料加工品	1.17485	20
通信设备、计算机和其他电子设备	4.33618	2	非金属矿物制品	1.02607	21
金属冶炼和压延加工品	3.68401	3	交通运输设备	1.02564	22
文化创意产业	2.67333	4	综合服务业	0.98953	23
电力、热力的生产和供应	2.49233	5	木材加工品和家具	0.93374	24
批发和零售	2.37163	6	租赁和商务服务	0.76949	25
住宿和餐饮	1.98585	7	水利、环境和公共设施管理	0.67321	26
通用、专用设备制造业	1.87118	8	房地产	0.66923	27
金融	1.83890	9	纺织、服装、鞋帽、皮革、羽绒及其制品	0.62635	28
石油和天然气开采产品	1.83330	10	水的生产和供应	0.59369	29
食品和烟草	1.82329	11	金属制品	0.58384	30
煤炭采选产品	1.74063	12	建筑	0.56644	31
农、林、牧、渔产品和服务	1.69066	13	废品废料	0.52538	32
交通运输、仓储和邮政	1.56251	14	其他制造产品	0.43352	33
非金属矿和其他矿采选产品	1.55397	15	公共管理、社会保障和社会组织	0.42961	34
金属矿采选产品	1.38095	16	卫生和社会工作	0.32688	35
造纸、印刷和文教、体育用品	1.35378	17	燃气生产和供应	0.13507	36
纺织品	1.22255	18	仪器仪表	0.05130	37
电气、机械和器材	1.18539	19	—	—	—

3. 文化创意产业与其他产业感应度系数对比分析

为了进一步得到四川省文化创意产业感应度的动态变化情况，以表 9-18～表 9-21 为依据，选取文化创意产业及感应度系数较大的 9 类行业，即化学产品，金属冶炼和压延加工品，电力、热力的生产和供应，农、林、牧、渔产品和服务，煤炭采选产品，通信设备、计算机和其他电子设备，金融，通用、专用设备制造业，石油和天然气开采产品。对比分析文化创意产业受其他产业波及影响程度的变化趋势，得到感应度系数及其增加值，如图 9-3 和图 9-4 所示。

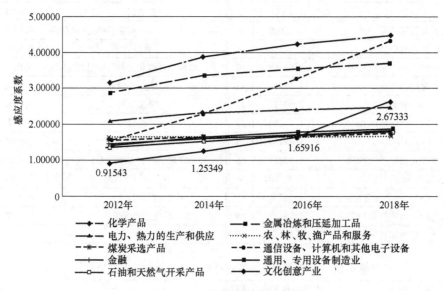

图 9-3 10 类产业感应度系数

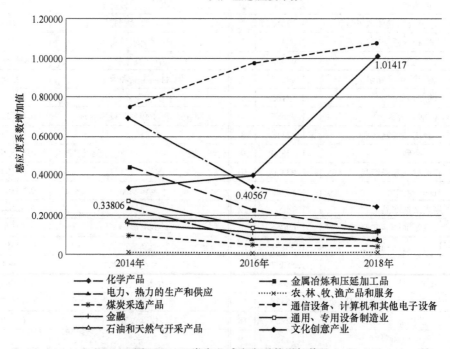

图 9-4 10 类产业感应度系数增加值

从图 9-3 可以发现，2012 年到 2018 年期间，化学产品，金属冶炼和压延加工品，农、林、牧、渔产品和服务，煤炭采选产品，通信设备、计算机和其他电子设备，金融，通用、专用设备制造业，石油和天然气开采产品的感应度系数均大于 1，说明这 9 类产业部门受到的感应程度均高于社会平均感应度水平，反映出其对国民经济其他部门的拉动作用均大于社会平均水平。2012 年文化创意产业的感应度系数为 0.91543，说明四川省国民经济各部门的最终需要对于文化创意产业的波及程度是社会平均水平的 0.91543 倍，低于社会平均感应度水平。2012 年至 2018 年期间，四川省文化创意产业的感应度系数呈逐年递增的趋势，2018 年达到 2.67333，排名第 4。结合图 9-4 可以看出，文化创意产业的感应度系数增加值幅度变化最为明显，增加的速度最快；通信设备、计算机和其他电子设备的感应度系数增加值每年保持最高，呈逐年递增的趋势；少部分产业部门的感应度系数增加值维持相对稳定的状态，大部分呈逐年降低的趋势。

从上述分析可以看出：通信设备、计算机和其他电子设备的感应度系数每年都在增加，感应度系数增加值较大，反映出国民经济各部门每增加一个单位最终使用时，该产业部门由此而受到的需求感应程度越来越大；四川省经济发展对文化创意产业发展的拉动作用在增强，对文化创意产品和服务的边际需求在提高，反映出四川省文化创意产业随着四川经济的转型提升而发展。

本章小结

本章以 2012 年至 2018 年四川省投入产出表为计算依据，根据里昂惕夫逆矩阵，运用产业波及理论模型，计算出 2012 年、2014 年、2016 年和 2018 年 37 个产业部门的影响力及影响力系数、感应度及感应度系数，从而研究四川省文化创意产业及相关产业波及能力的大小。研究发现，2012 年至 2018 年文化创意产业的影响力系数呈逐年增加的趋势，2016 年超过 1 达到 1.0253；2014 年至 2018 年期间，通信设备、计算机和其他电子设备，建筑和文化创意产业的影响力系数的增加值排列前 3，且呈逐年递增的趋势；文化创意产业排名第 3，其增加值处于稳定增长的状态，说明四川省文化创意产业对其他产业部门的影响力逐年增强，对四川省国民经济发展的整体拉动作用在加速增大，文化创意产业成为四川省经济的新增长点，对经济结构转型的影响较大；2012 年至 2018 年期间，四川省文化创意产业的感应度系数呈逐年递增的趋势，2018 年达到 2.6733，排名第 4，文化创意产业感应度系数增加值的幅度变化最为明显，增加的速度最快，说明经济发展对四川省文化创意产业发展的拉动作用在增强，对文化创意产品和服务的边际需求在提高，反映出四川省文化创意产业随着四川经济的转型发展而发展。本章的研究反映了文化创意产业的影响力大小及波及程度，能够作为文化创意产业发展方向合理建议的依据。

参考文献

[1] 贾春，郭辉. 丝绸之路经济带核心区金融业产业关联和波及效应分析 [J]. 金融发展研究，2017 (2)：12-20.

[2] 齐亚伟，陈洪章. 我国区域产业结构的投入产出关联特征分析 [J]. 宏观经济研究，2017 (9)：79-90.

第十章
智慧城市背景下文化创意产业集聚性及关联性对策研究

第一节 文化创意产业集聚对策研究

一、建立和完善文化创意产业集聚区

文化创意产业集聚区汇集了知识、资本、土地、资源以及政策等生产要素，整合了各类资源，使企业之间优势互补，极大促进了文化创意产业的集聚式发展。文化创意产业园区是推进文化创意产业发展的重要平台[1]，加强文化创意产业园区建设可以使得政府的参与度更强、更直接，政策支持更具针对性，也能更好地促进文化创意产业与其他产业之间的有机结合，从而提升发展效率。文化创意产业是具有个性的行业，其价值主要来源于地方文化特色与创意，充分利用市场机制的作用和内生动力，准确定位文化创意产业集聚区发展方向。文化创意集聚区的空间布局是否合理直接影响文化创意产业的发展[2]，合理规划文化创意产业集聚区的空间布局，首先应与城市规划相结合，达到与城市功能互补的效果，从而带动区域经济发展。其次要与城市的交通与通信设施相结合，一方面使得集聚区具有高度可通达性，另一方面也优化了城市的信息传播系统，让群众能及时获得文化创意产品和服务。政府要重点扶持文化创意产业园区建设，充分发挥其集聚效应。文化产业是一个有专业化分工的、复杂的生产系统，包括生产商、供应商以及转包商等。在纵向，加强上下游企业之间的合作，为文化产业的发展提供信息和技术上的支持；在横向，促进文化工作室以及文化机构的聚集，这不仅有利于创意人才的聚集，还促进了企业之间生产过程的合作。人力资源和技术资源在文化创意产业集群中发挥着重要的作用，在文化创意产业规划中要始终以人为本，注重人才的培养。根据文化创意产业的特点，创意人才支撑其发展，因此更需要留住人才、培养人才，促进人才的合理布局。

第一，重视文化创意产业及其相关行业领军人才的培养。大量实践表明，卓越的行业领军人才可以组建并且培养优秀的创新团队，在推动产业发展、提高行业核心竞争力等重要方面起到核心作用。对于整个四川省文化创意产业来说，需要引进并培养更多的领域领军人才，储备更多的领军人才后备力量。根据文化创意产业的特征，高层人才需要经过生产实践的长期磨砺，具有有足够的实力；偶然性的成功不能造就真正的领军人才。因此在寻求领军人物的同时要尊重其成长周期，给予他们政策、资金支持，提供一种鼓励成才、包容失败的良好环境。

第二，重视文化创意产业及其相关行业中层人才的建设培养。中层人才是文化创意产业领军人才的合作者，是重大经营战略的领舞者，肩负着承上启下的关键作用，在促进行业发展的过程中有至关重要的地位。在文化创意产业中，中层人才主要指管理人才和创意整理人才。管理人才需要对行业内部环境进行评估，制定发展策略，结合产业特点形成自身的管理理论，及时发现和解决问题、克服相应的发展困难。在智慧城市发展的新形势下，互联网席卷全球，管理人才不仅应具备资本运作能力，还应该具有互联网金融思维，能应对文化创意产业与互联网的交叉融合。文化创意整理人才需要对已存的文化创意进行整理再创作，挖掘创新潜力。文化创意整理人才是文化创意产业拓展领域的智囊，需要具有整理、再创造的能力，这种能力主要是指在熟悉传统文化以及涉猎外来文化的基础上对文化进行加工，在加工的基础上结合个人创造力和一定的经济学理论，创造最大经济价值的文化产品，并在此基础上进行文化抽象到文化产业的可复制转化。根据文化创意产业中层人才的特点，在培养此类人才的过程中，政府可以出台相应的鼓励性政策，设立文化创意产业协会，建立文化创意产业人才跨行业培养机制，增强人才流动；加强高校与企业的人才交流合作，促进知识型人才转化成企业人才，同时也为高校解决就业问题；还可以结合本地区文化特点，增加更多的创意文化机构，建立更多的名人创意工作室、创意人才俱乐部等。

第三，有研究报告指出，单从经济增长的速度上看，依靠开发人力资本的国家或地区，其经济增长速度要比依赖自然资源的国家或地区高出几十倍。政府应加强文化创意产业人才体制建设，制定相应的文化人才认证体系，对文化创意人才进行标准化管理，形成特定的文化创意人才认定、分类分级体系，规范文化创意人才职业认证和分级，保证人才的质量；对文化人才，在薪资、五险一金、个人所得税等方面给予一定的优惠政策，以此吸引人才；结合文化创意产业发展实际，建立文化人才储备流动平台以及创新人才培养平台，提高文化创意人才的资源市场配置效率。加强文化创意产业与教育业的关联发展，促进文化创意产业的集聚。充分利用高校的师资优势，鼓励高校与社会团体以及民间资本联合组建文化产业的研究机构，可以在一定程度上解决文化创意人才不足的问题，汲取新鲜的创新血液，有效激发文化创意产业的创新活力，推进文化产业人才的迅速成长。创意才能、特殊的专业知识、熟悉文化市场运作和管理，是文化产业经营管理人才必备的素质，这一切都有赖于高等院校的人才培养。

除要重视人才培养以外，重视文化创意产业的金融支持也很重要。由于文化创意产业的高风险性、投资回报周期长等特点，企业在创业发展初期都会遇到资金问题，政府可给予文化创意产业一定的金融支持，以解决其无形资产难以评估、金融配套服务缺失等难题。首先，可以建立文化创意产业金融中心，加强顶层设计。与银行等各相关单位共同建立金融服务中心，设立文化创新基金、文化银行、文化创意研究中心，以及金融投资信息平台等。每年为文化创意产业设定专项资金提供经济支持，完善文化创意产业的企业银行贷款机制，设定文化银行融资资质[3]，对符合资质的文化创意企业根据相应的基准利率发放贷款，对未取得资质的企业按照相应的风险评估，设定较高的基准利率，尽力满足各类文化创意企业的需求。根据文化创意产业的实际情况，建立地区文化创意信息网站，促进企业与金融中心的交流互动，以便金融中心能更方便地了解文化创意企业的相关信息，企业也可以便捷地获得更多金融服务相关的配套信息。其次，完善文化创意产业的金融投资调节机制，其最重要的目的是提高文化创意产业的融资效率，提高企业知晓的信息量，促进企业与金融机构的合作,节约文化创意产业的融资成本。完善金融投资协调机制还可以降低金融机构的投资风险,加快政府文化创意产业相关金融政策到达企业的速度。可以建立文化创意产业融资创新机制,融资创新主要是指拓宽融资渠道,使投资主体多元化,为文化创意产业的发展储备足够的经济力量。拓宽融资渠道主要有以下四种方式:一是鼓励直接融资方式,文化创意产业中大型企业较少,大部分都是中小型企业,政府部门可以搭建适合中小型企业发展所需要的股权融资体系,推动文化创意企业进入正轨;二是开拓间接融资渠道,如银行、保险等金融机构对文化创意产业进行深入调研,了解文化创意产业的发展需求,及时推出适合文化创意产业特点的金融服务产品;三是使用融资租赁方式,对于科技含量高、价格不菲的设备,以租赁方式满足文化创意产业的需求,减少企业的资金压力,也能减少资金浪费;四是利用好民间投资以及外来投资,鼓励私人资本以及外商资本投入文化创意产业及相关产业中,有效融合各类资金与文化创意产业,全面拓展文化创意企业融资空间和融资渠道。在有效的融资方式外,政府可以加强对文化创意产业企业管理者的金融培训,如对文化创意产业总裁、高层管理进行新的金融理论培训,针对文化创意产业从业人员金融知识不足的问题,设立专项资金,邀请专业人士对其进行培训,帮助了解最新金融战略,学习最新融资手段。政府教育部门可以为文化创意相关专业的高校学生开设金融课程,从源头解决文化创意产业从业人员金融知识不足的问题。

从四川省文化创意产业发展状况来看,文化创意企业具有一定的集聚趋势,但是集聚度偏低,集聚度年增长率也低。四川省的文化创意产业园区相对于沿海发达地区来说数量较少,并且建立的时间短,不够完善。首先,四川省政府可加强政策支持,对从事文化创意产业的人才给予一定补助与优惠。其次,四川省政府加强与各高校研究院的联系,推动高校研究院为文化创意产业培养更多高质量的创意人才,不仅要解决四川省文化创意产业发展的人力资源问题,更要培养高质量的文化创意人才。最后,在文化创意产业金融管理方面,政府应鼓励各种融资模式,加强文化创意产业企业管理者的金融知识学习,为企业发展做出更好的规划。

二、健全知识产权保护体系

文化创意产业的竞争优势来自于人的创新能力,而培育这种创新能力的动力则来自于对知识产权的保护。文化创意产业相对其他产业来说,由于其创意产品的易复制性等特点,风险更高。重视知识产权保护是文化创意产业可持续发展的基础。文化创意产业的核心就是自主创新,文化创意产业的本质就是对创新成果的转换以及产权收益。知识产权制度是一种对人类智力创造活动的激励制度以及保护制度,它为文化创意产业的可持续发展提供强有力的法律保护,也为权利人的智力创新成果提供垄断性合法保障。知识产权保护应贯穿整个文化创意产业发展过程[4],在文化创意产品或者服务投入市场时,由于产品具有易传播、易复制的特性,容易出现投机者,必须有知识产权保护措施,对侵权、盗版等影响文化创意产业健康发展的行为实施严厉打击。通过营造健康的知识产权环境,保障文化创意产业的发展,促进我国产业结构的升级。

第一,在健全文化创意产业的知识产权保护方面,可以增强文化创意产业相关人员自身的知识产权保护意识,通过意识引导行动,将知识产权保护的观念转化为个人观念,形成一种社会氛围,能够有效防止盗版,切实保护文化创意产权。文化创意产业的相关人员主要包括文化创意产业的从业者以及消费者等。提高文化创意产业从业者的知识产权保护意识有利于及时发现侵犯知识产权的行为，有利于鼓励相关人员勇敢地与侵犯者做斗争；提高文化创意产品及服务消费者的知识产权保护意识有利于形成大众尊重知识、尊重劳动成果、尊重创新成果的意识氛围，促进文化创意产业的可持续发展。

第二，完善知识产权法律保护制度，强有力地促进文化创意产业的发展。完善文化创意产业行业协会知识产权职能，将知识产权保护制度纳入行业协会的制度中。行业协会可以对违规者进行合理的惩罚，提升文化创意产业的自我约束能力，同时还可以起到广泛宣传知识产权保护方面专业知识的作用[5]，为文化创意企业的知识产权共性问题提供解决方案，公正有效地处理产权纠纷。在我国已有的知识产权相关法律基础上，合理完善文化创意产业相关法律，更好地服务于文化创意产业的知识产权保护。同时还应该严格管理执法人员，提升执法者对文化创意产业专业理论知识的掌握水平，严厉打击侵权活动，提高违法成本，及时发现并处理侵权违法人员。加强奖惩制度建设，对知识产权侵权举报者予以表扬、奖励，对侵权者进行教育、惩罚，并定期曝光。

更加全面的法律保护制度可以为四川省文化创意产业的发展提供更为健康的环境，促进文化创意产业的集聚。当更多的文化创意类企业存在于市场中时，就需要完善的法律法规来维持其发展秩序。

三、以创新打造文化创意产业的核心竞争力

在发展智慧城市的今天，科技，特别是以互联网为代表的信息技术已经渗透到各个行业。对于文化创意产业来说，文化创意产品或服务由创作生产到投入市场消费，都离不开创新技术的支撑，科技成为文化创意产业发展的重要部分。

首先，以科技为载体构建文化创意产业项目集群，将文化创意与数字技术相融合，通过科学技术平台整合资源，打造集聚群。

其次，利用互联网、大数据等技术，线上、线下同时提升文化创意产业的深度和广泛度。借助互联网大数据，可以调查研究文化创意产业消费人群的消费爱好、消费水平等具体信息，借此挖掘消费者的潜在需求，引导消费；同时也能为文化创意产业提供数据支撑，有助于产品发展方向定位。培养更多既是文化创意人才又是科技人才的复合型人才，能更有效地推进文化创意产业的发展。可以通过两种方式来有效培养复合型人才：①可以在高校开展科技实践课程，将理论与技术融合，一方面培养文化创意产业所需的复合型人才，另一方面也有助于解决高校毕业生的就业问题[6]；②鼓励科研机构融入文化创意产业相关跨界研究，培养复合型人才。

用科学技术手段展现四川的巴蜀文化元素，有助于提高区域文化创意产业的竞争力。结合四川省的实际情况，四川省文化创意产业的核心竞争力在于创作出文化精品，文化创意产业可持续发展的前提就是要提高自身的创新能力以及品牌意识。四川省富有巴蜀文化以及多个少数民族文化，鼓励有实力的企业将这些优秀的传统文化元素通过科学技术进行加工，转化为文化创意产品或者服务，打造成特色文化创意资本，进而形成四川品牌以及在全国有影响力的龙头企业，以品牌效应带动四川省文化创意产业的集聚发展，提升四川省的内在魅力以及外在表现力。

四川省各州市文化创意产业发展不均衡。因文化创意，产业发展受土地、资源的限制

少，与科技以及文化资源等的联系多，可以与其他产业融合发展，政府可以重点扶持和培养能够起到带领作用的文化创意企业，借助领头企业的品牌优势、技术能力，吸引本地区分散的小型文化创意企业，整合发展，形成良好的发展氛围，进而提升品牌力量。例如美国以米老鼠为代表的卡通动画，通过科技手段形成了影视、网游、旅游等一系列文化产业链，展现并传播了更多美国文化元素。四川省也可以效仿此方式，集合集聚区内企业各自的特色资源，进行专业、特色化发展，利用科学技术手段展现巴蜀文化，借助本地传统文化或者特色产物打造龙头企业，形成品牌力量，走向国际。通过文化创意龙头企业的引领、辐射作用，实现四川省文化创意产业向外扩大发展，建立一条完整的产业链，通过以龙头企业为核心的集团化发展带动四川省文化创意产业的繁荣。在条件允许的地区，可以将创新能力强、经营状况良好的多家文化创意企业合并，以此作为该地区的文化创意产业龙头企业，带动该地区文化创意产业的繁荣发展[7]。

第二节 文化创意产业关联性对策研究

一、文化创意产业与其他产业深度融合发展

对文化创意产业关联性的研究结果表明，文化创意产业与其他产业融合发展的趋势愈加明显：一方面，文化创意产业关联效应所涉及的产业更能够满足人们的消费需求，即现阶段人们更倾向于由第三产业提供的服务型消费，文化创意产业与第三产业的融合度越来越高；另一方面，文化创意产业的关联效应反映出国民经济各产业部门对文化创意产业的需求感应程度逐年增强，可以推进文化创意产业与其他产业深度融合发展。

第一，应当深入分析文化创意产业的发展需求及其运行规律，大力推进针对文化创意产业发展的供给侧改革，促进通信设备、计算机和其他电子设备、金融等与文化创意产业关联性较强的行业的发展，以保证能够有效供给文化创意产业发展所需要的产品和服务，从而推动文化创意产业与相关产业的互动融合发展，进一步优化文化创意产业的结构和质量，体现文化创意这个新兴产业对其他产业发展的拉动作用。在四川省文化创意产业的实证研究中，文化创意产业与第二产业中的通信设备、计算机和其他电子设备、造纸、印刷和文教、体育用品后向关联度较高；文化创意对第三产业的影响越来越大，金融、批发和零售等行业对文化创意产业的产值投入需求占比逐年升高。

第二，充分发挥文化创意产业对各产业的供给推动作用，联系其他产业的发展实际，深入推动文化创意产业供给结构和供给能力的改革，促使文化创意产业向第三产业发展。提高文化创意产品的质量和文化创意产业的综合服务能力，采取措施突出文化创意产业在经济发展中的地位和作用；同时根据国家提倡的产业互动融合发展战略规划，制定符合文化创意产业实际并利于与其他产业融合发展的具体实施办法，大力推动文化创意产品与服务的创新，从而促进经济结构的优化和转型升级。从产业结构转型和经济结构的角度分析四川省文化创意产业发现，四川省文化创意产业的产值主要投入到了第二产业中的产业部门中，其发展对第二产业的经济影响较大，但影响程度有减弱的趋势；对第三产业的产值投入逐年增大，能够说明文化创意产业的发展能够加快产业结构向服务型的第三产业转变。

第三，文化创意产业与网络信息技术行业紧密关联，使得在智慧城市这一大背景下，文

化创意与通信计算机的产业融合成为必然发展趋势。现阶段，文化创意与通信计算机的产业融合发展已经成为一股新的潮流，这种融合发展以满足国内日益增长的中高端消费需求为导向，成为推动供给侧结构性改革的有力抓手。在信息化产业发展中融入文化创意，提高产品的人性化设计水平、个性化定制水平和精神层面内涵，可以为供给侧改革注入直接动力，从而进一步促进国民经济和产业结构的转型升级[8]。对四川省文化创意产业的研究可以看到，2012年至2018年四川省文化创意产业对通信设备、计算机和其他电子设备的完全消耗系数最大，且呈递增趋势，完全消耗系数增加值的增长速度较快；这说明通信设备、计算机和其他电子设备产业对文化创意产业的中间需求供给最为重要，两产业的融合度表现较好。

二、加强文化创意市场的建设力度

要实现文化创意产业振兴以及与相关产业的深入发展，文化创意市场的建设非常重要。为带动文化创意产业的发展也要促进文化创意消费市场的建设。在培育文化创意消费市场方面，一方面，促进文化创意产业的发展，可以增强区域文化创意产业的竞争力，通过需求拉动生产，为前向关联产业提供有力保障；另一方面，在培育社会主义核心价值观上，要制止愚昧文化的传播。文化创意消费市场的培育是一个系统性工程。

第一，增强居民文化消费能力，提高居民实际收入。上层建筑是由经济基础所决定的，基本的物质生活是精神文化需求的基本保障。因此，不断提高居民的实际收入水平是培育文化消费市场的前提之一。其过程可以通过两个方面来实现：一方面，通过拓宽居民的就业渠道、增加生产性投资等，增加居民的名义收入；另一方面，要通过稳定消费品价格来实现。另外，可以采取直接为农村居民订购报纸、补贴送电影下乡、补贴建设社区图书馆或阅览室等形式给予居民文化消费补贴，提高居民的文化消费能力。增强居民文化消费能力的有力措施还有完善各种社会保障机制，消除居民的后顾之忧等。

第二，把提高居民文化素质作为建设目标，培育居民正确的文化消费观念。由于生产力水平的限制，我国部分地区居民对文化产品的消费呈现出低俗化倾向，盛行自给自足的消费观念。因此培育积极向上的文化消费观念成为一种必要的要求[9]。首先要提高居民的教育水平，在农村地区可以通过普及义务教育、开展扫盲教育来实现。对于城市居民，通过多种宣传形式引导他们树立积极向上的思想观念。其次，开展各种形式的文化宣传活动，使得居民文化鉴赏能力上升一个台阶。最后，要加强居民判断是非对错的能力。当前，多种文化思潮兴起，文化产品鱼龙混杂。针对这些现象，政府各级部门应制定相应的措施，一方面要积极引导居民树立正确的、有价值的文化消费观念；另一方面要杜绝低俗、不健康的伪劣文化产品，要对不良文化进行严格的监督。

第三，文化创意消费体制的升级转变。我国民间蕴藏着丰富的非物质文化遗产资源，有着广泛的群众基础。首先，通过加强知识产权保护可以为文化产品的创新提供源源不断的动力。其次，通过普及法律法规知识，知识产权保护意识得以提高，侵权和抄袭就会有所减少，文化产品就会是企业自身的创新成果。再次，执法机关一方面要加强对知识产权的保护，另一方面要为居民维权提供合适的服务。最后，加强市场信息透明度，降低相关文化企业的经营成本。

参考文献

[1] 俞晓妮,贾婷君. 关于加快实施文化产业发展规划的对策建议[C].//第十六届沈阳科学学术年会论文集:经管社科. 沈阳:沈阳市科学技术协会,2019.

[2] 纪明辉. 文化产业高质量发展的对策建议:以吉林省为例[J]. 决策咨询,2019(3):43-47.

[3] 贺依婷. 我国文化产业发展现状、问题与对策[J]. 经营与管理,2019(3):111-113.

[4] 谭博. 中国文化产业发展对策研究[D]. 大连:大连海事大学,2008.

[5] 黄耘慧. 四川文化旅游产业融合发展对策研究[D]. 成都:西南石油大学,2017.

[6] 廉慧慧. 产业融合视角下的文化产业发展现状及政府策略[D]. 上海:华东政法大学,2016.

[7] 伊文臣. 中国网络文化产业发展潜力分析与对策[D]. 长沙:湖南大学,2008.

[8] 朱蓉,邢军. 推进文化创意与相关产业深度融合发展研究[J]. 江淮论坛,2018(1):50-53.

[9] 赵星. 我国文化产业集聚的动力机制研究[D]. 南京:南京师范大学,2014.